VIRTUOSAS E PERIGOSAS

TANIA MACHADO MORIN

VIRTUOSAS E PERIGOSAS
As mulheres na Revolução Francesa

Copyright © 2013 Tania Machado Morin

Grafia atualizada segundo o Acordo Ortográfico da Língua Portuguesa de 1990, que entrou em vigor no Brasil em 2009.

PUBLISHERS: Joana Monteleone/ Haroldo Ceravolo Sereza/ Roberto Cosso
EDIÇÃO: Joana Monteleone
EDITOR ASSISTENTE: Vitor Rodrigo Donofrio Arruda
PROJETO GRÁFICO, CAPA E DIAGRAMAÇÃO: João Paulo Putini
REVISÃO: Juarez Antunes
IMAGEM DA CAPA
Chérieux, circa 1793. *Clube de mulheres patriotas numa igreja.* Biblioteca Nacional da França, BnF (ver figura 40, p. 298, imagem de página dupla).

CIP-BRASIL. CATALOGAÇÃO-NA-FONTE
SINDICATO NACIONAL DOS EDITORES DE LIVROS, RJ

M85v

Morin, Tania Machado
VIRTUOSAS E PERIGOSAS: AS MULHERES NA REVOLUÇÃO FRANCESA
Tania Machado Morin. - [1. ed.]
São Paulo: Alameda, 2013.
370 p. : il. ; 23 cm.

Inclui bibliografia
ISBN 978-85-7939-202-3

1. França - História - Revolução, 1789-1799 - Mulheres. 2. Revolucionárias - França - Historia - Séc. XVIII. I. Título.

13-05042   CDD: 944.04
                 CDU: 94(44)"1789-1799"

ALAMEDA CASA EDITORIAL
Rua Conselheiro Ramalho, 694 – Bela Vista
CEP 01325-000 – São Paulo – SP
Tel. (11) 3012-2400
www.alamedaeditorial.com.br

*Agradeço à Fundação de Amparo à Pesquisa do Estado
de São Paulo, Fapesp, pelo auxílio à publicação deste livro no Brasil*

*Ao Patrick,
amigo de todas as horas*

SUMÁRIO

LISTA DE IMAGENS 13

PREFÁCIO 17
por Laura de Mello e Souza

INTRODUÇÃO 23

PARTE I. O ativismo das mulheres na Revolução Francesa (1789-1795) 33

1. AS MULHERES ESCREVEM AO REI 35

2. A REPÚBLICA DA VIRTUDE 43
As cidadãs virtuosas 45
Adeus à futilidade 48

3. A MATERNIDADE CÍVICA 53
Novos símbolos da nação 56
Leite da liberdade 58
Diderot e a moral no casamento 63
As mães na arena política 64

4. A BASTILHA 69

5. A MARCHA PARA VERSALHES 73
Antecedentes sociais e políticos 73
Motivos da Marcha 77
A insurreição toma o caminho de Versalhes 79
Repercussões da Marcha 83
O que era novo? 92

6\. A CONSCIENTIZAÇÃO POLÍTICA 95

Aristocratas e burguesas 95

Militantes *sans-culottes* 97

1º aniversário da Revolução, confraternização geral 102

A Guarda Nacional atira no povo de Paris 103

7\. VOZES FEMINISTAS 107

A generosidade de Olympe de Gouges 109

A oradora holandesa 110

Théroigne, coragem e loucura 111

8\. AS LEIS DE FAMÍLIA 115

Casamento laico e divórcio 116

Emancipação civil da mulher 117

Os antifeministas 120

9\. MILITÂNCIA ORGANIZADA 121

Clubes femininos nas províncias 123

Amor republicano 127

Duelo nos jornais: as cidadãs contra o preconceito 128

10\. O DIREITO ÀS ARMAS 131

"É de armas que precisamos!" 132

Heroínas de Versalhes homenageadas 136

As jornadas revolucionárias 137

11\. AS MULHERES-SOLDADOS 141

Antigo Regime: princesas na batalha 143

As soldadas da Revolução 144

Por que elas se alistaram? 145

Soldadas excluídas do exército 148

Lei ignorada 150

"Fiz a guerra como um bravo!" 151
O exemplo das guerreiras republicanas 152

12. TAXAÇÃO POPULAR DE ALIMENTOS 155
Terror para os açambarcadores 157
Mercadorias a "preços justos" 158

13. AS CIDADÃS REPUBLICANAS REVOLUCIONÁRIAS 163
"Juro viver pela República ou morrer por ela!" 166
"Tropas de fúrias" 168
Juramento à Constituição de 1793 171
As Republicanas e a democracia direta 175

14. A GUERRA DAS COCARDAS 179
Brigas de rua: republicanas *vs.* mulheres do mercado 180
Cocarda sim, direitos políticos não 183

15. OS ATAQUES ÀS MILITANTES 185
A eloquência de Claire Lacombe 186
Republicanas Revolucionárias agredidas 188
O barrete vermelho era subversivo 190

16. A SUPRESSÃO DA SOCIEDADE DAS CIDADÃS REPUBLICANAS REVOLUCIONÁRIAS 193
A resposta do Comitê de Segurança Pública 194
O alvo era a mulher politizada 196
A proibição dos clubes políticos femininos 198
Pauline Léon e a domesticidade feminina 199

17. AS TRICOTEIRAS 201
A rejeição das revolucionárias 204

18. AS INSURREIÇÕES DE 1795: GERMINAL E PRAIRIAL 209
Fome e suicídio em Paris 209

O povo invade a sala da Convenção 212
As "bota-fogos" silenciadas 214
O legado das ativistas 215

PARTE II. Representações femininas 217

19. REVOLUÇÃO E ICONOGRAFIA 219
Gêneros artísticos 221

20. CADERNO DE IMAGENS 233
As mães como simbolo da nação 234
As mulheres-soldados 275
A Marcha a Versalhes 283
A violência feminina 294
Clubes políticos femininos 296
A demonização das militantes 302
O olhar estrangeiro: três exemplos 318
O legado iconográfico: dois exemplos do século XIX 324

CONCLUSÃO 331

DIÁLOGO COM A HISTORIOGRAFIA 341

FONTES 353

BIBLIOGRAFIA 357

ANEXO. Declaração dos Direitos do Homem e do Cidadão (1789) 365

AGRADECIMENTOS 369

Lista de imagens

PARTE I

1. A tomada da Bastilha 71
2a. Principais episódios da Revolução – A Marcha 82
3. Liberdade de Imprensa 101
4. Mapa das Associações Políticas de Mulheres na França (1789-1793) 126
5. Famosa jornada de 20 de junho de 1792 139
6. A mulher do *sans-culotte* 161
7. A Cocarda Nacional – Símbolo da Revolução 179
8. O massacre de La Salpetrière 206

PARTE II

9a. Alegoria da Liberdade 221
9b. Crônica em Imagens 222
9c. Caricatura 223
10. Nova Praça da Bastilha 234
11. A Pátria instrui seus filhos e recebe a todos em seu seio... 236
12. Professora republicana 238
13. A Fonte da Regeneração 241
14. Projeto de medalha 243
15. A Natureza 244
16. A Liberdade apoiada pela Razão protege a Inocência e coroa a Virtude 246

17. A Igualdade 248

18. O Pudor 250

19. A França Republicana abrindo seu seio a todos os Franceses 252

20. Alegoria da Liberdade 255

21. Uma jovem havia prometido ao seu amante de se casar com ele quando retornasse da guerra... 257

22. Família indo para a *guinguette* 259

23. Partida para a fronteira de um cidadão voluntário... 261

24. Partida do voluntário – Watteau de Lille, 1792 263

25. A heroína de Milhier 264

26. Plantação da árvore da Liberdade 266

27. Defesa da árvore da Liberdade 268

28. As cidadãs de Paris, esposas de artistas... 270

29. "As vendedoras do mercado (Dames de la Halle) parabenizando suas Majestades..." 273

30. Amazona Nacional 275

31. As francesas se tornam livres 277

32. Mulher que combateu no exército 279

33. Mulher em uniforme militar – Senhorita de Méricourt 281

34. A Versalhes, a Versalhes, em 5 de outubro de 1789 283

35. O 4º acontecimento de 5 de outubro de 1789 287

36. Jornada memorável de Versalhes na 2ª feira, 5 de outubro de 1789 289

37. Jornada do I Prairial do Ano III (1795) 291

38. A disciplina patriótica ou o fanatismo corrigido 294

39. Clube patriótico de mulheres 296

40. Clube de mulheres patriotas numa igreja 298

41. A Democrata – Ah, o bom decreto... 302

42. As tricoteiras jacobinas ou de Robespierre 304

43. O jantar do diabo 307

44. Grande debandada do exército anticonstitucional 310

45. A República 313

46. Loucura dos Homens ou O Mundo às Avessas 315

47. O Contraste 1792. Qual é a melhor, 318
a Liberdade Britânica ou a Liberdade Francesa?

48. As peixeiras parisienses 320

49. Viva o Rei! Viva a Nação! 322

50. "As fúrias da guilhotina nos degraus da Igreja de Saint-Roch, 324
16 de outubro de 1793"

51. A Liberdade guiando o povo 326

PREFÁCIO
Laura de Mello e Souza

VÁRIOS MOTIVOS TORNAM *Virtuosas e perigosas: as mulheres na Revolução Francesa* um trabalho obrigatório para os estudiosos do Antigo Regime. A pesquisa arquivística, bibliográfica e iconográfica é meticulosa e sofisticada, baseando-se em fontes primárias que integram coleções norte-americanas e francesas ainda não disponibilizadas pela internet, dando conta dos títulos mais recentes e importantes da bibliografia especializada. A escrita é clara, colorida e elegante, fazendo da leitura um raro prazer. As análises mobilizam uma das mais preciosas qualidades do bom historiador: a imaginação bem fundamentada. E por fim, mas não menos importante, são ainda poucos os trabalhos feitos nas universidades brasileiras sobre a história europeia da chamada Época Moderna, já que, nelas, os assuntos privilegiados pelos pesquisadores continuam sendo os que dizem respeito ao nosso país.

Originalmente apresentado como dissertação de mestrado no Departamento de História da USP, *Virtuosas e perigosas* explora com sensibilidade a atuação das mulheres no processo revolucionário francês entre 1789 a 1795, atendo-se à cena parisiense por considerá-la a mais importante para se compreender o fenômeno. Anos extraordinários aqueles, cuja complexidade os contemporâneos mais argutos captaram muito bem e a grande ficção consagrou. "Os hunos e os hérulos, os vândalos e os godos não virão nem do Norte nem do mar Negro, estão no meio de nós", escreveu, em 1793, o contrarrevolucionário Mallet du Pan nas *Considérations sur la nature de la révolution de France*. Numa passagem citadíssima, com a qual abre seu *A*

Tale of Two Cities, Charles Dickens ponderou ser aquele o melhor e o pior dos tempos, era de sabedoria e de loucura, época de crença e de incredulidade, de luz e de trevas, primavera da esperança e inverno do desespero. E Stendhal qualificou os pensamentos atormentados de M. de La Molle, pai da Matilde de *Le Rouge et Le Noir*, com a perplexidade então reinante: "É preciso renunciar a toda prudência. Este século tudo confunde. Caminhamos para o caos".

Tempos confusos, comportamentos contraditórios e paradoxais. Como o das mulheres no processo revolucionário francês, conforme mostra este belo estudo de Tania Morin. Olympe de Gouges, célebre protagonista das jornadas populares, propôs-se a defender Luís XVI quando o monarca deposto foi condenado. Madame Roland, depois guilhotinada, inicialmente ficou perplexa com a participação feminina na marcha a Versalhes, em outubro de 1789: "alguém deve ter pago essas mulheres imbecis e grosseiras... para representarem uma comédia sem graça", considerou ela, detratando suas protagonistas em vez de ver nelas adeptas de causas semelhantes às suas. Em março de 1790, Brigent Baudouin, casada com um funcionário municipal bretão, enviou à Assembleia Nacional uma carta reivindicando a cidadania para as mulheres e fundamentando seus argumentos nos valores da maternidade e da religião (que os revolucionários abominavam): "mãe de dez filhos, e amamentando o mais novo, os reuni em torno de mim [...] e jurei de joelhos diante de Deus educá-los dentro da fidelidade à nação e ao Rei. Minha filha mais velha fez o mesmo juramento porque também é mãe e amamenta o seu bebê" (p. 65).

Contraditório e paradoxal foi igualmente o comportamento dos mais radicais dentre os agentes daquele movimento formidável. No final de outubro de 1793, Jean-Baptiste André Amar, relator do Comitê de Segurança Geral, fez na Convenção um discurso que Tania Morin qualifica de "memorável" sobre as pretensões políticas femininas, negando às mulheres os direitos políticos que reivindicavam e ordenando o fechamento de todos os clubes políticos. "Governar é reger a coisa pública por leis cuja confecção exige conhecimentos extensos", ponderava, e as mulheres não tinham essas qualidades. Sua atribuição maior era criar os filhos e zelar por sua educação, mantendo comportamento reservado no âmbito da família e do lar, sem querer "se imiscuir nos negócios do governo" (p. 195).

Nos dias de hoje, pode parecer estranhíssimo que os mesmos homens que convulsionaram a teoria e a prática política do Ocidente, elaborando a *Declaração dos Direitos do Homem e do Cidadão*, considerando, conforme a célebre fala de Saint Just, que os reis deveriam ser confinados ao espaço habitado pelas feras – com as quais se pareciam –, expressassem juízos moralizantes e conservadores com relação às mulheres e associassem seu anseio por participação política à ausência de senso moral e até mesmo a condutas sexuais reprováveis. Contudo, o espaço público se achava então vedado às mulheres, que deveriam ser doces e tímidas, sem querer "se tornar homem", abandonando "os cuidados de seu lar para se imiscuir na República", esquecendo-se das "virtudes de seu sexo". Mulheres virtuosas serviam à Revolução se ficassem limitadas à esfera privada. Caso se arriscassem a cruzar a fronteira que delimitava o espaço público, tornavam-se perigosas e indesejáveis.

As mulheres da aristocracia e da alta burguesia haviam alcançando visibilidade crescente ao longo do século XVIII. Dialogavam de igual para igual com os expoentes do pensamento de então, como fora o caso de Madame du Châtelet e Madame d'Epinay, traduzindo Newton, explicando seus escritos, mantendo salões frequentados pelos mais ilustres dentre os *philosophes* do momento.[1] Ganhavam a vida com o próprio trabalho e até sustentavam os maridos, como Elisabeth Vigée-Lebrun, a pintora preferida de Maria Antonieta e, uma vez no exílio, de muita cabeça coroada da Europa contrarrevolucionária.[2] "As mulheres reinavam então, e a Revolução as destronou", diria com amargura a pintora, aficionada da *douceur de vivre* do Antigo Regime. Nascida na burguesia mais modesta, Vigée-Lebrun abriu caminho graças a um talento fora do comum e à beleza da sua pintura, que agradava a nobres e reis. Mulheres podiam, pois, galgar degraus na hierarquia social – como ela – e tornarem-se figuras públicas – como as senhoras du Châtelet e d'Epinay. Mas não podiam, como Amar deixaria bem claro em seu discurso, aspirar à ação política. Além do que, revolucionários

---

1   BADINTER, Elisabeth. *Emilie, Emilie – a ambição feminina no século XVIII*. Tradução. São Paulo: Discurso Editorial/Duna Dueto/Paz e Terra, 2003.
2   LE BRUN, Elisabeth Vigée. *Souvenirs – 1755-1812*. Edição estabelecida e anotada por Didier Masseau. Paris: Éditions Tallandier, 2009. Idem. *1755-1842 – Mémoires d'une portraitiste*. Prefácio de Jean-Pierre Cuzin. Paris: Editions Scala, 1989.

como Amar defendiam a emancipação dos homens e a igualdade entre eles, abominavam os tiranos e sonhavam construir uma sociedade mais justa, mas pagavam tributo ao "discurso de moralização dos costumes considerados corruptos e decadentes da sociedade aristocrática do fim do século XVIII" (p. 43). Se as aristocratas circulavam na cena pública e tinham modos mais livres, as mulheres dos revolucionários deveriam ficar restritas ao espaço doméstico e criar o bom cidadão do qual a República tanto necessitava.

Tania Morin conduz sua argumentação por esta seara: as dificuldades que envolviam as aspirações de protagonismo político por parte das mulheres revolucionárias, fossem elas burguesas, como Madame Rolland, fossem egressas das camadas populares, como as "tricoteuses" que assistiam às sessões da Convenção Nacional ou as peixeiras que iam até Versalhes levar suas reivindicações a Maria Antonieta e a Luís XVI. Destaca a surpresa com que o mundo percebeu o interesse crescente das mulheres pelas questões cívicas que mobilizavam a sociedade francesa, num processo até então desconhecido: "o que aconteceu foi novo e extraordinário: mulheres do povo, com pouca instrução, passaram a falar a linguagem dos direitos do homem. Acreditaram que também faziam parte do povo soberano, e podiam participar da grande 'reconstrução' da nação" (p. 46). Defenderam a posição de que a Declaração dos Direitos se aplicava a elas também, que não podiam abrir mão do seu direito de defesa, deixando-se degolar como cordeiros.

A maravilhosa iconografia apresentada por Tania Morin na segunda parte de seu livro ilustra à perfeição a ambiguidade da figura feminina na época revolucionária. As imagens remetem a um amplo acervo de representações, algumas delas remontando à Antiguidade clássica – como as da República –, outras se valendo da força retórica da caricatura, "veículo ágil" e dotado de grande impacto como propaganda política. As principais figuras do universo político eram femininas: a República, a Pátria, a Revolução. Tinham de ser representadas como mulheres, ao mesmo tempo em que se impunha destituí-las dos atributos da combatividade e da luta política propriamente dita. A Pátria, portanto, nutria os cidadãos da mesma forma como a mãe o fazia com os filhos, amamentando-os, e o aleitamento foi das "imagens mais poderosas da França Republicana" (p 253). Já as militantes que saíam às ruas e desfraldavam bandeiras reivindicatórias acabavam ganhando traços negativos, invocando escritos de homens como Edmund Burke, contrarrevolucionário de primeira hora, que não hesitou em aproxima-las à figura da bruxa. Mary Wollstonecraft, paladina dos direitos femininos, ironizou escrevendo que Burke "provavelmente se referia a mulheres que ganhavam a vida vendendo verduras ou peixe e nunca tinham desfrutado dos benefícios da educação", mas alguns anos depois, horrorizada – como tantos outros – ante o avanço do Terror, capitularia ante a tese de que se tratavam de "mulheres da sarjeta", a soldo do Duque de Orleãs, que assim procurava abrir seu caminho até o trono periclitante – e logo depois vazio – do primo Luís XVI.

Tania Morin destaca que aqueles anos de radicalização política – entre 1789 e 1795 – marcaram para sempre a história da luta política das mulheres. Elas participaram ativamente da tomada da Bastilha, moveram-se até Versalhes para buscar os monarcas, tricotaram enquanto ouviam os discursos que impeliram à radicalização política da Assembleia Nacional e da Convenção, vestiram uniformes para combater como soldadas, foram espectadoras do Terror com seu séquito de execuções públicas e profanações – para lembrar um só caso, dos mais horripilantes, o que envolveu a Princesa de Lamballe.[3] Nunca as mulheres haviam ido tão longe no tocante à luta política.

A maioria eram mulheres do povo, apesar de havê-las de diversas extrações sociais. Talvez por isso, mas não apenas, a sua ação acabou se esvaindo, e o que triunfou foi a ideia bem burguesa da mãe que amamenta e educa os filhos, cuida da casa e espera o marido ao fim do dia. Rousseau, tão radical em termos políticos – para Koselleck, quase um ideólogo do Terror revolucionário, foi, no plano moral, o artífice desse refluxo, destinatário de cartas como as de Jean Ranson, comerciante de La Rochelle que procurava moldar sua família conforme os ensinamentos do filósofo suíço, comunicando-lhe cada passo de suas iniciativas nesse sentido.[4]

---

3   DE BAECQUE, Antoine. "The Princesse de Lamballe, or Sex Slaughtered". In: *Glory and Terror – Seven deaths under the French Revolution*. Nova York/Londres: Routledge, 2003.

4   KOSELLECK, Reinhart. *Crítica e crise – uma contribuição à patogênese do mundo burguês*. Tradução. Rio de Janeiro: Eduerj/Contraponto, 1999. DARNTON, Robert. "Os leitores respondem a Rousseau: a fabricação da sensibilidade romântica". In: *O Grande Massacre de Gatos e outros episódios da história cultural francesa*. Tradução. Rio de Janeiro: Paz e Terra, 1986, p. 287-336.

Perscrutando documentos escritos e visuais, *Virtuosas e Perigosas* consegue captar, de modo original e sensível, um momento importante da luta das mulheres. Dialogando com a bibliografia mais recente, evita os esquematismos que, tantas vezes, embebeu o discurso feminista das décadas passadas. Se o século XIX foi de luta social e efervescência de reflexões libertárias, foi também de euforia e auto complacência da sociedade burguesa. Consagrou a mulher reclusa, pudica, conformada. Quando, no início do século XX, as *suffragettes* ganharam as ruas e desfraldaram a bandeira do voto feminino, recuperaram, sabendo-o ou não, a luta das revolucionárias francesas do final do século XVIII. Não fossem suas outras várias virtudes, o livro de Tania Morin rememora esses tempos perigosos e fecundos, mostrando que a semente deu frutos.

INTRODUÇÃO

EM 5 DE OUTUBRO DE 1789, as vendedoras de peixe de Paris e outras mulheres das camadas populares, acompanhadas por soldados da Guarda Nacional, marcharam a Versalhes para protestar contra a escassez e o preço do pão. A crise era de subsistência, mas o tom, político. O rei Luís XVI se recusava a aceitar os decretos aprovados pela Assembleia Nacional no mês de agosto, entre eles a importante *Declaração dos Direitos do Homem e do Cidadão*. Indignadas com a atitude do rei e exasperadas pela falta de alimentos básicos, cerca de sete mil mulheres se fizeram ver e ouvir de forma contundente, atraindo a atenção de governantes, jornalistas e compatriotas consternados. As manifestantes interpelaram os deputados da Assembleia Nacional sem nenhuma cerimônia, e na manhã seguinte, aos brados de "a Paris! a Paris!" pressionaram Luís XVI a abandonar o Palácio de Versalhes e a se mudar para a capital. Queriam afastar o rei da influência nociva da corte para que ele se aproximasse do povo, o qual poderia assim vigiar de perto as ações do monarca.

No dia 6 de outubro, com a promessa de medidas para solucionar a crise de abastecimento, a multidão retornou a Paris vitoriosa, escoltando a carruagem da família real. "Os homens tomaram a Bastilha, as mulheres tomaram o Rei!", disse o historiador Jules Michelet,[1] reconhecendo a iniciativa audaciosa daquelas primeiras ativistas. Uma semana depois, a Assembleia Nacional também deixou Versalhes e se

---

1   MICHELET, Jules. *Histoire de la Révolution Française*. Livro I. Paris: Editions Robert Laffont, 1979, p. 244-246.

estabeleceu em Paris, que voltou a ser o centro político do país. A intervenção feminina tinha mudado o curso da Revolução Francesa.

A Marcha a Versalhes marcou a entrada dramática das mulheres na cena política nacional. As ativistas tiveram um apoio expressivo de seus homens, e desde o início da Revolução se observam laços de cooperação entre eles. Surgiu uma nova dinâmica no relacionamento entre os sexos. As mulheres incitavam os homens à rebelião, eles tomavam a frente quando se tratava de arrombar portas e disparar canhões, e elas seguiam atrás incentivando-os com entusiasmo. Ora, quem combate e vence não quer ficar à margem dos acontecimentos. A partir das jornadas de outubro, as mulheres teriam participação maciça nos movimentos populares revolucionários. De 1789 a 1793, surgiram em Paris e nas províncias associações mistas e femininas de benemerência, que aos poucos se transformaram em clubes políticos. As mulheres não tinham direito às prerrogativas formais da cidadania: direito ao voto, ao porte de armas e ao pertencimento à Guarda Nacional. No entanto, eram chamadas de cidadãs e começaram a se comportar como se o fossem *de jure*, inventando maneiras de exercer alguns dos direitos de cidadania reservados ao sexo masculino.

Mesmo excluídas legalmente do corpo eleitoral, em julho de 1793 grupos de mulheres declararam na Convenção que aceitavam a nova Constituição e a *Declaração dos Direitos do Homem e do Cidadão*. Os clubes femininos de Le Mans, Nancy e Clermond-Ferrand votaram sua própria aceitação da Constituição. A Associação das Republicanas de Beaumont declarou que "as cidadãs também têm o direito de ratificar um ato – a Carta Constitucional – para o qual concorreram com tanta eficácia".[2] Seus votos tinham apenas valor simbólico, mas os juramentos solenes eram atos de cidadania que as inseriam de alguma forma no corpo político da nação. Essa atuação cívica sem precedentes admirou e ao mesmo tempo preocupou os contemporâneos, suscitando a controvérsia dos direitos civis e políticos das mulheres durante a Revolução Francesa. Esse é o tema do presente livro.

Como foi possível que mulheres com pouca instrução, teoricamente sem experiência de articulações políticas, conseguissem participar tão intensamente do movimento revolucionário de 1789 a 1795? De que maneira aquelas ativistas se educaram politicamente, encontraram apoio entre os companheiros dos meios populares e usaram em

---

2   GODINEAU, Dominique. *Citoyennes tricoteuses: les femmes du peuple à Paris pendant la Révolution Française*. Paris: Editions Alinea, Perrin, 2004, p. 144-145.

seu proveito os novos espaços criados pela Revolução? Quais eram as aspirações e as práticas políticas das *sans-culottes*[3] que se transformaram em militantes? Finalmente, que repercussões teve o ativismo político feminino entre os líderes da Revolução e a sociedade desse período? Ao longo destas páginas, procurarei oferecer algumas respostas a essas perguntas. Embora mencione clubes políticos nas províncias, o espaço e o período privilegiados nesta obra são a cidade de Paris de 1789 a 1795, pois esses foram os anos e o lugar da participação feminina mais marcante da era revolucionária.

Houve algumas vozes de feministas *avant-la-lettre*,[4] como Olympe de Gouges, Théroigne de Méricourt e Etta Palm d'Aelders, idealistas que denunciaram o tratamento desigual reservado às mulheres na França, mas elas não tiveram eco popular significativo. Por essa razão, darei mais ênfase àquelas que fundaram clubes femininos e tiveram uma ação limitada no tempo, porém mais consequente para o curso da Revolução e para o futuro político das mulheres francesas. Refiro-me à Sociedade das Republicanas Revolucionárias, que construiu uma rede de apoio político entre as sociedades populares e Seções de Paris dominadas pela *sans-culotterie*. Agiam como membros do clube ou integradas nas massas revolucionárias. Poucas reivindicaram as prerrogativas da cidadania, mas achavam que tinham o direito de expressar suas opiniões e fiscalizar o cumprimento das leis. O discurso e as ações das militantes provocaram o debate sobre a emancipação política das mulheres. Elas participaram de várias jornadas revolucionárias, inclusive as de 20 de junho e 10 de agosto de 1792, que

---

3   Segundo Patrice Higonnet, o *sans-culotte* se situa num campo duplo: parisiense e revolucionário, social e político. Um documento de maio de 1793 define o *sans-culotte* por uma referência social: "É um ser que anda sempre a pé [...] e que mora modestamente com sua mulher e seus filhos, se os tiver, no quarto ou quinto andar". O *sans-culotte* típico não é o indigente dos quartos mobiliados (*chambre garnie*: a expressão denota penúria e tristeza), mas um artesão, um *compagnon* (categoria intermediária entre aprendiz e mestre), ou pequeno patrão. Alguns viviam de rendas, outros eram assalariados, criados domésticos ou pequenos comerciantes. Claire Lacombe, presidente do clube das Republicanas Revolucionárias, e o Enragé Jacques Roux aparecem no verbete como exemplos de integrantes da *sans-culotterie*. Informações em HIGONNET, Patrice; FURET, Francois; OZOUF, Mona. Verbete "sans-culotte". In: *Dictionnaire critique de la Révolution Française: institutions et créations, événements, idées, acteurs*. Champs: Flammarion, 1992.

4   O termo "feminista" não existia no século XVIII. A palavra "feminismo" não era conhecida antes do século XIX, e teria sido inventada por Charles Fourier. Ver LANDES, Joan B. *Women and the Public Sphere in the age of the French Revolution*. Ithaca/Londres: Cornell University Press, 1988, p. 207, nota n° 1.

precipitaram a queda da monarquia. Abraçaram a Revolução e se armaram para defendê-la, adquirindo uma visibilidade nunca antes imaginada para mulheres do povo. A questão dos direitos cívicos das mulheres foi colocada na ordem do dia em outubro de 1793. O sufrágio feminino foi recusado, o que não chega a surpreender, considerando a longa tradição de mando masculino na França, onde, em 1789, ainda vigorava a Lei Sálica.[5] O Comitê de Salvação Pública, aproveitando o pretexto de uma briga entre as peixeiras do mercado e membros da Sociedade das Republicanas Revolucionárias, extinguiu todos os clubes políticos femininos da França. Alegou que as mulheres não podiam ter papel ativo no governo pois eram facilmente influenciáveis, faltava-lhes serenidade emocional para a prática política e não tinham a capacidade masculina para as meditações profundas e sérias. Principalmente, a natureza reservava-lhes outro papel: os cuidados maternos e a primeira educação dos filhos. Para o relator do Comitê, tratava-se de uma questão moral e "sem moral não há República".

Como bem aponta Lynn Hunt, o novo na atitude dos revolucionários não foi a recusa, e sim "o fato de terem tido que discutir publicamente o papel das mulheres e justificar sistematicamente, e pela primeira vez, a exclusão das mulheres da coisa pública".[6] Antes da Revolução, nenhuma explicação teria sido necessária.

Em compensação, em matéria de direitos cívicos e direito de família, os legisladores foram modernos: houve avanços relevantes no caminho da emancipação civil da mulher, com a aprovação da lei do divórcio – uma reivindicação feminina –, o fim dos privilégios masculinos da primogenitura nas heranças familiares e a concessão de mais autonomia jurídica à mulher. Entretanto, os ideais da liberdade e da igualdade entre os cidadãos não foram estendidos aos direitos políticos femininos. Para a sociedade do fim do século XVIII, ainda era inconcebível pensar as relações entre homens e mulheres em termos de igualdade.

---

5   Lei do final da Idade Média utilizada para justificar a exclusão das mulheres da sucessão ao trono da França. In: GAUVARD, Claude; LIBERA, Alain de; ZINK, Michel (dir.). *Dictionnaire du Moyen Age*. Paris: Quadrige/Presses Universitaires de France, 2002.

6   HUNT, Lynn. "L'histoire des femmes: accomplissements et ouvertures". In: LAPIED, Martine; PEYRARD, Christine (dir.). *La Révolution Française au Carrefour des Recherches*. Prefácio de Michel Vovelle. Michel Aix-en Provence: Publications de l'Université de Provence, 2003.

Para analisar as razões do repúdio aos direitos políticos femininos, precisamos considerar tanto as circunstâncias revolucionárias quanto as tradições culturais. As militantes, às vezes armadas, denunciavam a incompetência e a corrupção dos governantes e exigiam a punição dos "traidores do povo". Queriam uma forma de democracia direta e popular. Eram ameaçadoras. Passaram a simbolizar o modelo negativo de comportamento feminino. As representações iconográficas, principalmente as caricaturas, são impiedosas com as militantes. Apontam aspectos instigantes da redefinição das atribuições de homens e mulheres na "regeneração moral" da sociedade. Com a exceção das heroínas de Versalhes, que foram homenageadas até 1793, e mesmo assim com bastante ambiguidade, a maioria dos líderes revolucionários preferia exaltar as mães republicanas – as "Virtuosas" –, que consideravam, numa visão maniqueísta, o reverso da medalha das mulheres politizadas – as "Perigosas". Temos que compreender o ideário revolucionário da "sociedade virtuosa" para bem situar a questão dos modelos de comportamento femininos em relação à moral republicana. Neste livro apresentarei três grupos femininos emblemáticos: as mães republicanas, as militantes políticas e as mulheres-soldados. A separação por categorias foi adotada com o intuito de organizar melhor o trabalho, e não reflete comportamentos estanques ou mutuamente excludentes. Ao contrário, numa época de ruptura com o passado e redefinição dos papéis sociais, percebe-se um entrelaçamento de papéis e funções que escapam a definições rígidas.

A história da luta pela cidadania feminina exige uma articulação entre diferentes campos historiográficos, como a história do pensamento político, a história social das práticas políticas e a história cultural das representações.[7] Considerando todos esses aspectos, julguei que a abordagem mais instigante para estudar as ativistas políticas na Revolução Francesa seria através das categorias *práticas* e *representações* daquelas mulheres. Por *práticas* entendo as experiências reais e o "modo de agir característico de determinado grupo".[8] E por *representações*, para os fins deste estudo, as imagens femininas e masculinas que integram um sistema cultural de representações em construção durante a Revolução.

---

7 GODINEAU, Dominique. "Histoire sociale, histoire culturelle, histoire politique: la question du droit de cité des femmes". In: LAPIED, Martine; PEYRARD, Christine (dir.). *La Révolution Française... op. cit.*, p. 302.

8 *Dicionário Houaiss da Língua Portuguesa*. Rio de Janeiro, 2001, p. 2278.

As ativistas souberam utilizar gestos, rituais e discursos para manifestar seu projeto de integração à cidadania. Alguns conceitos relativos à categoria *práticas* são úteis para pensar as ações políticas femininas, por exemplo: "é preciso postular que existe uma distância entre a norma e o vivido, [...] o sentido visado e o sentido produzido".[9] No caso das militantes, a "norma" não as incluía no grupo dos cidadãos ativos com plenos direitos de cidadania, mas o "vivido" nos mostra aquelas mulheres *praticando* atos de cidadania que as incluíam no povo soberano. A lei era rígida, a prática criava alternativas. Quanto ao "sentido visado e o sentido produzido" percebemos uma diferença entre as intenções das mulheres e as repercussões de suas ações na sociedade. As circunstâncias fluidas e as incertezas do início da Revolução abriram um espaço de expressão política a um grupo social antes excluído dele. As mulheres do povo souberam aproveitá-lo, inventando maneiras de exercer a cidadania, que consideravam seu direito e seu dever. Administraram seus clubes políticos com transparência republicana, seus discursos eram imbuídos de espírito público. Porém, à medida que se aproximavam dos ideais de virtude republicana – essencialmente masculinos –, "elevavam-se" acima de seu sexo, o que significava uma "pretensão descabida", segundo seus detratores. A virtude republicana para a mulher girava em torno da fraqueza, sensibilidade e outras características "naturais" do sexo feminino, pensamento que era corroborado pela medicina da época, enunciado notadamente no influente compêndio do médico Pierre Roussel, *Système Physique et Moral de la Femme* (*Sistema físico e moral da mulher*), de 1775.

Não obstante, enquanto as ativistas foram aliadas úteis dos líderes revolucionários, eles conviveram com os clubes femininos e toleraram suas manifestações na Assembleia e nas ruas. Mas no momento em que deixaram de ser apenas personagens excêntricas e barulhentas para se tornarem uma ameaça política, os governantes julgaram necessário reprimi-las com o rigor da lei e a força das armas. Além da extinção dos clubes políticos femininos em outubro de 1793, em maio de 1795 as mulheres foram proibidas de frequentar a Assembleia e de se reunir em qualquer lugar, inclusive nas ruas em grupos de mais de cinco, sob pena de detenção imediata. Mas afinal, o que elas fizeram para provocar semelhante reação? A Parte I do livro discutirá a pluralidade das ações femininas, ou *práticas políticas*, e suas repercussões na sociedade.

---

9 CHARTIER, Roger. *Lectures et lecteurs dans la France d'Ancien Régime*. Paris: Éditions du Seuil, 1989, p. 15.

Minha visão da questão feminina se refinou ao longo da pesquisa. As primeiras leituras me chamaram a atenção para a repressão política das mulheres na Revolução. Como lidar com o paradoxo das cidadãs sem cidadania? No início, alinhei-me ao "discurso do fechamento", que julga que as mulheres não se beneficiaram em nada das mudanças políticas e sociais da Revolução Francesa. Havia um consenso entre os historiadores da década de 1990 em torno dessa visão de declínio. Porém, nos anos 2000 surgiu uma nova perspectiva historiográfica, com o chamado "discurso da abertura". Não se trata agora de negar a repressão, mesmo porque isso seria impossível, considerando que os decretos de 1793 e 1795, e mais tarde o Código Napoleônico de 1804, consagraram em lei a limitação dos direitos femininos. Porém, diante de novas evidências na documentação escrita por homens e mulheres, redirecionei o enfoque anterior que tratava apenas da repressão. Resolvi incluir no trabalho a relação entre os discursos[10] femininos e masculinos e a experiência política feminina, a qual foi pioneira e singular, por isso suscitou tantas controvérsias. Nesse segundo momento, a interpretação do "discurso de abertura" me pareceu mais plausível e plenamente apoiada nos documentos consultados. Escrevi um "Diálogo com a Historiografia" (ler depois da "Conclusão"), onde apresento as principais obras e autores que escreveram sobre as mulheres na Revolução Francesa. Nessa breve discussão, aproveito para situar meu estudo no debate entre as várias correntes historiográficas atuais sobre o tema.

A Parte II apresenta uma coleção de imagens que nos ajudam a compreender a sociedade que tratou de redefinir as relações e as atribuições dos sexos na era revolucionária. As representações, num sentido abrangente, tornam visível o que é imperceptível ou intensificam e complementam uma presença real. Assim compreendidas, elas são realizadas através de signos – imagens, símbolos ou emblemas – que têm uma relação analógica com o referente – no caso dos retratos – ou não, no caso das alegorias, emblemas e símbolos. Jean-Jacques Rousseau e Condillac estavam persuadidos do poder dos signos – gestuais, de linguagem ou de imagens – sobre a formação das ideias. Rousseau disse a esse respeito: "fala-se melhor aos olhos que às orelhas". A imagem pode servir de apoio à linguagem, que é volátil, e pode até comunicar o indizível, e Rousseau, mais uma vez, afirmou: "em um piscar de olhos, tudo

---

10 Por *discurso*, entendo práticas políticas, decisões legislativas e representação simbólica republicana.

é dito".[11] Tais conceitos foram absorvidos e colocados em prática pelos sucessivos governos revolucionários, os quais promoveram uma revolução política e cultural com auxílio das representações iconográficas.

O uso repetido de representações politicamente construídas criou, em alguns casos, estereótipos que perduraram no imaginário coletivo até a época atual. Laura de Mello e Souza reflete sobre a questão das permanências:

> de que maneira um mito se perpetua e se transforma, adquirindo novos significados? De que maneira, ainda, tais metamorfoses são tributárias da mudança das formas de representação, a bruxa sabática dos processos sangrentos habitando, trezentos anos depois, o poema romântico?[12]

Em outro contexto e circunstância histórica, as ativistas políticas francesas percorreram o caminho inverso. Enquanto as bruxas deixaram de assustar os adultos para habitar os contos infantis,[13] as militantes, ao contrário, foram progressivamente demonizadas nas formas de representação. As imagens concorreram para transformar as heroínas do início da Revolução Francesa em criaturas traiçoeiras e violentas. As mulheres que frequentavam os debates da Assembleia deram origem ao mito das "tricoteiras" sanguinárias, verdadeiras "fúrias do inferno" que tricotavam ao pé da guilhotina, deleitando-se com o espetáculo da morte. No Caderno de Imagens, Parte II, há uma série de imagens reveladoras da transformação das militantes políticas em bruxas desenfreadas nos títulos "Violência feminina" e "Demonização das militantes".

As representações iconográficas não apenas ilustram o texto escrito, mas acrescentam informações, mostram aspectos inusitados de uma questão, e às vezes contradizem os documentos escritos, expondo pontos de vista divergentes acerca do mesmo objeto. São documentos visuais instigantes, que podem nos esclarecer

---

11   JOURDAIN, Anni. *Les Monuments de la Révolution, 1770-1804: une histoire de la représentation*. Paris: Honoré Champion Editeur, 1997, p. 9-12.

12   SOUZA, Laura de Mello e. *Inferno Atlântico: demonologia e colonização – séculos XV-XVIII*. São Paulo: Companhia das Letras, p. 18.

13   *Ibidem*, p. 194.

ou levantar novas dúvidas sobre determinado ambiente social em certa época. Nesse sentido, as imagens não só refletem situações – interpretadas pelo olhar e pelas escolhas dos artistas –, elas vão além, ao julgar pessoas e comportamentos e propor exemplos edificantes para reforçar o positivo, condenar o reprovável. Na França revolucionária, a arte tinha uma missão política e moral. No plano social, a ideia era instituir novas relações entre as pessoas, criando uma sociedade mais solidária, justa e feliz. O período foi pródigo em imagens, em grande medida utilizadas para difundir os ideais revolucionários, entre os quais, o papel que cabia a cada sexo na família e na sociedade. Ver no Caderno de imagens, Parte II, as imagens de "A maternidade cívica" e "A família".

As 8 imagens da Parte I complementam ou servem de contraponto ao texto, e as respectivas explicações são sucintas. Já no Caderno de Imagens da Parte II, fiz uma leitura mais detalhada de 46 imagens, comentando as circunstâncias históricas conforme o caso. Todas as traduções de citações e documentos são minhas, exceto nos casos de obras estrangeiras publicadas em português, conforme constam das notas de rodapé e da bibliografia no final do livro.

Tive o privilégio de fazer a maior parte da minha pesquisa no Gabinete das Estampas do Museu Carnavalet e na Biblioteca Nacional da França em Paris, que abrigam ricas coleções de imagens do fim do século XVIII francês. Em meio àquela infinidade de obras artísticas, fiquei sempre me equilibrando entre o fascínio das descobertas e o constrangimento do tempo disponível.

No Gabinete das Estampas do Carnavalet, encontrei uma iconografia de rara beleza, que me ensinou muito a respeito da sensibilidade, dos temores e aspirações da sociedade francesa na época revolucionária. Além disso, o ambiente era propício aos estudos desse período. Tive a sensação de que todos ali respiravam, por assim dizer, a Revolução Francesa. A placa na mesa do diretor evocava o civismo da época: "Aqui nós nos sentimos honrados com o título de cidadãos" ("*Ici on s'honore du titre de citoyen*"). Durante a Revolução, essa declaração emblemática era afixada às salas dos prédios públicos, e "cidadão" era a forma de tratamento usada para todos os franceses, independente de posição social. Sua presença hoje no espaço de pesquisa do Carnavalet – museu da história de Paris – é testemunho da forte ligação dos que ali trabalham ao conceito de cidadania elaborado pelos legisladores revolucionários.

O cidadão era – e é – aquele que tem espírito público, que trabalha pelo bem comum, é honesto e digno, preza a liberdade, a justiça e a democracia.

Quando anunciei meu objeto de pesquisa – a questão da cidadania feminina na Revolução – fui recebida com um misto de admiração e curiosidade. Como uma historiadora da Universidade de São Paulo, no Brasil tão distante e tropical, foi se interessar por um tema tão francês? Sim, o assunto é francês mas tem dimensões que ultrapassam fronteiras: as relações políticas e sociais entre homens e mulheres e a trajetória pioneira de um grupo de ativistas políticas que atrairam a atenção internacional. Finalmente, não podemos esquecer da ampla difusão dos símbolos republicanos, adotados em grande parte das democracias ocidentais, inclusive no Brasil. Creio que essas questões continuam atuais e relevantes, assim como os princípios que fundamentaram a *Declaração dos Direitos do Homem e do Cidadão* em 1789.

PARTE I
O ativismo das mulheres na Revolução Francesa (1789-1795)

1
AS MULHERES ESCREVEM AO REI

NO CLIMA DE EFERVESCÊNCIA da convocação dos Estados Gerais[1] em agosto de 1788, para início em maio de 1789, Luís XVI convidou todos os franceses a lhe apresentarem seus votos, pedidos e reclamações nos Cadernos de Queixas (*Cahiers de Doléances*) de suas paróquias ou localidades. Essa era a forma pela qual tradicionalmente o rei consultava os súditos acerca do estado de seu reino e obtinha um consenso para a votação de subsídios extraordinários. O Tesouro nacional estava à beira da insolvência. Segundo os usos e costumes, esperava-se que só a nobreza, o clero e a alta burguesia se expressassem, e assim mesmo com a devida deferência e moderação. Mas a crescente insatisfação da sociedade em geral e os anseios por reformas sociais e políticas foram de tal ordem que a redação dos Cadernos de Queixas ensejou um grande debate público. A questão fiscal era só uma parte do problema, como atestam os 60.000 documentos que chegaram até nós.[2]

As mulheres, no entanto, não foram consultadas nesse grande testemunho coletivo, exceto as que eram membros de algumas guildas, como as floristas e modistas de Paris. Considerava-se que elas estavam naturalmente representadas pelos homens da família. Mesmo assim, algumas resolveram se manifestar escrevendo

---

1 Assembleia de representantes eleitos do clero, da nobreza e do terceiro estado para votar medidas fiscais que salvassem o tesouro público da França. Os Estados Gerais não se reuniam desde 1614. Os representantes não tinham autoridade em matéria de governo ou legislação. Mas tudo mudou em 1789.

2 CARBONNIER, Annelise; TOULET, Michel; LECAT, Jean-Michel. *La longue marche des femmes – 1789-1920 – des citoyennes aux suffragistes*. Paris: Ed. Phébus, 2008, p. 34-35.

e publicando suas queixas em cartas e petições dirigidas ao rei e aos integrantes dos Estados Gerais. O espírito das Luzes permeava esses escritos: a maioria pedia mais esclarecimento, mais educação e igualdade perante a lei para os dois sexos. Outras reivindicavam a lei do divórcio e treinamento profissional para conquistar a independência financeira. Muitas demonstravam aguda percepção da situação política. E quase todas as cartas se referem à necessidade de moral e bons costumes (*moeurs*) para reformar a sociedade. Apresentarei a seguir seis cartas que tratam dos temas mais comumente encontrados nos escritos.

A autora anônima do panfleto *Do destino dtual das mulheres, aos bons espíritos*,[3] posterior aos Estados Gerais, demonstra uma consciência feminista *avant-la-lettre*: está indignada com a exclusão das mulheres pela nova Constituição e com a interpretação excludente que certos legisladores faziam da *Declaração dos Direitos do Homem e do Cidadão*: "a metade da espécie humana está privada de seus direitos naturais; e definha num estado que se aproxima da escravidão". Protesta veementemente contra o artigo 29 da nova lei penal, que equipara as mulheres aos homens estrangeiros para efeitos das sentenças judiciárias, como se a pátria as rejeitasse, apesar de "amarem a pátria com uma ternura incomparável, porque aqueles que a compõem nascem de suas dores".[4] "Como ousam! Eles [os legisladores] ao redigir as leis, assimilaram sem pudor as suas companheiras, mães e filhas aos homens estrangeiros!"

Indignada com a injustiça, a autora pondera que se uma parte dos erros do governo é atribuída a uma "mulher estrangeira" (Maria Antonieta), seria justo manifestar que o povo francês é estimável igualmente em seus dois sexos. Para ela, a culpa e o mérito têm que ser igualmente atribuídos. A missivista faz anotações para si própria: "bom para meus filhos e filhas. O estudo por meia-hora que seja [...]" Diz que a força moral é um dom que a natureza concede à mulher, e fala da importância dos bons costumes (*moeurs*) para as mulheres serem respeitadas. Para isso, é preciso devolver-lhes suas propriedades e seus direitos, tão sagrados quanto os dos homens. Essa autora não vê nenhuma razão lógica ou justa para um tratamento desigual e discriminatório em relação à mulher francesa. Percebe-se aqui o início de uma consciência feminista *avant-la-lettre*.

---

3   *Cahiers de doléances des femmes en 1789 et autres textes*. Préfacé par Paule-Marie Duhet. Paris: C. des femmes, 1981, p. 115.

4   *Ibidem*, p. 113.

Outra carta notável é a *Petição das mulheres do Terceiro Estado ao Rei*, de 1 de janeiro de 1789.[5] A autora anônima queixa-se da educação deficiente dada às meninas e das escolhas infelizes que as mulheres têm na vida: o casamento sem amor, o claustro, o serviço doméstico, o celibato desprezado ou a libertinagem. Seu principal pedido ao rei é de uma modernidade surpreendente: ela quer uma educação que permita às mulheres oportunidades de trabalho e vida independente. Além disso, acha que certas profissões devem ser reservadas para as mulheres – os homens ficariam proibidos de exercê-las: "que nos deixem pelo menos a agulha e o fuso, nós nos comprometemos a jamais tocar no esquadro e compasso". Menciona também a educação para o trabalho: "nós desejamos ser esclarecidas [...] para que tenhamos os meios de viver ao abrigo do infortúnio"; "sair da ignorância para dar aos nossos filhos uma educação sã e razoável [...] nós vos suplicamos, Majestade, que estabeleçais escolas gratuitas".

Mais uma vez lemos pedidos de educação e trabalho. Por um lado, essa carta é de uma notável modernidade, defendendo a independência de vida para mulheres através da autonomia financeira e a educação como responsabilidade do Estado; por outro lado, é tradicional no tocante à separação das profissões adequadas para mulheres e homens. E a ironia em relação às atividades científicas, ciosamente reservadas para os homens, acrescenta uma provocação apimentada ao texto.

A carta de Madame B***B***[6] expressa surpresa com o silêncio das mulheres no momento da "revolução geral" em curso, pois haveria tantos abusos a combater, queixas a apresentar. A autora eleva a voz para defender uma causa comum. Com agudeza de espírito, percebe que debate-se a libertação dos negros – será que a filosofia ficaria muda a respeito das mulheres? O lema das mulheres parece ser "trabalhar, obedecer e se calar". Madame B *B exige a cidadania para as mulheres: considera que elas não estão representadas nos Estados Gerais, pela mesma razão que um nobre não pode representar um comerciante. A educação feminina não se resume a aprender a agradar, mas sim ser útil à família e à sociedade, e para isso, é preciso mudar as regras da educação. A autora acha que as mulheres não podem ser privadas dos conhecimentos que as tornam capazes de ajudar os homens. Há

---

5   *Ibidem*, p. 25.

6   *Les Tracts féministes au XVIIIe siècle* – publiés avec une introduction par Colette Michael. Paris/Genebra: Editions Slatkine – Bibliothèque de la Sorbonne, 1986, p. 121-128.

um grande desejo de aperfeiçoamento e de repúdio aos antigos costumes que só enchiam de frivolidades as cabeças das mulheres.[7] Dessa forma, pondera Madame B, as mães de família razoáveis poderiam se ocupar de seus afazeres domésticos com mais eficiência, além de discutir os interesses públicos com conhecimento e discernimento. Madame B quer uma uniformização das leis em todas as províncias do país, segundo critérios ditados pela razão, sabedoria e justiça. A autora se insurge contra o costume da primogenitura, pela sua flagrante injustiça com outros irmãos e irmãs. E dá sugestões em política econômica: para sanar a dívida nacional, recomenda o confisco dos bens das ordens religiosas adquiridos por vias escusas, que por essa razão seriam ilegítimos.

Outra reivindicação feminina expressa nos *Cahiers de Doléances* e em outros documentos da época era o direito ao divórcio. Em *Agravos e queixas das mulheres mal-casadas*,[8] dirigido à Assembleia Nacional, a autora anônima lança mão de argumentos ousados contra a indissolubilidade do casamento. Ela prevê a reação negativa dos religiosos e responde à pergunta retórica: "vocês ignoram que o que nós ligamos na terra está ligado no céu? Jesus Cristo o disse. Eis nossa resposta: um laço formado contra as intenções da natureza não foi ligado no céu". É interessante notar como os princípios revolucionários permeavam todas as questões, inclusive a do casamento e do divórcio. Como tudo mais, a indissolubilidade do casamento foi politizada e pensada à luz da Liberdade, que é um princípio maior e um direito fundamental dos homens, pouco tempo depois consagrado na *Declaração dos Direitos do Homem e do Cidadão*: "Um voto indissolúvel é um atentado à liberdade do homem e o sistema atual é e deve ser aquele da Liberdade [...] A França rompeu suas cadeias, a Liberdade torna-se [...] a base de todas as nossas leis [...] então porque esses grilhões, cadeados, este cativeiro perpétuo, dignos do despotismo oriental?".[9] A Razão iluminista entra na liça: "a indissolubilidade de um voto o torna desarrazoado e absolutamente contra a natureza".

Além de educação e direitos de cidadania, as mulheres queriam proteção econômica. À época da Revolução, as mulheres integravam a força de trabalho nos

---

7   Ibidem, p. 124.

8   *Cahiers de doléances des femmes... op. cit.*, p. 143 e 147.

9   Ibidem, p. 148.

mais diversos setores: prataria, encadernação, papelaria, comércio de alimentação, costura, pequenas atividades de rua. Seus salários eram sempre inferiores aos dos homens pelas mesmas tarefas, e uma doença ou um acidente podia privá-las de recursos.[10] Algumas guildas exclusivamente femininas sobreviveram *de facto* à abolição oficial por Turgot (editos de 1776-1777), e seus membros pediram proteção aos Estados Gerais, ou ao Diretor Geral de Finanças, como fizeram as vendedoras de flores[11] nos "Cadernos de Queixas das Floristas" (*Cahiers de Doléances des Bouquetières*). As floristas queriam o restabelecimento de seus direitos, visto que "elas pagaram ao rei somas consideráveis para usufruir das vantagens de sua profissão, vantagens das quais são privadas pela grande concorrência e as desordens que ela acarreta".

Havia também um aspecto moral na reclamação: as que não pertenciam à guilda – as "irregulares" – são chamadas de incompetentes, pois quando não conseguiam ganhar seu sustento, descambavam para a vida libertina: "elas procuram na libertinagem e na mais desavergonhada devassidão os recursos que lhes faltam. A causa das peticionárias é a dos bons costumes". Neste caso, assim como no das outras cartas em nome de corporações de ofício, as mulheres pedem proteção contra concorrentes desleais e libertinas. E o fazem em nome da moral e dos bons costumes: essa é a grande novidade desse tipo de carta, que no mais, segue a tradição da reserva de mercado para os membros das guildas. Além disso, as comerciantes se aventuram numa definição de liberdade que as favorece, contagiadas pela necessidade de falar a linguagem política que encontra ressonância nos Estados Gerais e outras instâncias do poder: "A Liberdade, defendida por todas as Ordens de Estado, não pode ser obstáculo à demanda das peticionárias. A Liberdade é inimiga do desregramento, e os cidadãos serão livres sempre que obedecerem às leis que eles próprios se impuseram".[12]

Consoante com o espírito geral, em algumas petições transparece a fé no poder de transformação social das leis e da Constituição. Um exemplo é o

---

10 MARAND-FOUQUET, Catherine. *La femme au temps de La Révolution*. Paris: Éditions Stock/Laurence Pernoud, 1989, p. 26-27.

11 *Cahiers de doléances des femmes... op. cit.*, p. 31-37.

12 *Ibidem*, p. 37.

documento *A Gráfica das mulheres (L'Imprimerie des femmes)*,[13] de Mme. de Bastide, a qual propôs a criação de uma escola gratuita de tipografia e liceu para mulheres. Para a autora, a Constituição trará consigo uma nova moral social. A tipografia e o liceu seriam fundados sob a égide da regeneração dos costumes, tanto para os homens como para as mulheres: as mulheres se educarão e os homens não mais se permitirão ridicularizá-las.

> uma nova Constituição prepara e traz nova moral e novos costumes [...] o ignorante, tolo ou orgulhoso não se permitirá mais, sem dúvida, ridicularizar as mulheres, as quais, pelo estudo e meditação buscarão desenvolver o germe dessas virtudes [...] regenerar a educação das mães de família, ou das moças destinadas à maternidade [...] proporcionar-lhes os meios de adquirir todos os conhecimentos que possam alcançar, e persuadi-las sobretudo que o princípio motor da felicidade é o trabalho e a instrução, e que em todos os lugares e todos os tempos, é sobre a ignorância que a tirania funda seu império.

Mme. de Bastide observou que as mulheres tinham qualidades para se tornarem boas tipógrafas: eram naturalmente sedentárias, habilidosas, pacientes e ordenadas no trabalho. Entre as condições para aceitação de candidatas na escola gratuita, a primeira era "que as mulheres saibam ler e escrever bem e que tenham uma moral inatacável". A República exigia moral sólida de todos os cidadãos e cidadãs.

Nesta pequena amostra de cartas escritas por mulheres ao rei e aos Estados Gerais, já se nota a tendência de certas reivindicações que se intensificarão no curso da Revolução: melhor educação para as meninas para que fossem úteis à sociedade; oportunidade de trabalho; ensino de ofícios às mulheres; direito da mulher à propriedade; repúdio à tradição dos privilégios da primogenitura nas heranças; leis penais equânimes para ambos os sexos. A linguagem da moral e da política permeia os *Cahiers de Doléances*. As autoras invocam a justiça, a igualdade e a liberdade para defender seus direitos. Mesmo antes, e certamente depois da Bastilha,[14] percebe-se uma indignação reprimida por parte das mulheres, as quais levanta-

---

13   *Ibidem*, p. 87-93.
14   Algumas cartas são posteriores aos Estados Gerais, por exemplo, a de Madame de Bastide é de 1790.

ram suas vozes contra a injustiça de sua condição na família, na sociedade, no trabalho e perante a legislação. Tinham urgência em se fazer ouvir e expressaram seu descontentamento com firmeza e altivez. Sua atitude prenuncia a politização e o engajamento feminino na Revolução. As cartas aqui apresentadas são de autoria feminina, de pessoas oriundas da burguesia educada, ou de membros de corporações de ofício. Representam, porém, sentimentos compartilhados por mulheres de outras classes sociais, e também por homens, que se comprometerão a defendê-los ao longo da Revolução.

2
A REPÚBLICA DA VIRTUDE

PARA COMPREENDER MELHOR as práticas femininas na era revolucionária, julguei importante situar as personagens no ambiente da campanha de regeneração moral que permeava a vida política e social no período estudado. Mesmo antes do início da Revolução, instaurou-se na França um discurso de moralização dos costumes considerados corruptos e decadentes da sociedade aristocrática do fim do século XVIII. As artes refletiam o mal-estar social vigente. Choderlos de Laclos tinha denunciado os vícios e a malícia das mulheres poderosas e devassas no romance epistolar *Ligações Perigosas*, de 1782. Novos princípios de patriotismo, lealdade e virtude republicanas foram propostos no quadro de Jacques-Louis David, *O Juramento dos Horácios*, de 1784. Durante a Revolução, os dirigentes franceses se lançaram à empresa de reformar o Estado, acabar com os privilégios, as injustiças, reformar as leis, o calendário, os pesos e medidas e, inspirados nas ideias de filósofos iluministas como Rousseau e Diderot, promover a regeneração moral da nação.

Tocqueville atribuiu a "ilusão de ruptura e fundamento" revolucionária às teorias políticas abstratas elaboradas pelos escritores do século XVIII. Essas ideias explicariam a vontade e a consciência de uma inovação absoluta que caracterizam a Revolução:

> Os franceses fizeram em 1789 o maior esforço jamais empreendido por qualquer povo, para cortar em dois, por assim dizer, o seu destino, e

separar por um abismo o que eles tinham sido até então do que queriam ser dali em diante.[1]

De fato, inspirados principalmente em Rousseau, os homens da Revolução se lançaram à tarefa sobre-humana de transformar um desejo em realidade: a reconstituição da inocência adâmica, a criação de um novo homem, enérgico, frugal, dotado de nova sociabilidade moral.[2] Em outras palavras, a República precisava de indivíduos de outra têmpera: queria cidadãos virtuosos, em tudo diferentes dos súditos do rei. Robespierre definiu o que é a virtude no discurso *Sobre os princípios de moral política*, em que anunciou a vontade de substituir todos os vícios e todos os ridículos da monarquia por todas as virtudes e milagres da República, entre eles: "[queremos substituir] o egoísmo pela moral, a honra pela probidade, as conveniências pelos deveres, a tirania da moda pelo império da razão, o desprezo da infelicidade pelo desprezo ao vício, a insolência pelo orgulho, o amor do dinheiro pelo amor à glória, os usos pelos princípios"; "a alma da República é a virtude"; "A virtude pública [...] não é outra coisa que o amor à pátria e às suas leis"; "o amor à pátria inclui necessariamente o amor à igualdade".[3]

Por outro lado, a definição jacobina de vida pública tornou-se mais masculina, moralizante e aos poucos apagou a fronteira entre a vida privada e a vida pública: "para ser um homem honesto, é preciso ser bom filho, bom marido e bom pai... e reunir todas as virtudes privadas e públicas... eis aí a verdadeira definição de patriotismo", explicou um francês a um cidadão da Filadélfia num panfleto revolucionário.[4] Robespierre e Saint-Just compartilhavam da mesma visão de moral social derivada de Rousseau. Robespierre não se considerava agente nem defensor do povo: "Eu sou o próprio povo". Saint-Just se apresentava como livre de qualquer mácula de iniquidade, e assim esperava que fossem todos os homens públicos. Estes deviam prestar contas de

---

1 TOCQUEVILLE, Alexis de. *L'Ancien Régime et la Révolution*. Paris: Gallimard, 1967, p. 43 *apud* CHARTIER, Roger. *Les origines culturelles de la Révolution française*. Paris: Seuil, 2000, p. 28-29.

2 OZOUF, Mona. *L'Homme Régénéré: essais sur la Révolution Française*. Paris: Gallimard, 1989, p. 118-119.

3 ROBESPIERRE, Maximilien. "Sur les principes de morale politique", 5 février 1794/17, Pluviôse an II, publicado por ZIZEK, Slavoj. *Robespierre: entre vertu et terreur* (tradução francesa). Paris: Editions Stock, 2008, p. 224-227.

4 HIGONNET, Patrice. *Goodness beyond Virtue*. Cambridge (Mass)/Londres: Harvard University Press, 1998, p. 136-137.

sua virtude à cidade.⁵ O espírito público, a própria essência da virtude jacobina, passou a importar mais que a natureza humana e seu invólucro material. O homem jacobino regenerado e virtuoso podia e devia elevar-se acima de si mesmo. Ele colocava em prática os princípios republicanos na sua vida privada e pública, participava entusiasticamente das votações, festas e rituais cívicos, defendia a Revolução dentro e fora das fronteiras, era franco, mantinha promessas, identificava-se com a nação e acreditava na amizade, no sacrifício pelo bem comum.⁶

As cidadãs virtuosas

Em vista da disseminação de tais doutrinas, nada mais natural que as mulheres tivessem, por sua vez, abraçado aqueles elevados ideais para compartilharem do espírito público da cidadania. Elas também queriam ser virtuosas, segundo a definição republicana. Emilie Tardy de Besançon, filha de emigrados que na época eram considerados traidores da França, rompeu com a política contrarrevolucionária de sua família em 1793 e filiou-se ao clube feminino de Besançon. Mesmo levando-se em conta que ela precisava provar mais enfaticamente que suas irmãs republicanas a sua lealdade à República, sua linguagem de elevação moral é semelhante à das outras participantes:

> Cidadãs, irmãs, amigas... Eu me alcei o quanto pude às alturas do espírito nacional; o afeto familiar, os laços de amizade nunca me desviaram, nem desviarão dos princípios de liberdade e igualdade... Peço-vos que aceitem, irmãs e amigas, este testemunho público da minha gratidão.

No mesmo tom, a cidadã Maugras de Besançon declarou: "Elevadas às alturas da Revolução, nós preferimos a liberdade e a igualdade a todas as trivialidades do amor".⁷ Logo depois da aprovação da lei do divórcio em 22 de setembro de 1792, a Mère Duchesne escreveu com otimismo um tanto precipitado:

---

5   BLUM, Carol. *Rousseau and the Republic of Virtue: the language of politics in the French Revolution*. Ithaca/Londres: Cornell University Press, 1986, p. 160-163.
6   HIGONNET, Patrice. *Goodness beyond Virtue...* op. cit., p. 133.
7   DESAN, Suzanne. "Constitutional Amazons: Jacobin Women's Clubs in the French Revolution". In: RAGAN JR., Bryant T.; WILLIAMS, Elizabeth A. (ed.). *Re-creating Authority in Revolutionary France*. New Brunswick/New Jersey: Rutgers University Press, 1992, p. 26-27 (as 2 citações).

antes, quando queríamos falar, calavam-nos dizendo polidamente: "a senhora raciocina como mulher" [...] agora tudo mudou; nós crescemos muito depois da Revolução [...] Meu Deus! Como a liberdade nos deu asas! Hoje nós voamos como as águias.[8]

O entusiasmo dessas mulheres era sincero, apesar de não terem oficialmente nenhuma das prerrogativas da cidadania. A novidade do espírito revolucionário, herdeiro da ilustração, é que ele inflamou os corações. Tocqueville havia percebido como a filosofia política do século XVIII chegou às multidões e se transformou numa paixão política, de tal modo que "vimos teorias gerais e abstratas sobre a natureza das sociedades tornarem-se assunto de conversas diárias dos desocupados e inflamarem *até mesmo* a imaginação das mulheres e dos camponeses".[9]

A expressão "até mesmo" revela que o interesse feminino pelas questões cívicas surpreendeu a sociedade. Realmente, o que aconteceu foi novo e extraordinário: mulheres do povo, com pouca instrução, passaram a falar a linguagem dos direitos do homem. Acreditaram que também faziam parte do Povo Soberano, e podiam participar da grande "reconstrução" da nação. Havia uma dignidade nova na posição da mulher patriota, e ela criou ânimo para conquistar seu espaço. Proponho que, antes de ocupar os espaços políticos reais que surgiram nos desdobramentos da Revolução, essas mulheres conquistaram um espaço moral advindo da *Declaração dos Direitos do Homem e do Cidadão*, cujos princípios inspiravam um respeito quase religioso amplamente difundido na sociedade. O seu Artigo III inflamou os espíritos: "O princípio de toda Soberania reside essencialmente na Nação. Nenhum corpo ou indivíduo pode exercer autoridade que não emane expressamente da Nação".[10]

Jornalistas radicais como Camille Desmoulins iam mais longe: "A soberania reside na cidadania, e ela nunca delega seu poder exceto por mandato... que é revogável pela vontade do povo [...] e a vontade do povo é a lei suprema".[11]

---

8   GODINEAU, Dominique. *Citoyennes tricoteuses: les femmes du peuple à Paris pendant la Révolution Française*. Paris: Editions Alinea, Perrin, 2004, p. 112.

9   TOCQUEVILLE, Alexis de. *L'ancien régime et la Révolution... op. cit.*, Grifos meus.

10 Disponível em: <www.assemblee-nationale.fr/histoire/dudh/1789>.

11 APPLEWHITE, Harriet B. & LEVY Darline G. "Responses to the political activism of women of the people in revolutionary Paris, 1789-1793". In: HARRIS, Barbara J.; MCNAMARA, Jo Ann K. (ed.). *Women*

Ora, o direito de revogar o mandato de deputados incompetentes pelo referendo popular está implícito nesta ideia, defendida mais tarde pelo movimento da *sans-culotterie*, do qual participaram as mulheres. É natural que elas começassem a assimilar tais mensagens. O primeiro ensaio prático do conceito ocorreu quando as manifestantes parisienses invadiram a Assembleia Nacional em 5 de outubro de 1789.

A ideia da igualdade entre todos os cidadãos seduzia os humildes. A "República da Virtude" oferecia algo que o cristianismo nunca prometeu aos pobres: poder sobre os grandes *no tempo presente*, e não uma vaga preferência[12] por eles na vida eterna. Saint-Just postulava que se os governos e potências terrenas não respondessem adequadamente, "armem o povo, o povo deve reinar".[13] Algumas mulheres, como as Republicanas Revolucionárias, ouviram o apelo e reivindicaram o direito de armar-se, prerrogativa da cidadania. Trata-se do direito absoluto da humanidade de rebelar-se contra a tirania desumana.

A seguir, um exemplo de princípios revolucionários colocados em prática no ambiente de trabalho. Devido à crise econômica, o governo abriu oficinas de fiação e costura para empregar as mulheres necessitadas. As Seções de Paris contrataram desempregadas e parentes dos soldados para confeccionar roupas para o exército. Em geral, os salários mal garantiam a subsistência, e as condições de trabalho eram precárias, o que gerou protestos. No Magazin du Temple, onde as operárias costuravam sacos de farinha, não havia aquecimento em pleno inverno. Uma funcionária reclamou que: "os oficiais municipais e as autoridades não passavam de seus agentes [das funcionárias]) e era espantoso que faltasse lenha para o [povo] Soberano enquanto seus agentes estavam dela abundantemente providos".[14]

A descontente foi despedida junto com sua filha, pois a moça, logo após o incidente, leu a *Declaração dos Direitos do Homem e do Cidadão* para as colegas de oficina de trabalho. As duas protestaram mais na qualidade de cidadãs que de operárias e recorreram

---

and the Structure of Society. Selected research from the Fifth Berkshire Conference on the History of Women. Duke Press Policy Studies, 1984, p. 216.

12 "É mais fácil um camelo passar pelo buraco da agulha que um rico entrar no Reino dos Céus". No Evangelho há várias passagens que denotam a preferência de Deus pelos pobres, os injustiçados, os humildes, as crianças.

13 Saint-Just *apud* BLUM, Carol. *Rousseau and the Republic of Virtue...* op. cit., p. 174.

14 GODINEAU, Dominique. *Citoyennes tricoteuses...* op. cit., p. 88, 102-104.

à sociedade popular de seu bairro, que assumiu sua defesa perante os administradores da fiação. Reivindicações de artesãos são anteriores à Revolução, porém agora vinham acompanhadas da consciência do direito à igualdade no trabalho. A novidade era o uso dos princípios da *Declaração dos Direitos do Homem e do Cidadão* como *arma moral e política* contra o tratamento indigno das operárias. Aquelas mulheres julgavam que tinham direitos porque pertenciam ao corpo político dos cidadãos. As fiandeiras estavam convencidas do que disse Saint Just: "Os infelizes são os poderosos da terra. Eles têm o direito de falar como senhores aos governos que os esquecem".[15]

Embora muitas operárias trabalhassem em silêncio, por medo de perder o emprego, outras se insubordinaram contra a administração comunal. Tais movimentos operários, segundo Dominique Godineau, relativizam a imagem da população assalariada dócil, afastada das lutas políticas.

Adeus à futilidade

As mulheres da Revolução, inclusive as ativistas políticas, concordavam com a ideia da reforma dos costumes e da moralização da sociedade francesa. Acompanharam os homens no desejo de ruptura com os hábitos do Antigo Regime. Muitas achavam, como seus companheiros, que as mulheres tinham sido fúteis e levianas no passado. A ativista Olympe de Gouges, por exemplo, escreveu:

> as mulheres fizeram mais mal que bem. As restrições e a dissimulação eram seu destino. O que lhes faltava em força física era compensado pela esperteza; elas se valeram de todos os recursos de seus charmes, e mesmo o [homem] mais impecável não lhes resistia [...] O governo francês, sobretudo, dependeu durante séculos da administração noturna das mulheres.[16]

As mulheres que apoiaram a Revolução, independente de sua classe social, queriam e precisavam romper com a persistente imagem de egoísmo, vaidade, dissimulação e futilidade associadas ao sexo feminino para poder integrar-se à nova ordem social. Esse

---

15 Relatório de Saint-Just de 8 Ventôse do Ano II *apud* GODINEAU, Dominique. *Citoyennes tricoteuses...* op. cit., p. 98.
16 MOUSSET, Sophie. *Olympe de Gouges et les droits de la femme*. Paris: Editions du Félin, 2007, p. 96-97.

é um dos sentidos da militância política. A imagem negativa emergia com frequência nos discursos e panfletos masculinos como exemplo de vícios que deviam desaparecer com a regeneração dos costumes. No contexto da nova sociedade que aspirava à virtude, os defeitos atribuídos às aristocratas e à rainha respingavam no sexo feminino como um todo. Para alguns articulistas, as aristocratas devassas eram culpadas pelo esfacelamento da sociedade monárquica e pela ruína da França do Antigo Regime. O jornalista radical Prudhomme escreveu no seu jornal *Révolutions de Paris* em fevereiro de 1791:

> O reino das cortesãs precipitou a ruína da nação; o império das Rainhas o consumou [...] a princesa frívola Marie Antoinette [...] aproveitou sua ascendência sobre pequenas coisas para interferir nas grandes e influenciar o destino de todo um povo [...].[17]

Os franceses detestavam Maria Antonieta e repudiavam tudo o que ela representava no imaginário popular: a má mãe, a esposa adúltera, a leviandade, o luxo desmedido, a má conselheira do rei, a estrangeira. Entre outras faltas, era acusada de ensinar o rei a ser dissimulado, o que significava guardar segredos e mentir. A dissimulação estaria no cerne das conspirações contrarrevolucionárias. A acusação era séria, considerando que os revolucionários valorizavam a transparência, virtude considerada essencial para o futuro da República.[18] As críticas vinham dos prestigiosos filósofos (*philosophes*) do século XVIII: na opinião de Montesquieu e Rousseau, a *dissimulação era uma característica feminina, e não apenas aristocrática*. Já havia uma tendência de estender ao sexo feminino os traços negativos das integrantes da aristocracia. François Furet pensa que os ataques verbais a Maria Antonieta eram tão virulentos que poderiam, para além da rainha, visar todo o sexo, "num tempo que incensa as mães mas não sabe o que fazer com as cidadãs".[19] Em vista da mancha de caráter projetada pela rainha, e em solidariedade ao ódio que lhe devotavam os homens, algumas mulheres faziam questão de desprezar a

---

17   CENSER, Jack R.; HUNT, Lynn. *Liberty, Equality, Fraternity: exploring the French Revolution*. Pennsylvania: The Pennsylvania State University Press, 2001, p. 79-81.

18   HUNT, Lynn. *The Family Romance of the French Revolution*. Los Angeles: University of California Press, 1992, p. 96-98.

19   FURET, Francois; OZOUF, Mona. *Dictionnaire critique de la Révolution Française: institutions et créations, événements, idées, acteurs*. Champs: Flammarion, 1992, Acteurs, p. 210.

"prostituta austríaca", não só por lealdade nacional, mas em sinal de sua pureza pessoal.[20] Durante a invasão ao Palácio das Tulherias em 20 de junho de 1793, uma moça atirou ao chão a touca da rainha que colocaram em sua cabeça, bradando que como "pessoa honesta" não ia se sujar com aquele adereço.[21]

No *Espírito das Leis*, Montesquieu declara que os vícios do luxo aristocrático levam à corrupção feminina. A liberdade irrestrita e a vaidade se derramam sobre a esfera pública da corte sempre que cortesãos ambiciosos buscam ascensão através dos ofícios de damas poderosas. Ao contrário, o autor elogia a virtude e a liberdade das mulheres sob constituições republicanas, onde a liberdade é controlada pelos bons costumes (*moeurs*), e o luxo e o vício são banidos. Ao mesmo tempo, adverte que quando as mulheres estão "fora de seu lugar", os homens são reduzidos a uma posição efeminada e a desordem necessariamente se instala.[22]

Jean-Jacques Rousseau se insurgiu contra a pretensão das mulheres da sociedade parisiense à cultura e saber e foi o principal crítico das *salonnières*, que na sua opinião ensinavam os homens a se promoverem na cena política e cultural através do fingimento e da hipocrisia. O salão literário era a porta de entrada das mulheres na esfera pública, que as corrompia. Assim, a virtude só seria restaurada se as mulheres retornassem para a esfera privada do lar e da família.[23] No Emile, Rousseau propõe o modelo de uma educação feminina exclusivamente voltada para o casamento, a maternidade e domesticidade, pois esse era o caminho para a reforma da sociedade. Na Carta a d'Alembert, o autor elogia a moral e os costumes dos antigos, no tempo em que as mulheres viviam reclusas e raramente apareciam em público: "Na França, ao contrário, a mulher mais estimada era a mais espalhafatosa, a que se mostrava mais 'no mundo' e julgava e assinalava aos talentos os devidos lugares, enquanto os humildes sábios mendigam seus favores".[24] Fénelon, no século precedente, já havia ressuscitado o conceito aristotélico da família como unidade fundamental da vida

---

20 GUTWIRTH, Madelyn. *The twilight of the goddesses: women and representation in the French revolutionary era*. New Jersey: Rutgers University Press, 1992, p. 243.

21 ROSA, Annette. *Citoyennes: les femmes et la Révolution Française*. Paris: Messidor, 1988, p. 93.

22 MONTESQUIEU. *L'Esprit des Lois apud* LANDES, Joan B. *Women and the public sphere in the age of the French Revolution*. Ithaca/Londres: Cornell University Press, 1988, p. 36.

23 HUNT, Lynn. *The Family Romance... op. cit.*, p. 98.

24 ROUSSEAU, Jean-Jacques. *Lettre à d'Alembert*. Paris: Flammarion, 1967, p. 114-115.

cívica, e recomendou a volta da mulher para a esfera privada do lar. Daí se deduz que para ele, a ordem social dependia da domesticidade da mulher. Rousseau preconiza a mesma coisa. Politiza o comportamento dos sexos – ou "sexualiza" a política –, associando a austeridade republicana de Genebra com masculinidade, e o luxo da monarquia absolutista com feminilidade. Considera que a virtude é masculina e republicana.[25] "Para um monarca dá na mesma governar homens ou mulheres, desde que seja obedecido, mas numa República, precisa-se de homens".[26]

Aqui estaria a semente do discurso radical da Revolução burguesa dos costumes durante a Revolução Francesa: os homens passaram a representar austeridade, transparência e liberdade da República, e as mulheres a dissimulação e corrupção do Antigo Regime. Havia se estabelecido uma conexão entre a degradação da mulher, corrupção política, conspiração da aristocracia e enfraquecimento da sociedade francesa, o que gerou uma violenta reação moralista contra a ideia do poder social e político da mulher. Rousseau fez escola: a ligação negativa entre a aristocracia e a feminilidade está presente tanto na retórica como na iconografia revolucionária.[27]

Vejamos o artigo "Por que as mulheres são mais aristocratas que os homens?", do *Journal de Perlet* de 22 de novembro de 1790,[28] no qual o autor supôs que as mulheres detestavam a Revolução.

> Elas viram que num Estado onde a liberdade política é completa, haveria uma revolução na moral e nos costumes (moeurs) [...] elas seriam obrigadas a substituir seu ócio ruidoso e frívolo e sua independência escandalosa pelos deveres de esposas, de mães e de cidadãs; a honra de se tornarem espartanas não as consola pela perda dos prazeres de Atenas [...] a revolução vai lhes impor o jugo odioso [...] das virtudes, da moral e da fidelidade.

---

25   Idem. *Oeuvres Complètes*, vol. 3, p. 139.

26   *Ibidem*, p. 196.

27   LANDES, Joan B. *Visualizing the nation: gender representation and revolution in eighteenth-century France*. Ithaca: Cornell University Press, 2001, p. 122-123.

28   *Journal de Perlet* n° 473, 22 nov. 1790, 5-6 e as cartas ao editor. In: LANDES, Joan B. *Visualizing the nation... op. cit.*, p. 215-216.

Tudo indica que o autor refere-se às aristocratas do Antigo Regime. Depois de criticá-las, aproveita para ensinar-lhes os novos ideais: a honra republicana das esposas, mães e cidadãs. Houve duas respostas a essa carta anônima, ambas defendendo as mulheres: uma elogiando as ativistas populares por sua atuação em prol da "coisa pública" nas jornadas revolucionárias e outra indignada com a acusação, em pleno século da ilustração, de se supor que o único interesse feminino seja a vaidade, e propõe o sufrágio para ambos os sexos.

A questão da futilidade, do guarda-roupa e da coqueteria femininas na sociedade revolucionária não é inócua como pode parecer à primeira vista. Muitos eram os que pensavam que os cuidados com a beleza e o gosto dos enfeites eram inerentes ao sexo feminino, em qualquer regime político ou tempo da história. Ao afirmar que as mulheres só se preocupavam com a aparência e com a galantaria masculina, negavam seu interesse pela coisa pública e sua participação na esfera política revolucionária. Era uma exclusão dupla: a frivolidade não pertencia ao terreno político, e o "eterno espírito feminino" as afastava da reconstrução da cidade. Segundo Godineau, esse era o discurso dominante, porém outros pensavam que nem as mulheres nem os homens podiam escapar das mudanças sociais e que, de fato, as francesas tinham deixado de ser frívolas, passando a repudiar joias e fitas como "símbolos vergonhosos" de sua antiga escravidão.[29] Na retórica revolucionária, a *mulher livre* desprezava a vaidade característica da degradação moral feminina numa sociedade escravizada (como a do Antigo Regime).[30] De fato, conforme algumas declarações já citadas anteriormente neste trabalho, as patriotas se valeram da recém-descoberta liberdade para dedicar-se à causa pública. As militantes se integraram na nova sociedade através da ação política, embora muitas afirmassem que também eram esposas e mães devotadas à família. A maternidade conferia respeitabilidade moral, e no início da Revolução, ainda não existia a percepção de incompatibilidade entre esses papéis.

---

29 GODINEAU, Dominique. "Histoire sociale, histoire culturelle, histoire politique: la question du droit de cité des femmes". In: LAPIED, Martine; PEYRARD Christine (dir.). *La Révolution Française au Carrefour des Recherches*. Prefácio de Michel Vovelle. Michel Aix-en Provence: Publications de l'Université de Provence, 2003, p. 300-301.

30 *Idem*. "De la rosière à la tricoteuse: les représentations de la femme du peuple à la fin de l'ancien Régime et pendant la Révolution". *Etudes, Revolution Française.net*, 1º maio 2008, p. 7. Disponível em: <http://revolution-francaise.net/2008/05/01/229-rosiere-a-tricoteuse-representation-femme--peuple>. Acesso em: 11 maio 2009.

3
A MATERNIDADE CÍVICA

NÃO OBSTANTE, A MAIORIA DAS FRANCESAS concordava com os homens que não viam com bons olhos a participação feminina na vida política. Elas escolheram o caminho da maternidade para expressar seu patriotismo, conforme preconizava a ideologia revolucionária dominante, herdeira das teorias iluministas sobre a regeneração moral na sociedade. A volta das mulheres aos seus deveres maternos e a devoção à família estavam na base dessa ideia. Jean-Jacques Rousseau realçou a importância materna na educação dos filhos pequenos:

> a primeira educação dos homens depende dos cuidados da mãe; das mulheres dependem também sua moral, suas paixões, gostos, prazeres e até a felicidade. Assim, toda a educação das mulheres tem que ser relativa aos homens (Emile, livre V).[1]

No espírito rousseauísta, um líder de seção de Orléans explicou em 1792 o que entendia por educação: "As mães ensinarão às crianças a falar desde cedo a linguagem máscula da liberdade".[2] Como fazer isso? Para ajudar as mães a formarem cidadãos, apareceram várias publicações dirigidas a elas, como *O verdadeiro amigo da Rainha* ou o *Jornal das Damas* – por uma sociedade de cidadãs:

---

[1] KIEBIEHLER, Yvonne. *Histoire des Mères et de la Maternité en Occident*. Paris: PUF, 2004, p. 59-69.

[2] PROCTOR, Candice E. "The Cult of Republican Motherhood". In: *Women, equality and the French Revolution*. Contribution in *Women's Studies*, vol. 115. Greeenwood Press, 1990, p. 127.

> [...] desde que os esposos de nossas companheiras são homens, & que seus filhos são homens para educar, [...] a caixa de rouge e os pompons estão esquecidos [...] sobre sua mesa de toilette, é o "Moniteur" [jornal oficial do governo revolucionário] que encontramos; o "Jornal das Damas", de hoje em diante, tem que ser sério para agradar essas mulheres, tem que ser uma publicação patriótica que a mãe possa colocar nas mãos de sua filha [...] vamos lhes apresentar um jornal [...] que exprima os sentimentos patrióticos como as mulheres os expressam [...] com doçura e emoção.[3]

A mensagem é que a Revolução teria transformado o caráter das pessoas. Os companheiros e filhos eram agora verdadeiros homens e as mulheres trocaram a futilidade dos *pompons* pelo desvelo na educação dos filhos – mas com um toque de sentimentalismo, supostamente para agradar as leitoras. A devoção total da mãe à criança tornou-se um valor de civilização e um código de boa conduta, além de manifestação de patriotismo. Mais uma vez, a vida privada e a pública se misturam.

As virtudes das patriotas deviam ser o oposto das características atribuídas às mulheres do Antigo Regime, de acordo com o jornalista Prudhomme:

> As virtudes mais agradáveis numa mulher, e as que mais atraem as homenagens e o respeito dos homens não são o pudor, o cuidado na amamentação e criação dos filhos, a vigilância sobre o lar, e a contribuição para a felicidade do marido?[4]

Prudhomme, inspirado em Rousseau como outros revolucionários, queria recriar uma visão gloriosa da Roma republicana, onde os homens eram viris e as mulheres submissas e restritas ao lar. Os modelos a serem copiados pelas francesas eram Pórcia, que não pensava em política e seguia docilmente a opinião dos homens da família, e a famosa Cornélia, elogiada por um orador do Cercle Social: "o trono de uma mulher está no seio da família. Cornélia não era nem general, nem cônsul,

---

3   *Le Véritable ami de la Reine ou Journal des Dames par une Société de Citoyennes*. Paris, 1790, microficha 9.4/173. In: LUCAS, Colin (ed. chefe). *The French Revolution Research Collection*. Chicago: University of Chicago, 1992.

4   Panfleto *Adresse au beau sexe, rélativement à la révolution présente*. In: PROCTOR, Candice E. *Women, equality... op. cit.*, p. 56-57.

nem senador, era a mãe dos Gracos".⁵ Uma boa mãe republicana devia se comportar como elas, ficando em casa cuidando dos filhos; seu lugar não era nas tribunas das assembleias nem nas manifestações de rua.

A partir de 1792, a França estava em guerra e precisava de combatentes para defendê-la, e as mulheres foram chamadas a dar à luz um "povo de heróis",⁶ como disse Hérault de Séchelles, presidente da Convenção. As mulheres grávidas eram "alegorias à perenidade da Revolução" e, num projeto de festa cívica, Chaumette propôs instalá-las numa tribuna com os dizeres: "respeito às mulheres grávidas, esperança da pátria".⁷ Indo além da simples função geradora, as mulheres eram fundamentais na formação moral do novo homem, pedra de toque na construção de uma nova sociedade mais virtuosa e feliz. As mães patriotas não apenas criavam prosaicamente os filhos, estavam num patamar mais elevado, pois ensinavam os princípios republicanos aos futuros cidadãos franceses. Na visão revolucionária da divisão sexual de tarefas, os homens faziam as leis e as mulheres faziam os costumes. Não era pouco. A mulher continuava subordinada ao homem, porém exaltada como mãe e educadora. Em vista disso, conforme Godineau ressaltou, seria empobrecedor pensar que esse "culto à maternidade" por parte dos dirigentes revolucionários fosse apenas uma maneira de alijar as mulheres da cena pública, embora os deveres maternos tivessem sido invocados para justificar a exclusão política feminina.⁸ A sociedade de fato reconhecia a importância do papel materno, e há testemunhos desse sentimento nas mais inusitadas circunstâncias. Madame de la Tour du Pin relatou que, quando tinha acabado de dar à luz num subúrbio de Bordeaux, onde estava refugiada sob falsa identidade, sua casa foi invadida por um bando de "corta-cabeças". Aqueles "seres ferozes" tiveram compaixão por ela e seu bebê, e até delicadeza, tirando os tamancos de madeira para não fazer barulho perto de seu quarto. A literatura também reproduziu o clima da *época*: Gamelin, o personagem principal da obra *Les dieux*

---

5   AULARD, F. A. *Paris Pendant la réaction thermidorienne et sous le Directoire: Recueil de documents*, vol. 3, p. 548, vol. 4, p. 624. *Apud* PROCTOR, Candice E. *Women, equality... op. cit.*, p. 57.

6   LEVY, Darline G.; APPLEWHITE Harriet B. "Women and militant citizenship in revolutionary Paris". In: MELZER, Sara E.; RABINE, Leslie W. (ed.). *Rebel daughters: women and the French Revolution*. Nova York/Oxford: Oxford University Press, 1992, p. 94.

7   Segundo *La Gazette française*, nº 703 (11 frimaire an II) *apud* GODINEAU, Dominique. *Citoyennes tricoteuses: les femmes du peuple à Paris pendant la Révolution Française*. Paris: Editions Alinea, Perrin, 2004, p. 43.

8   GODINEAU, Dominique. *Citoyennes tricoteuses... op. cit.*, p. 43.

on soif, no decorrer da Revolução se transforma num fanático impiedoso. Porém, quando ele se deparou na rua com a *citoyenne* Dumonteil, famélica, olhar vago, mal nutrida a ponto de não poder amamentar seu filho, deu metade de seu pão à infeliz, e passou fome ele próprio aquela noite.[9] A maternidade despertava ternura até nos piores sanguinários.

Durante toda a Revolução, as mulheres assumiram o papel de mães com orgulho. O jornal *Mère Duchesne* observou: "se as crianças devem beber com o leite os princípios da Constituição, quem pode e deve catequizá-las nessa circunstância?". Pondera que é a mãe que faz germinar em seus corações o amor da liberdade, e se ela prestasse apenas esse serviço à nação, já teria feito o bastante pela Revolução.

Novos símbolos da nação

Lynn Hunt[10] observa que, apesar do interesse de estudiosos pelo tema da maternidade republicana, não há muitos trabalhos a respeito: uma exceção é o estudo de Candice Proctor, "The cult of republican motherhood".[11] Ela própria vê poucas evidências de uma campanha de propaganda sistemática da maternidade republicana na França. As militantes sempre se referiam à importância do papel das mães educadoras, mas organizaram poucos programas educativos para as crianças. A opinião de Hunt é de que a maternidade republicana foi defendida pelos homens, principalmente os que detestavam os clubes políticos femininos, sempre que precisaram justificar sua rejeição à participação política das ativistas. É difícil avaliar se houve tal campanha sistemática pela documentação escrita que consultei. É possível constatar, entretanto, nas declarações de diversos líderes revolucionários, jornalistas, militantes, mães e cidadãos, que havia um enorme entusiasmo e respeito pelo conceito novo da maternidade cívica e da família. Em seu relatório de 7 de maio de 1794, Robespierre propôs festivais dedicados à celebração do amor, da fidelidade conjugal, afeto paternal, amor materno, piedade filial, entre outros.[12] Tamanha glorificação

---

9   FRANCE, Anatole. *Les dieux ont soif*. Paris: Gallimard, 1989, p. 98.
10 HUNT, Lynn. "Male virtue and republican motherhood". In: BAKER, Michael K. (ed.). *The French Revolution and the creation of modern political culture*. Vol. 4: "The Terror". Nova York: Elsevier Science/Pergamon, 1994, p. 210-202.
11 PROCTOR, Candice E. "the cult of republican motherhood". In: *Women, equality... op. cit.*
12 HUNT, Lynn. "Male virtue and republican motherhood"... *op. cit.*, p. 200-201.

era um componente essencial do programa de transformação moral da nação conhecido por República da Virtude. Dhaussy e Verjus veem uma política de "matrimonialização" da cidadania, apresentada como o remédio mais eficaz contra as antigas práticas libertinas, "e permite situar as mulheres no processo de construção política da democracia".[13] Através das relações conjugais, as mulheres poderiam influenciar os homens na moral republicana. O modo de pensar sobre a família e a maternidade havia mudado em relação ao Antigo Regime.

Penso que a iconografia revolucionária teve papel significativo na formação da nova mentalidade, sendo naturalmente também influenciada por ela. As deusas da antiguidade greco-romana e as mães se tornaram os novos símbolos da nação, substituindo o rei, como se depreende das representações. A exaltação dessas imagens femininas pode ser considerada uma campanha educativa para promover os novos comportamentos republicanos. O resultado desse esforço concertado levou a uma percepção amplamente aceita da respeitabilidade moral das mães de família. Lynn Hunt salientou que nos últimos anos da década de 1790, a imagem da boa mãe que conhece seu lugar na família havia se estabelecido firmemente, apesar de que considera difícil correlacionar a imagem com as alterações demográficas. Entretanto, a autora notou que cresceu o número de casamentos do início do reinado de Luís XVI até 1794.[14] A família tinha se tornado o símbolo da harmonia social. Penso que em larga medida pode-se atribuir o fato ao êxito da campanha jacobina de reforma dos costumes e do culto à maternidade para a consolidação da república francesa. Mercier celebrou a nova família moralizada em 1798:

> onde quer que eu olhe, vejo crianças em todos os lugares nos braços de todas as mulheres; até os homens estão carregando essas inocentes criaturas... Nunca em outra cidade [...] fiquei tão impressionado com o número de crianças. [...] todas as nossas mulheres francesas amamentam, todas se sentem honradas em ser mães e todas acham que a única boa nutriz é a mãe verdadeira.

---

13   DHAUSSY, Catherine; VERJUS, Anne "De l'action féminine en période de révolte(s) et de révolution(s)". *Annales Historiques de la Révolution Française*, n° 312, 1988. Disponível em: <http://dhaussy.verjus.free.fr/html/action.femmes.html>.

14   HUNT, Lynn. *The Family Romance of the French Revolution*. Los Angeles: University of California Press, 1992, p. 160.

Com otimismo precipitado, o autor achou que a era das amas de leite e da severidade com as crianças tinha acabado.[15]

Toda a questão da maternidade cívica está permeada pela porosidade das fronteiras entre a família e o Estado. Dorinda Outram[16] propõe que a virtude pessoal da mulher (virtude: castidade) leva à virtude política (virtude: prezar os interesses do Estado acima dos pessoais). Daí se deduz a importância do comportamento virtuoso feminino para o corpo social, e o seu oposto, a desordem moral da mulher que leva à corrupção política da sociedade, tal como no Antigo Regime. Num paroxismo de confusão entre a vida privada e a pública, uma mulher devassa solapa as bases da República, é uma traidora. A maternidade e a amamentação, que antes eram funções da vida particular, se tornaram assunto de interesse público. Entretanto, é preciso levar em conta que, no século XVIII, os serviços das amas de leite eram uma instituição social e uma profissão regulamentada pelo Estado, o que matiza a ideia do "particular" e do "público".[17] No século das Luzes, muitos pensadores defenderam o aleitamento materno, o que reflete uma mudança de atitude nas relações familiares. O costume de enviar o recém-nascido para uma ama de leite no campo foi denunciado com indignação. Em 1746, Madame d'Épinay deu à luz ao seu primeiro filho, mas, ao manifestar o desejo de aleitá-lo pessoalmente, foi ridicularizada pelo marido, o qual a proibiu de fazê-lo, pois era uma atividade para "camareiras", "indigna de uma mulher de posição".[18]

Leite da liberdade

Uma obra amplamente difundida, *Conselhos às Mães* (*Avis aux Mères*) de Le Rebours, endossada pela Faculdade de Medicina de Paris, dizia que o leite mercenário era "bastardo" e pervertia a nobreza natural do homem, seu corpo e seu

---

15 Louis-Sébastien Mercier, *Le Nouveau Paris* (Paris, au VII [1799], vol. 3, p. 191-94) apud HUNT, Lynn. *The Family Romance... op. cit.*, p. 160.

16 OUTRAM, Dorinda. "Le langage mâle de la vertu: women and the discourse of the French Revolution". In: BURKE, Peter; PORTER, Roy (ed.). *The Social History of Language*. Melbourne: Cambridge University Press, 1987, p. 125.

17 JACOBUS, Mary. "Incorruptible milk: breast-feeding and the French Revolution". In: MELZER, Sara E.; RABINE, Leslie W. (ed.). *Rebel Daughters... op. cit.*, p. 54-61.

18 BADINTER, Elisabeth. *Émilie, Émilie: a ambição feminina no século XVIII*. São Paulo: Discurso Editorial, 2003, p. 112-113.

espírito – era uma alimentação degenerada como as próprias amas-de-leite, que na sua opinião podiam infectar a criança com seu sangue impuro e contagioso. As recomendações médicas visavam a redução da escandalosa mortalidade infantil, pois percebeu-se que o "menino era pai do homem", ou seja, a saúde moral e física do adulto dependia dos cuidados que recebeu na infância. O grande defensor do amor e do aleitamento maternos foi Jean-Jacques Rousseau. Para ele, uma mulher que se recusasse a amamentar seu bebê estaria traindo a natureza, principalmente devido aos laços afetivos que se formam com o contato físico entre a mãe e a criança. Tanto para Rousseau como para Le Rebours, o aleitamento materno criava uma unidade familiar imune à corrupção. As mulheres esclarecidas das classes superiores e da burguesia responderam ao apelo antes das mães operárias, que precisavam trabalhar e não podiam amamentar.[19] Mas a mudança se impôs entre as últimas décadas do Antigo Regime e a Revolução.

Já em 1791, as mães de Clermont-Ferrand escreveram para a Assembleia Nacional: "Nós amamentamos nossas crianças com um leite incorruptível que clareamos com o espírito natural e agradável da liberdade".[20] Os deputados aplaudiram as mães que cumpriam seu dever – mas não deixa de ser curioso o fato de elas terem escrito à Assembleia Nacional para informar o fato. As mulheres haviam conquistado o direito de se manifestar nesse espaço político sobre uma variedade de questões e não perdiam a oportunidade de fazê-lo. Depois da glorificação das mães, chegou a vez do leite materno, o qual era tido como veículo de qualidades morais. A expressão "mamar os princípios republicanos junto com o leite" tornou-se lugar comum. A iconografia registrou a Festa da Constituição de 10 de agosto de 1793, na qual uma gigantesca estátua "egípcia" espirrava leite de suas mamas.[21] Saint-Just achava que as crianças pertenciam às suas mães desde que ela os amamentasse pessoalmente até os cinco anos de idade. "Depois disso pertenciam à República até a morte; as mães que não amamentassem seus filhos deixavam de ser mães aos olhos da pátria; a criança e o cidadão pertencem à pátria".[22] Saint-Just também declarou à Convenção:

---

19   JACOBUS, Mary. "Incorruptible milk...", *op. cit.*, p. 54.
20   *Ibidem.*
21   Esta gravura está incluída no Capítulo 2.
22   SAINT-JUST. "Republican Institutes". In: ROBINSON, J. H. (ed.). *Readings in European History* – 2 vols. Boston: Ginn, 1906. Disponível em: <history.hanover.edu/texts/stjust.html>. Acesso em 26 ago. 2008.

"A felicidade é uma idéia nova na Europa". Não se referia à felicidade particular, mas sim às condições sociais e políticas que devem permitir a felicidade de *todos* os cidadãos – o *bonheur commun*. Era de fato uma ideia nova no século XVIII e consta do preâmbulo da *Declaração dos Direitos do Homem e do Cidadão*.[23] As boas mães republicanas ajudariam a construir uma sociedade na qual as crianças se desenvolveriam nas melhores condições possíveis, num ambiente de liberdade e igualdade. A vocação da mulher era governar a casa, enquanto os homens legislavam e governavam a nação. Revoltar-se contra essa ordem estabelecida não só era uma atitude anticristã e antinatural, mas também impatriótica. A esterilidade natural era uma infelicidade, mas a tentativa de limitar o número de filhos era criminosa e, claro, impatriótica.

Em compensação, as mães, inclusive das classes populares, passaram a ter mais autoridade sobre os filhos, eram respeitadas por seus conhecimentos de puericultura, tinham lugar de honra nos festivais, eram chamadas de cidadãs, e isso lhes conferia dignidade. Havia uma vontade nova entre elas de educar seus filhos pessoalmente, para a felicidade deles e de todos, afastando-os das superstições das amas de leite e comadres. O juramento que os membros do Clube das Lionesas faziam une a maternidade e o civismo: "Juro ensinar aos meus filhos e outros sob minha autoridade que devem preferir a morte à escravidão".[24] As mulheres francesas aceitaram a maternidade cívica como um meio honroso de participar da comunidade revolucionária. O título de cidadãs era plenamente justificado pela dimensão pública da maternidade, mas por outro lado estava ligado a um estado civil.

Na prática, as mães se transformaram em categoria social e política. Robespierre se refere a elas como categoria, ao responder a uma deputação de membros da Sociedade das Republicanas Revolucionárias em 26 de agosto de 1793: "vocês descobriram gente malvada, inimigos do povo, mas não é entre as mães de família que poderíamos encontrá-los, elas conservam seu espírito para a execução das leis e dos princípios".

Robespierre fez a afirmação invocando todo o peso dos "verdadeiros patriotas" da Assembleia, que "se apoiará sempre sobre a força do povo".[25] A designação genérica de "mães" transcende classe social e ocupação e configura uma categoria social

---

23   THEURIOT, F. "La conception Robespierriste du bonheur". *Annales Historiques de la Révolution Française* (AHRF), ano 40, n° 191, jan.-mar. 1968, p. 207.

24   ROSA, Annette. *Citoyennes: les femmes et la Révolution Française*. Paris: Messidor, 1988, p. 228.

25   *Mercure Universel*, tomo XXX, p. 416.

e política. O patriotismo daquelas mães de família estava acima de qualquer suspeita, pois elas usavam suas energias para "executar leis e princípios", ou seja, elas viviam a Revolução. E mais: seus atos tinham o respaldo da Assembleia apoiada pelo povo, ao qual elas pertenciam. A defesa de Robespierre se baseou nas qualidades morais inerentes à condição materna. Ademais, elas não podiam ser inimigas do povo, pois *eram o povo*. Entretanto, durante o Terror, as mães acusadas de traição não se livraram do cadafalso, como Madame Roland, Lucille Desmoulins e Olympe de Gouges. A única razão para o adiamento da execução era a constatação de gravidez. O Terror minou o entusiasmo das mulheres pela República da Virtude.[26]

Mas antes disso, a glorificação foi tamanha que algumas mães de família quiseram manifestar publicamente a sua dedicação à pátria. Há vários exemplos de atos públicos de civismo por parte das esposas e mães republicanas. O fato me chamou a atenção, pois não deixa de ser irônico que, para comprovar seu ardor patriótico, elas tenham ousado deixar seus lares para se apresentar no espaço público das assembleias e dos clubes políticos. Sinal de que as mulheres assimilaram a doutrinação enfática da *maternidade cívica*, tanto a parte substantiva da "maternidade" como a parte qualificativa de "cívica". Embora nessas ocasiões professassem os mais sinceros princípios republicanos, o faziam na esfera pública eminentemente masculina, em vez de se limitarem ao espaço doméstico, o que transgredia o princípio basilar da domesticidade e da modéstia femininas. Mas como fariam as mães para ensinar os princípios revolucionários aos filhos se elas próprias não os aprendessem? E como aprender sem frequentar as tribunas, ler os jornais, ouvir discursos, participar das discussões? A resposta de Prudhomme era clara, elas deviam "ter confiança inteira, quase cega, nos homens ligados a elas pelos laços de coração ou de sangue", ouvindo deles os relatos e seguindo à risca todas as suas recomendações, tal qual fazia a romana Pórcia. Senão, "ao querer trocar de papel conosco, temam destruir de um lado o que nós construímos do outro". Aqui já aparece a preocupação com a perigosa "troca de papéis" que tanto assustava uma parte dos homens da época. O jornalista radical se opunha à presença de mulheres peticionárias nas assembleias, ou das que vinham à tribuna debater com deputados. Mesmo no caso das esposas dos artistas de Paris, que se dirigiram à Assembleia Nacional para doar as suas joias à nação e foram homenageadas com coroas cívicas,

---

26 BLUM, Carol. *Rousseau and the Republic of Virtue: the language of politics in the French Revolution*. Ithaca/Londres: Cornell University Press, 1986, p. 212.

ele achou que elas teriam feito melhor se não tivessem saído de casa. Afinal, poderiam ter enviado os objetos pelos respectivos maridos ou parentes, e depois *ouvido deles* a repercussão agradável de seu generoso gesto.[27]

A maioria das mães de família não participava da política e se contentava com a vida no espaço doméstico ou no bairro. Algumas, entretanto, sentiram necessidade de um engajamento que ultrapassava o círculo familiar e dos vizinhos. Proponho a ideia de que elas adotaram uma espécie de "maternidade militante", o que pode parecer um paradoxo, pois a militância política não combinava com o conceito republicano de maternidade. Todavia, em meio às tensões revolucionárias surgiam espaços para a ação e o debate, e as práticas eram mais flexíveis que os preceitos e as leis. Situo esse tipo de ação feminina no âmbito da ideologia republicana da transparência e da ligação estreita entre a esfera pública e a privada. Se a pátria era a extensão da família, algumas mães acharam importante pronunciar-se acerca de assuntos públicos que as afetavam, ainda que dentro dos limites da discrição e reconhecendo o terreno como masculino. As relações familiares eram do interesse do Estado: os cidadãos e cidadãs respondiam perante a nação sobre sua moral e bons costumes. Na França, a virtude se exerce em público, não era apenas uma qualidade pessoal. A República da Virtude invadia o lar.

Depois de Termidor (reação conservadora pós-Terror), tal intrusão na privacidade dos indivíduos se tornou insuportável. Com o fim do período mais radical da Revolução, diminuiu a confraternização que caracterizava o modo de ser dos *sans--culotte*, seres gregários que não separavam a moral privada da pública: "ele relata tudo à massa comum: as alegrias, sentimentos de dor [...] aí está a fonte da publicidade que distingue o governo fraternal, isto é, republicano".

Eles queriam a moralização da política e a politização do cidadão: era necessário ser bom pai, bom filho para ser patriota.[28] O governo termidoriano marcou a vitória dos moderados da classe burguesa, a qual sempre preferiu a discrição e a separação entre a esfera privada e a vida pública. Lynn Hunt acha que a mudança de sensibilidade em relação à privacidade anunciava o movimento romântico do "fechamento

---

27 Jornal *Révolutions de Paris* n° 124, 1791, artigo "Das mulheres peticionárias". In: LUCAS, Colin (ed. chefe). *The French Revolution... op. cit.*

28 Verbete "Sans-culottes". In: FURET, François; OZOUF, Mona. *Dictionnaire Critique de la Révolution Française: institutions et créations, événements, idées, acteurs.* Vol. Acteurs. Champs: Flammarion, 1992, p. 427-429.

do indivíduo sobre si mesmo e da dedicação à família, num espaço doméstico determinado com maior precisão".[29]

Diderot e a moral no casamento

Denis Diderot explicou como ninguém que as relações familiares deveriam ser um "mistério" para todas as outras pessoas. Diderot foi igualmente um defensor intransigente da retidão moral, da fidelidade absoluta e da dedicação mútua dos cônjuges no casamento como condição da respeitabilidade e felicidade pessoais. Não posso deixar de mencionar a bela carta que ele escreveu em 1772 à filha recém-casada, e que me parece um guia de comportamento da mulher casada.[30] Trata-se de um testemunho precioso do modo de pensar e agir da burguesia do fim do século XVIII, classe que subiu ao poder com a Revolução e, vitoriosa, impôs seus valores e sua visão de mundo à sociedade francesa.

Vejamos alguns trechos mais significativos do documento: "Em vos concedendo a Caroillon [o genro], transmiti a ele toda a minha autoridade [...] Até há pouco eu mandava e vosso dever era me obedecer". O pai tem um poder abrangente e inquestionável, e a filha passa do poder pátrio para o do marido, que detém legalmente a supremacia marital (*puissance marital*). Nas relações com o marido, Diderot aconselha: "Procurai não pensar nada que não possais dizer-lhe [...] não façais nada do qual ele [o marido] não possa ser testemunha". É o ideal republicano da transparência mais absoluta, da honestidade completa entre o casal, que mais tarde os revolucionários acreditavam se aplicariam também às relações sociais em geral. "Uma mulher que mantém uma postura decente de moça se respeita e se faz respeitar". Diderot considera ainda: " Temos o direito de julgar as mulheres pela aparência". É importante agir de modo a nunca levantar suspeitas de má conduta: "é uma grande infelicidade perder a consideração ligada à prática da virtude"; "Restrinja bem seu círculo de amizades, onde há muita gente, há muitos vícios". Vemos aqui a grande preocupação com o patrimônio moral da mulher, sua boa reputação, cuja perda seria tamanha vergonha que causaria o desgosto do pai. Diderot era um pai amoroso, até obsessivo, a ponto de desejar manter o vínculo da aprovação moral com a filha

---

29 HUNT, Lynn. "Revolução Francesa e vida privada". In: PERROT, Michelle (org.). *História da Vida Privada*. Vol. 4: *Da Revolução Francesa à Primeira Guerra*. São Paulo: Companhia das Letras, 2006, p. 21.

30 DIDEROT, Denis. Carta a Madame de Caroillon, 13 de setembro de 1772; *Correspondência*, vol. 5.

casada, a qual deveria se perguntar antes de agir: "o que meu pai pensaria de mim se me visse, se me ouvisse, se soubesse?". Recomenda à filha amar e aceitar os gostos razoáveis do marido, ser doce e alegre para que ele tivesse prazer em estar em casa. Sabiamente, insiste na discrição absoluta: os carinhos entre os esposos devem ficar restritos à privacidade do lar para evitar o ridículo, e os assuntos da família não devem ser revelados a ninguém: "os sucessos provocam inveja, e as infelicidades ensejam uma falsa piedade". Deveria haver uma cortina de mistério em volta da família, para evitar a malevolência alheia. Durante a Revolução houve uma invasão dessa privacidade, que no entanto foi recuperada *con gusto* no século seguinte, era da primazia masculina e burguesa na França. As atribuições de cada cônjuge são claramente demarcadas: "os negócios externos [à casa] são do marido; os assuntos internos são da esposa".

Nada de embaralhar funções, pensar em direitos iguais, assumir atividades femininas fora do lar, nem administrar conjuntamente os bens do casal, como quiseram alguns revolucionários mais liberais como Desmoulins e Danton (ver *Capítulo 1, Leis de família*). O único meio pelo qual a filha poderia se distinguir era a cultura, e o pai aconselhou-a a continuar estudando: "aperfeiçoe seu espírito com a leitura". Apesar de ter dito que não tinha mais autoridade sobre a filha, ordenou que ela lesse sua carta uma vez por mês e, num toque freudiano, cedeu à tentação da comparação com o genro Caroillon.

As mães na arena política

Enquanto Diderot queria isolar a família dos olhares públicos, durante a Revolução as "mães militantes" politizaram a vida familiar, misturando família e ação política. Tudo indica que esta atuação seja pontual e esporádica, e não configura uma verdadeira militância, pois, segundo a definição de Godineau, a militância é assídua, e muitas vezes exercida através de associações políticas femininas. Entretanto, quando as "mães militantes" intervieram no espaço quintessencialmente masculino, e em tom contestatório, causaram desconforto e o antigo temor da troca de papéis. Nessas circunstâncias, assemelhavam-se às "militantes mães", ou seja, aquelas ativistas que tinham filhos. Em vários casos, fica difícil separar as militantes das mães, porque todas agitavam a bandeira da maternidade republicana, todas eram mães educadoras. As preocupações familiares e reivindicações cívicas se embaralhavam. Penso que as mães e as militantes, na medida em que atuaram politicamente, *são duas faces da mesma moeda*. As mulheres que se engajaram na política não viam nenhuma incompatibilidade entre as duas funções ou condições sociais. Tal era a visão dos defensores da cidadania feminina, como Condorcet e Guyomar, Olympe de Gouges e Pauline León. Para os adversários dessa causa, *o que separava as mulheres virtuosas das outras era a atuação no espaço político*. A exaltação da maternidade estava reservada àquelas que se mantinham com discrição na esfera privada, enquanto todas as que se expuseram na esfera pública foram reprimidas, independente de seu estado civil ou estatuto materno.

Vejamos o documento de 29 de março de 1790: *Carta de Brigent Baudouin*, esposa de um funcionário municipal de Lannion (Bretanha), à Assembleia Nacional, e outros nomes femininos, pedindo que as mulheres sejam admitidas à prestação do juramento cívico (*serment civique*).[31] A seguinte carta foi lida na Assembleia, e a signatária não estava presente:

> Sr. Presidente, não há nenhuma palavra sobre as mulheres na Constituição, e confesso que elas não teriam capacidade de se imiscuir nos assuntos públicos, porém, as mães de família podem e devem ser cidadãs, qual será a que não quer imitar a nossa Rainha, que prometeu educar seu augusto filho nos princípios da nova constituição? Penetrada, afetada por essa declaração patriótica, mãe de dez filhos, e amamentando o mais novo, os reuni em torno de mim [...] e jurei de joelhos diante de Deus educá-los dentro da fidelidade à nação e ao Rei. Minha filha mais velha fez o mesmo juramento porque também é mãe e amamenta seu bebê. Eu ficaria desolada, Sr. Presidente, se esta ação desagradasse à Assembléia Nacional. [...] ouso esperar que, ao contrário, ela emita uma disposição que permita às mães prestar esse juramento solene perante os oficiais municipais que nós estimaremos porque de hoje em diante serão escolhidos pelo povo. Imagino que esta cerimônia respeitável tornará a maternidade recomendável e inculcará os deveres cívicos nas primeiras mestras[32] dos cidadãos.

---

31 Documento em *Annales historiques de la Révolution Française* (AHRF), n° 322, Sources, Archives Parlementaires, t. XII, p. 402.

32 "Primeiras mestras" são as mães, consideradas as primeiras educadoras de seus filhos pequenos.

Brigent Baudouin teve coragem de apontar a ausência das mulheres no texto constitucional aos deputados da Assembleia Nacional; ela poderia ter se dirigido às instâncias de poder local, mas, dessa forma, revestiu seu pedido de um alcance nacional. Para ela, as mães de família podem e devem ser cidadãs, porque são patriotas respeitáveis, querem imitar a rainha. Elas seriam exemplo para outras mulheres. A signatária tem as melhores credenciais: número de filhos, bom exemplo à sua filha mais velha, amamenta seus bebês e é fiel à nação, ao Rei e a Deus. O juramento solene inspiraria os deveres cívicos nas mães e tornaria a maternidade recomendável. Mas também emprestaria legitimidade à reivindicação de cidadania feminina. Talvez se fossem tratadas como cidadãs, eventualmente seriam incluídas na categoria dos cidadãos. O juramento solene as elevaria a outro patamar político e social – ficaria difícil recusar-lhes o título oficial de *citoyenne*. Mas a signatária sabe que está pisando em terreno movediço, teme desagradar à Assembleia, como de fato ocorreu. Na discussão que se seguiu à leitura da carta, um deputado foi favorável ao juramento das mulheres, enquanto outro denunciou "uma inquisição terrível". O pedido foi votado e adiado.

Brigent tinha aguda consciência política, como demonstra a escolha do foro, a natureza do pedido – que de fato tinha objetivos ambiciosos –, as razões apresentadas e respostas às possíveis objeções. Durante toda a época revolucionária, o juramento cívico foi muito importante, pois tinha valor sagrado e emprestava uma garantia de fidelidade à palavra dada. O primeiro e mais célebre foi o Juramento do Jeu de Paume em 20 de junho de 1789.[33] Brigent pediu cidadania só para as mães de família, as quais reconhecidamente mereciam mais respeito que as outras mulheres – ou seja, a cidadania era prerrogativa de um estado civil, supondo-se que todas fossem casadas. Por sua vez, as feministas que reivindicaram a cidadania feminina fizeram-no em nome de todas as mulheres.

Outro documento interessante é o *Discurso proferido pelas cidadãs da rua do Regard no Clube dos Cordeliers em 22 de fevereiro de 1791*.[34] As "mães militantes" e *citoyennes* em

---

33 TULARD, J.; FAYARD, J. F.; FIERRO, A. *Histoire et dictionnaire de la Révolution Française – 1789-1799*. Paris: Ed. Robert Laffont, 1988. Verbete "serments civiques", p. 1095.

34 Documento publicado no *Mercure National et Révolutions de L'Europe, Journal Démocratique*, n° XVI, 1 de março de 1791. In: LUCAS, Colin (ed. chefe). *The French Revolution... op. cit*. O mesmo documento traduzido para inglês *não contém* o comentário importante do relator Kolly. Ver LEVY, Darline G.;

questão moravam no Faubourg Saint-Germain, eram das classes populares e vieram exortar seus irmãos do clube a serem mais enérgicos em relação aos aristocratas e outros inimigos da Revolução. Essas mulheres são *esposas e mães*, porém ameaçam os homens – que consideram indolentes – de se envolver na luta política se eles não defenderem a pátria:

> No seio de nosso lar, ensinando nossos filhos a saber de cor os princípios sagrados da constituição [...] que os nossos maridos e irmãos juraram proteger, soubemos com pesar e medo da destruição que ameaça a pátria [...] onde estão os homens do 14 de julho? onde está essa família de vinte e cinco milhões de irmãos que prometeram voar em socorro de nosso lar comum em tempos de calamidade? Nós também, *nós somos dignas de combater e morrer pela pátria* [grifo meu]. Escutem, irmãos do Clube dos Cordeliers, deixamos por alguns instantes o retiro onde estamos relegadas pelos nossos deveres maternos, trabalhos domésticos, nos reunimos e falamos das desgraças que nos afligem por todos os lados [...] e aqui está o que dizem suas irmãs, as Cidadãs da Rua do Regard: não confiem nos homens pérfidos que vos convidam à segurança da morte; fujam das palavras eloqüentes, só falem para agir; nós os seguiremos dia e noite, e pobre daquele que deixar o barco se partir antes de pedir ajuda à força pública; permaneçam armados; o inimigo vos arrastará de volta para a escravidão quando estiverem distraídos cantando hinos à liberdade. Até agora tivemos orgulho em ser chamadas de suas companheiras. Consolamo-nos de nossa inabilidade de contribuir para o bem público elevando o espírito de nossas crianças à altura dos homens livres. Mas, se vocês desapontarem nossas esperanças [...] o desespero e a indignação nos impelirão para as praças públicas onde combateremos pela defesa da liberdade [...] Até conquistarem-na não serão homens [...] Nós salvaremos a pátria ou morreremos com ela [...] Saudações e perseverança aos nossos bravos irmãos do Clube dos Cordeliers [...] Seguem-se dezenove assinaturas femininas, e um interessante comentário do relator da sessão do clube, o "vosso irmão Kolly": "depois de uma manifestação tão vigorosa

---

APPLEWHITE, Harriet B.; JOHNSON, Mary D. *Women in Revolutionary Paris – 1789-1795*. Selected documents translated with notes and commentary by the authors. Urbana/Chicago: University of Illinois Press, 1980.

dos sentimentos das mulheres-homens, os homens-mulheres têm que se calar e enrubescer.

Durante a Revolução, a razão alegada pelas mulheres para o seu envolvimento na luta política frequentemente é a inação ou a covardia dos homens – elas os envergonham, declarando que eles não serão homens até conquistarem a liberdade. As mulheres então ameaçam tomar a frente e heroicamente defender a pátria com a própria vida: pegarão em armas se preciso for, e esse também é um tema constante na militância. Elas não se deixam enganar pelos "homens pérfidos" que tentam ludibriar os seus "irmãos" do Clube dos Cordeliers. Há um falso conformismo com a distância dos embates revolucionários – "relegadas em nosso retiro" –, e a educação cívica dos filhos parece ser um pálido consolo pela "inabilidade" de contribuir à causa pública. A menção aos "hinos à liberdade" é significativa: elas sabiam separar o essencial do acessório. As cidadãs da Rue du Regard alertam seus "irmãos" (suposição de igualdade) dos perigos, e parecem almejar a plena participação, inclusive no combate, porém precisam justificar sua atitude com a incompetência masculina. A opinião de Kolly, relator da sessão, é reveladora do sentimento de muitos homens à época: "a manifestação tão vigorosa" das mulheres foge à natureza feminina; elas são portanto caracterizadas como "mulheres-homens", que se comportam como homens, embora sejam mães. E nessa situação embaraçosa, os homens ficam reduzidos a "homens-mulheres", aos quais só resta o silêncio e a vergonha. Ecos de Rousseau. O temor da troca de papéis surge novamente, pois ela prenuncia o caos na sociedade, que começa com a humilhação masculina perante a mulher. A seguir, veremos o início da participação feminina nas jornadas revolucionárias.

4
A BASTILHA

NO DIA 14 DE JULHO DE 1789, a Bastilha foi tomada pela multidão, formada, em sua maioria, por pequenos artesãos do faubourg Saint-Antoine. Na lista dos vencedores, havia um nome de mulher, Marie Charpentier, esposa de Haucourt, lavadeira do Faubourg Saint-Marcel. Por decreto da Constituinte de 12 de dezembro de 1790, ela recebeu uma pensão de 200 libras como recompensa pelos ferimentos que sofreu na batalha. Marie-Françoise Williaume, misturada à multidão que tomou "a execrável Bastilha", tinha as mãos enegrecidas pela pólvora do fuzil de que ela se apossara nos Inválidos.[1] Conta-se que uma moça de dezoito anos lutou disfarçada de homem ao lado do noivo. Marguerite Pinaigre, mulher de Bernard Vener, escreveu uma petição à Assembleia Nacional, reclamando a pensão prometida ao marido combatente, ferido no confronto:

> não só este cidadão lutou na conquista da Bastilha com a maior coragem, mas sua mulher *citoyenne*, que subscreve a presente, trabalhou igualmente com todas as suas forças, e ambos resolveram triunfar ou morrer.[2]

---

[1] GODINEAU, Dominique. *Citoyennes tricoteuses: les femmes du peuple à Paris pendant la Révolution Française*. Paris: Editions Alinea, Perrin, 2004, p. 109.

[2] "Petição dirigida à Assembléia Nacional" – A. N., Fic III, Seine 71 – documento n° 4. In: LEVY, Darline G.; APPLEWHITE, Harriet B.; JOHNSON, Mary D. *Women in Revolutionary Paris – 1789-1795*. Selected documents translated with notes and commentary by the authors. Urbana e Chicago: University of Illinois Press, 1980.

De fato, essa mulher participou da luta, transportando no seu avental as garrafas utilizadas como buchas dos canhões apontados para a ponte levadiça da fortaleza. Um comerciante da Rue de Hurepoix relatou que "as mulheres e crianças pegavam as pedras do pavimento dos pátios, levavam para o alto das casas para atirá-las nos soldados".[3]

São poucos os nomes registrados nos arquivos, mas suficientes para mostrar que as mulheres do povo estavam presentes desde os primeiros momentos da Revolução. Na verdade, as parisienses vinham acompanhando com vivo interesse os acontecimentos que se precipitavam desde a abertura dos Estados Gerais em 5 de maio de 1789.[4] Marand-Fouquet aponta o estabelecimento do caráter masculino do embate revolucionário, logo na primeira jornada em que o povo pegou em armas. De fato, houve poucas mulheres no ataque à Bastilha, muitas entre as vítimas, mas o que me chamou a atenção no relato é que as mulheres estavam ao lado de seus homens, enfrentando o perigo e ajudando na medida de suas possibilidades. Espectadoras ou participantes, começando nessa data emblemática, elas estiveram presentes em quase todos os levantes e jornadas revolucionárias. O detalhe curioso da moça disfarçada de soldado lutando junto com o noivo, se é que realmente existiu em 14 de julho, prenuncia o que acontecerá em maior escala na guerra, quando algumas realmente se alistarão vestidas de homem, junto com seus maridos ou amantes.

---

[3] CAPON, Gaston. "La prise de la Bastille. Lettre inédite". *Intermédiaire des chercheurs et des curieux*, LXXXVI, 1582 (jun. 1923). Apud GARRIOCH, David. "The everyday lives of parisian women and the october days of 1789". *Social History*, vol. 24, n° 3, out. 1999, p. 244.

[4] GODINEAU, Dominique. *Citoyennes tricoteuses... op. cit.*, p. 109.

FIGURA 1. *A tomada da Bastilha em 14 de julho de 1789* – Jean-Baptiste Lallemand (1710-1803). Paris, ©Museu Carnavalet/Roger Viollet

O quadro mostra o calor da batalha, com a participação de populares, soldados, e gente de todas as idades e dos dois sexos. À extrema direita da tela, uma mulher do povo com fuzil ao ombro participando da luta ao lado de 2 homens. Num grupo de 3 pessoas embaixo, um menino levantando os braços diante de um ferido, em sinal de desespero.

5
A MARCHA PARA VERSALHES

Antecedentes sociais e políticos

A GRANDE MARCHA PARA VERSALHES foi a primeira intervenção da multidão feminina na Revolução e marcou o início da participação política expressiva das mulheres do povo no processo revolucionário. Independente de sua reação aos fatos, os contemporâneos não se espantaram com tal participação, pois estavam habituados à presença dessas mulheres no espaço público durante o Antigo Regime em Paris e Versalhes. Joan Landes acha que a Marcha para Versalhes se situa dentro de uma longa tradição de participação feminina em protestos populares, especialmente durante crises de subsistência. Nesta Marcha, contudo, havia uma nova "sensibilidade política" entre manifestantes de ambos os sexos.[1] David Garrioch também vê uma continuidade entre o modo de ação tradicional das mulheres do povo no século XVIII e os acontecimentos de outubro de 1789: o autor oferece exemplos anteriores à Revolução onde se percebe a iniciativa enérgica, a independência e o exercício de poder comunitário por parte das mulheres.[2] As lojas e mercados de alimentos eram um território feminino por excelência. Tais mulheres tinham autoridade moral nas ruas: de suas barracas, as comerciantes observavam e controlavam em certa medida o que acontecia à sua volta, separando brigas entre homens ou mulheres, ou às vezes

---

1 LANDES, Joan B. *Women and the public sphere in the age of the French Revolution*. Ithaca e Londres: Cornell University Press, 1988, p. 109-10.
2 GARRIOCH, David. "The everyday lives of parisian women and the october days of 1789". *Social History*, vol. 24, n. 3, out. 1999, p. 231-249.

impedindo que pais se excedessem nos castigos físicos aos filhos. De acordo com o grande observador da vida parisiense, Louis-Sébastien Mercier, as vendedoras de peixe faziam a lei no mercado central – "les poissardes font la loi".[3] Elas não hesitavam em enfrentar as autoridades e incitar rebeliões de vizinhos contra agentes de polícia ou das guildas que vinham ao seu bairro prender devedores, confiscar mercadorias, expulsar inquilinos inadimplentes. As mulheres intervinham no espaço público "feminino", pois estavam defendendo suas famílias e sua comunidade.

Responsáveis pelo orçamento doméstico e pela alimentação da família, eram elas que passavam horas nas filas das padarias, e portanto as que sofriam mais agudamente a escassez e a carestia. As mulheres tomaram parte das revoltas populares em 1740-1 e das "guerras da farinha" em 1775. Já em 1720, sabiam que o governo controlava de perto o mercado de cereais e que os protegidos dos ministros e da amante real estavam entre os maiores comerciantes. Assim, deduziam que havia conexão entre a alta de preços e a cobiça do círculo íntimo do governo. A subsistência era considerada preocupação legítima das mulheres. Seus companheiros e as autoridades aceitavam tacitamente o direito feminino de agir naquelas situações.[4] Michelet descreveu o desespero das mulheres no início da Revolução e generalizou a atitude de algumas, contribuindo para disseminar no século seguinte o mito das "fúrias da guilhotina" sedentas de sangue:

> As mulheres não se resignavam, *elas tinham filhos* [grifo do autor]. Elas vagavam como leoas. Em todos os levantes, eram as mais afoitas, as mais furiosas. Lançavam gritos frenéticos, envergonhavam os homens por sua lentidão; os julgamentos sumários da Grève eram demorados demais para elas. Elas enforcavam primeiro.[5]

Alguns grupos de mulheres estabeleceram ligações diretas com o poder. As comerciantes do mercado (*Dames de la Halle*), e mais especificamente as vendedoras de peixe, tinham, desde o tempo da Fronda, o privilégio de acesso direto ao rei: por

---

3   MERCIER, Louis-Sébastien. *Le Tableau de Paris*, 12 vols., Amsterdam, 1782-8, VI, p. 306. In: GARRIOCH, David. *"The everyday lives..."*, op. cit., p. 241.

4   GARRIOCH, David. "The everiday lives...", *op. cit.*, p. 242-3.

5   MICHELET, Jules. *Histoire de la Révolution Française*. Livro I. Paris: Editions Robert Laffont, 1979, p. 171-172.

ocasião do nascimento do Delfim, iam a Versalhes atestar a legitimidade do herdeiro do trono, e juntamente com outras corporações femininas eram convidadas para as festividades de aniversários e casamentos reais. Em tempos de seca e escassez, mandavam deputações ao rei, assim como para celebrar vitórias e outras ocasiões especiais. Maria Leczinska, esposa de Luís XV, incentivou essa ligação, e sua reputação entre as mulheres do *menu peuple*[6] cresceu na mesma proporção da impopularidade do marido mulherengo. Tornou-se uma das rainhas mais queridas da França.[7]

A convocação dos Estados Gerais proporcionou outro canal de comunicação das mulheres com o poder. No *Cahier de Doléances* há exemplos de petições femininas dirigidas a esse corpo legislativo. No documento *Saudação das vendedoras de peixe aos seus irmãos do Terceiro Estado*,[8] percebe-se uma visão política surpreendentemente elaborada neste grupo de mulheres. Em 19 de maio, auge do conflito da verificação dos poderes dos deputados das Três Ordens nos Estados Gerais,[9] "as vendedoras de laranjas e outras Dames de la Halle vieram cumprimentar a Assembleia e recomendar o interesse do povo aos deputados". A homenagem pública aos deputados do Terceiro Estado foi um apoio de peso que não deve ter passado despercebido das outras ordens minoritárias e sem sustentação popular. Aquelas mulheres eram um termômetro do humor das ruas de Paris. Para terminar, como de costume, cantaram alguns versos em parte reproduzidos abaixo, e cuja autoria Hardy atribuiu ao poeta Maréchal:

---

6 Povo miúdo, arraia-miúda.

7 HUFTON, Olwen H. *Women and the limits of citizenship in the French Revolution*. Toronto, Buffalo e Londres: University of Toronto Press, 1992, p. 15.

8 Documento: "Compliment des dames poissardes a leurs frères du Tiers État". In: *Les élections et les Cahiers de Paris en 1789 par Chassin*, Tomo III, L'Assemblée des Trois Ordres et l'Assemblée Générale des électeurs au 14 juillet, Paris, 1889 – BNF (Bibliothèque Nationale de France).

9 A sociedade francesa era juridicamente dividida em 3 grupos ou ordens: o clero, a nobreza (ordens privilegiadas) e o Terceiro Estado. No final do Antigo Regime, o clero e a nobreza juntos representavam 1% da população, e o Terceiro Estado os outros 99%. Nos Estados Gerais, em maio/junho de 1789, a nobreza, o clero e o rei queriam manter a tradição política que atribuía 1 voto a cada ordem e reuniões separadas de cada ordem. O Terceiro Estado, que tinha dobrado o número de seus representantes, defendia 1 voto por cabeça e a deliberação conjunta das 3 ordens. O conflito se acirrou até que os deputados do Terceiro Estado, junto com alguns representantes do clero, se declararam Assembleia Nacional. Em 20 de junho de 1789 prestaram o famoso *Juramento do Jeu-de-Paume*, no qual prometiam não se separar até terem elaborado uma Constituição para a nação. Ver LEFEBVRE, Georges. *Quatre-vingt-neuf*, 1939, e verbetes "États Géneraux" e "Serments Civiques" em TULARD, J.; FAYARD, J. F.; FIERRO, A. *Histoire et dictionnaire de la Révolution Française – 1789-1799*. Paris: Editions Robert Laffont, 1988.

> Se o clero e a nobreza nos tratam com tanta rudeza, deixemos que eles percam o Estado; enquanto isso vamos beber ao Terceiro Estado [...] Será que eles se esqueceram que seu brilho e sua glória provêm do Terceiro Estado? [...] os Senhores que polidamente nos tratam como escória, terão que pagar a talha como nós, muito nobremente [...] O nascimento é obra do acaso. O primeiro que se fez Senhor foi um soldado; [depois se tornou] Rei; a quem deveu tal coisa? Ao Terceiro Estado.

Eis aí um panfleto político cantado, desafiando o *status quo*, no recinto da Assembleia e em nome do povo. Apesar de serem leais ao rei, as vendedoras de peixe – as *poissardes* – lembravam que ele devia sua posição ao Terceiro Estado, deixando no ar uma ameaça velada. Já havia começado a erosão da imagem e autoridade antes sacrossantas do rei. Naturalmente, os deputados asseguraram à delegação feminina que se encarregariam de proteger seus interesses nos Estados Gerais. Coincidência ou não, nos dias 20 e 21 de maio, o clero e a nobreza renunciaram aos seus privilégios fiscais e aceitaram o princípio da igualdade de todos perante os impostos.

Vários aspectos me pareceram notáveis no comportamento do grupo neste episódio: a acuidade política das protagonistas que haviam compreendido o quanto estava em jogo na luta entre as três ordens; a consciência da importância do apoio popular aos legisladores e o sentido de oportunidade – elas vieram sustentar "seus irmãos" no momento certo; a segurança de quem tem autoridade moral – elas vieram compenetradas de seu papel; a audácia de lembrar ao rei, aos nobres e ao clero que deviam sua magnificência ao Terceiro Estado, o que também sinaliza a mudança da correlação de forças políticas no país. Por último, é relevante notar que, apesar da troca de amabilidades com os membros do Terceiro Estado, as visitantes não deixaram de dizer-lhes que "a voz pública" os tinha eleito para defender os interesses do povo. Ficou implícito que se não cumprissem sua missão, os mesmos eleitores poderiam revogar seus mandatos. Daí para a defesa do conceito de povo soberano e democracia direta o caminho foi curto.

A Marcha para Versalhes não surgiu do nada. As antigas tradições estão na base da crescente conscientização política das mulheres do povo, da desenvoltura com que agiam perante as autoridades e do estatuto moral de que se revestiam suas reivindicações revolucionárias. As militantes tinham uma bagagem política que lhes foi útil para encontrar novos modos de ação, adaptados às circunstâncias do momento.

Motivos da Marcha

No dia 7 de agosto de 1789, uma deputação de vendedoras do mercado de alimentos – *Dames des Halles* – foi a Versalhes felicitar o rei e a rainha pelo início dos trabalhos da Constituição que limitaria seus poderes. Michelet relata que elas se dirigiam ao rei com muita familiaridade – "Pobre homem! estimado homem! bom papai!" e mais seriamente à rainha – "Senhora, senhora, abra suas entranhas! vamos nos abrir! não vamos esconder nada, vamos dizer bem francamente o que temos a dizer!".[10] A linguagem não era de subserviência. Denotava afeto, mas também ligação com o poder.[11] Gostar do rei não impediu as comerciantes de aderir à Revolução. No dia 25 de agosto, elas retornaram ao palácio para falar da escassez de pão em Paris, acompanhadas da Guarda Nacional. A diferença é que agora elas contavam com o apoio político do Prefeito Bailly e com a aliança da recém-formada Guarda Nacional, o que deu às reivindicações o suporte de uma força militar. Em Versalhes, temia-se que tais visitas ao rei aumentassem a mobilização popular. Georges Rudé viu nessas demonstrações dos *faubourgs* e do *menu peuple* em agosto e setembro um "tira-gosto" da Marcha para Versalhes.[12]

Em Paris, falava-se outra vez de um suposto complô dos aristocratas que queriam derrotar o povo pela fome. Para as mulheres do povo, era o pior dos mundos: a escassez, os altos preços dos alimentos e o desemprego causado pela retração do comércio da moda e da criadagem doméstica, afetados seriamente pela crescente emigração dos nobres. Nessa situação, as mulheres começaram a agir de formas não tradicionais,[13]

---

10 MICHELET, Jules. *Les Femmes de la Révolution*, 1853, apresentado por Françoise Giroud, Carrère, 1988, p. 72.

11 APPLEWHITE, Harriet B. & LEVY Darline G. "Responses to the political activism of women of the people in Revolutionary Paris, 1789-1793". In: HARRIS, Barbara J. & MCNAMARA, JoAnn K (ed.). *Women and the structure of society*. Selected research from the Fifth Berkshire Conference on the History of Women. Duke Press Policy Studies, 1984, p. 218.

12 RUDÉ, George. *The Crowd in the French Revolution*. Londres: Oxford University Press, 1959, p. 66-7.

13 LEVY, Darline G.; APPLEWHITE, Harriet B.; JOHNSON, Mary D. *Women in Revolutionary Paris – 1789-1795*. Selected documents translated with notes and commentary by the authors. Urbana e Chicago: University of Illinois Press, 1980, p. 14-15.

saindo em procissões e marchas rituais quase diárias. Em 14 de setembro, houve uma marcha de ação de graças a Santa Genoveva, com a participação de setecentas moças e mulheres, seus companheiros operários de diferentes distritos, membros da Guarda Nacional, trombeteiros, todos armados, levando com eles um modelo da Bastilha em madeira. O livreiro Siméon-Prosper Hardy[14] ficou apreensivo com as proporções do evento e relatou que muitas pessoas julgaram haver algo de assustador na organização e magnitude do cortejo e suspeitavam que a piedade não seria o único motivo dos devotos da padroeira de Paris. Realmente, as armas e o símbolo da vitória do povo sobre a tirania, a Bastilha, não faziam parte das tradições religiosas.

Prudhomme interpretou o evento como uma celebração da derrota do despotismo, mas os dois homens ficaram impressionados com a coordenação dos diferentes grupos. Entre os integrantes, havia meninas e mulheres que rezavam para a Virgem, conquistadores da Bastilha, operários do *faubourg*, devedores libertados e a Guarda Nacional armada – todos carregando símbolos de fome e colheita, despotismo derrotado e do poder armado da cidadania livre. Essas mulheres estavam ligando a tradição dos festivais religiosos com questões prementes de subsistência e política.[15] Hardy tinha razão, o barril de pólvora estava prestes a explodir.

No dia 5 de outubro de 1789, a continuada falta de pão e as notícias de ofensas à cocarda[16] nacional por parte dos oficiais do Regimento de Flandres num banquete em Versalhes foram o estopim de uma insurreição. Sete mil mulheres do *menu peuple*, vindas dos distritos e *faubourgs* de Paris, reuniram-se no Hotel de Ville, denunciaram Bailly e Lafayette por incúria administrativa e, ajudadas por homens munidos de piques, tridentes e lanças, derrubaram as portas das salas de armamentos e tomaram as armas que encontraram. Lafayette hesitou em apoiar um protesto dessa magnitude, mas os membros radicais da Guarda Nacional ofereceram sua proteção armada às mulheres. Em seguida, sob a liderança de Maillard, um "Vencedor da Bastilha", marcharam rumo a Versalhes para interpelar a Assembleia Nacional e pedir ajuda ao árbitro supremo, o rei. Tinham a intenção de trazê-lo de volta a Paris, onde a

---

14   Siméon-Prosper Hardy, Mês Loisirs, vol. VIII, fols. 431, 443, 479 – BNF, Mss. fr., vol. 6687. In: LEVY, Darline G.; APPLEWHITE, Harriet B.; JOHNSON, Mary D. *Women in Revolutionary Paris... op. cit.*, p. 34-35.

15   APPLEWHITE, Harriet B. & LEVY Darline G. "Responses to the political activism of women...", *op. cit.*, p. 218-220.

16   A cocarda ou roseta tricolor se tornou um símbolo nacional desde o 14 de julho de 1789.

influência "maléfica" da rainha e da corte seriam menores: iriam ao palácio buscar "o padeiro, a padeira e o padeirinho".[17] Elas acreditavam que a simples presença do rei teria o condão de acabar com a falta de pão. A crise era de subsistência mas também política. Enquanto se debatia o conceito de soberania popular nas esquinas de Paris, o rei se recusava a sancionar os decretos de 4 de agosto que acabavam com os privilégios da nobreza e a *Declaração dos Direitos do Homem e do Cidadão*, aprovada pela Assembleia Nacional em 26 de agosto.

A insurreição toma o caminho de Versalhes

Alguns dias antes da invasão do Hotel de Ville, mulheres amotinadas tinham se queixado: "os homens ficam para trás... os homens são covardes... amanhã as coisas funcionarão melhor: nós vamos comandar as negociações".[18] Segundo Maillard, naquele dia 5 de outubro algumas queriam queimar os papéis que encontraram nas salas do Hotel de Ville, dizendo "é só isso o que o conselho da cidade tem feito" e, segundo um observador: "os homens não tinham força suficiente [...] as mulheres mostrariam que eram melhores que os homens".[19] Tais comentários denotam uma impaciência feminina com a inação masculina e com a papelada administrativa que não resolvia a falta de gêneros. Dali saíram vários grupos para recrutar outras mulheres, as quais vieram em massa de todas as direções para o ponto de encontro no meio dos Champs Elysées. Armadas de lanças, foices, machados, mosquetões, puxando um canhão sem munição, marcharam quatorze quilômetros em seis horas sob a chuva. O chefe do cortejo, Maillard, relata que usou sua autoridade várias vezes para impedir violências das manifestantes contra pessoas e propriedades no caminho.[20] As mulheres

---

17   MARAND-FOUQUET, Catherine. *La femme au temps de La Révolution*. Paris: Éditions Stock/Laurence Pernoud, 1989, p. 72 e 80.

18   Citação: "les hommes traînent... les hommes sont des lâches... Demain les choses iront mieux: nous nous mettrons à la tête des affaires" (HUFTON, Olwen H. *Women and the limits of citizenship...* op. cit., p. 13).

19   LEVY, Darline G. & APPLEWHITE Harriet B. "Women and militant citizenship in revolutionary Paris". In: MELZER, Sara E. & RABINE, Leslie W. (ed.). *Rebel daughters: women and the French Revolution*. Nova York/Oxford: Oxford University Press, 1992, p. 83.

20   Depoimento de Stanislas Maillard, herói da Bastilha e membro da Guarda Nacional, no qual descreve a marcha das mulheres para Versalhes em 5 e 6 de outubro de 1789. Fonte: *Procédure criminelle instruite au Châtelet de Paris*, 2 vols., Paris, 1790, vol. I, p. 117-32. Reprinted from Georges Rudé (ed.). *The Eighteenth Century*. Nova York, 1965, p. 198-205.

foram recebidas em Versalhes por gritos de "Viva nossas parisienses!", ao que elas responderam "Viva Henrique IV!". O grupo armado se precipitou sobre a Assembleia Nacional, onde Maillard apresentou a petição das mulheres e citou um panfleto popular, "Quando teremos pão?", no qual as autoridades e não os padeiros eram responsabilizados pela escassez.[21] As manifestantes ocuparam galerias, interromperam debates, pressionaram e intimidaram os deputados: "quem está falando aí? Calem a boca desse tagarela. Não se trata disso. Trata-se de ter pão",[22] gritou uma vendedora de peixe. Uma mulher ocupou a cadeira de Mounier, o Presidente da Assembleia, temporariamente ausente da sala, e todas "votaram" moções e leis sobre a circulação e distribuição de cereais. Mounier foi repreendido pelo seu apoio ao "veto perverso"[23] (*le vilain véto*), que foi a tentativa de conceder ao rei o direito de veto absoluto sobre a legislação aprovada pela Assembleia. Em seguida, as insurgentes declamaram versos e caçoaram dos deputados.

Para Levy e Applewhite, o comportamento das mulheres tinha elementos de farsa e dos antigos *charivaris* populares, com sua característica subversão hierárquica.[24] Porém, o clima não era de carnaval: as manifestantes estavam armadas, deixaram claro que falavam sério e não iam se deixar enganar com falsas promessas, mostrando seu braço levantado. Uma deputação de 12 mulheres foi ao palácio junto com o Presidente da Assembleia, Mounier, pedir providências ao rei sobre a escassez de trigo, e obteve do monarca a promessa do pronto abastecimento de Paris. Mas as delegadas não trouxeram o compromisso por escrito, e foram severamente criticadas pelas outras.[25] A palavra de Luis XVI, já não valia grande coisa. A crise

---

21 RUDÉ, Georges. *The Crowd in the French Revolution*, op. cit., p. 75-6.

22 MARAND-FOUQUET, Catherine. *La femme...* op. cit., p. 75.

23 Em setembro de 1789, a questão do *veto real* dividia os deputados entre os que queriam conceder ao rei o poder de *veto absoluto* à legislação aprovada pela Assembleia – Mounier, Mirabeau, Lally-Tolendal, Malouet e Clermont-Tonerre, junto com os nobres liberais, religiosos e burgueses com poderes senhoriais que desejavam o fim da Revolução e a reconciliação com o monarca – e os deputados que propunham um veto apenas *suspensivo* – Du Port, Barnave e Lameth, que assumiram a direção do partido patriota e foram vitoriosos. O *veto suspensivo* foi concedido ao rei em 11 de setembro, com a condição tácita de que o monarca aprovasse os decretos de agosto (LEFEBVRE, Georges. *La Révolution Française*. Paris: Presses Universitaires de France, 1989, p. 128).

24 APPLEWHITE, Harriet B. & LEVY Darline G. "Responses to the political activism of women...", *op. cit.*, p. 223.

25 HUFTON, Olwen H. *Women and the limits of citizenship...* op. cit., p. 10.

de subsistência se confundiu com a da legitimidade política. A dramaturgia de 5 de outubro pode ser lida como uma tomada simbólica de poder por parte das mulheres enquanto membros da soberania popular.²⁶

O palácio foi invadido na madrugada do dia seis, e a rainha escapou por pouco da fúria popular. Dois guardas foram assassinados e decapitados, talvez por um modelo da Academia de nome Nicolas, de acordo com o depoimento de uma das participantes da marcha, Madelaine Glain.²⁷ Nada indica que alguma delas tenha participado do massacre dos guardas reais. Ao saber que Lafayette estava se dirigindo a Versalhes à frente de 1200 soldados, o rei assinou os decretos de agosto. As mulheres estavam exaustas, famintas, mas vitoriosas: o rei prometeu fazer o que estivesse ao seu alcance para restabelecer o suprimento de pão em Paris, e concordou em voltar a viver na cidade, onde ficaria próximo da vigilância popular. De fato, Luís XVI e sua família vieram na carruagem real pela estrada, escoltados pelo povo e pela Guarda Nacional.

---

26 LEVY, Darline G. & APPLEWHITE Harriet B. "Women and militant citizenship in revolutionary Paris", *op. cit.*, p. 83.

27 Depoimento n. LXXXIII – *Procédure criminelle instruite au Châtelet de Paris* (Paris, 1790), documento n. 9. In: LEVY, Darline G.; APPLEWHITE, Harriet B.; JOHNSON, Mary D. *Women in Revolutionary Paris...* *op. cit.*, p. 47.

FIGURA 2. *Principais episódios da Revolução Francesa, 5 e 6 de outubro de 1789.* Anônimo. Paris, © Museu Carnavalet/Roger Viollet. Estas pequenas pinturas são modelos para botões de porcelana — apesar de seu tamanho reduzido, mostram detalhes de alguns episódios da famosa Marcha a Versalhes.

1) Uma mulher do povo discursa no Palais Royal, e é ouvida por pessoas de várias condições sociais.
2) 5 de outubro de 1789: mulheres participam da invasão da Prefeitura de Paris (Hotel de Ville). Nota-se que elas incitam os homens a tomarem a frente; alguns saem do prédio carregando armas.
3) Uma mulher sai para a Marcha sentada no canhão – esse comportamento causou escândalo.
4) Mounier, Presidente da Assembleia Nacional, levou algumas mulheres para conversar com o rei Luís XVI.
5) Manhã de 6 de outubro: mulheres, populares e soldados da Guarda Nacional pressionam o rei a se mudar para Paris.
6) A carruagem do rei chegando a Paris escoltada pela multidão.

Repercussões da Marcha

O acontecimento gerou alguns mitos acerca das "mulheres de outubro", como ficaram conhecidas na época e na historiografia. Os contemporâneos conservadores e moderados consideraram aquelas mulheres "fúrias incontroláveis" e prostitutas a soldo do Duque de Orléans, que queria tomar o lugar de Luís XVI como monarca constitucional.[28] Para eles, o levante era uma amostra do que aconteceria se não se reprimisse a explosão da vontade popular. Madame Roland duvidou da espontaneidade da Marcha: "alguém deve ter pago essas mulheres imbecis e grosseiras... para representarem uma comédia sem graça".[29] Roland desqualifica a capacidade e independência política de seu sexo. A historiadora Marand-Fouquet[30] também sugere que a ideia da Marcha não surgiu espontaneamente entre as mulheres. Pelo contrário, já estaria no ar desde o mês de agosto: políticos como Dussaulx, Desmoulins e Danton propunham uma manifestação em Versalhes para trazer o rei de volta a Paris, que era o centro nervoso da vida política, econômica e cultural do país. Se o rei residisse na capital, sob vigilância cerrada do povo e da imprensa, seria mais fácil impedir o veto real aos textos constitucionais. Esperava-se que o monarca se rea-

---

28 LEVY, Darline G.; APPLEWHITE, Harriet B.; JOHNSON, Mary D. *Women in Revolutionary Paris... op. cit.*, p. 16-17.

29 *Ibidem.*

30 MARAND-FOUQUET, Catherine. *La femme... op. cit.*, p. 72-80.

proximasse dos súditos, como fez seu antepassado Henrique IV. No Palais Royal e no Café du Foy, houve mesmo uma tentativa de lançar a Marcha, mas o povo não seguiu, o que aponta para a importância da iniciativa das mulheres, mesmo que a ideia não tenha surgido entre elas.

O conservador inglês Edmond Burke, ferrenho adversário da Revolução, descreveu a volta da família real para Paris: "Os cativos reais seguiram lentamente o cortejo, em meio a gritos lancinantes, danças frenéticas, impropérios afrontosos, e abominações indizíveis das fúrias do inferno na forma insolente das mais vis mulheres".[31]

Logo no início da Revolução, Burke foi pioneiro no uso de imagens de bruxaria para caracterizar as mulheres engajadas na política. Mary Wollstonecraft, simpática às participantes da Marcha em sua primeira obra sobre a Revolução, responde a Burke que ele "provavelmente se referia a mulheres que ganhavam a vida vendendo verduras ou peixe e nunca tinham desfrutado dos benefícios da educação". Quatro anos depois, entretanto, desiludida com a mobilização popular e o Terror, Wollstonecraft concordava com a tese das "mulheres da sarjeta" sem espírito público, pagas com o ouro do Duque de Orléans, agindo sob instigação de mentores do complô.[32] O relato de Sébastien Mercier sobre a volta da multidão de Versalhes foi igualmente uma condenação moral:

> duzentos mil homens na estrada, dançando [...] cada um com uma prostituta nos braços; as vendedoras de peixe *sentadas nos canhões*, outras usando barretes frígios, barris de vinho junto das caixas de pólvora, [...] o barulho, a imagem da antiga Saturnalia, nada poderia descrever o comboio que trouxe de volta o monarca.[33]

Nesses depoimentos conservadores, notamos repetidos ataques à moral pessoal das protagonistas da Marcha. Já se delineia a intenção de associar o engajamento político à falta de virtude nas mulheres, pois a desenvoltura na cena pública nacional fugia às normas de comportamento feminino da época. A esfera pública era terreno masculino.

---

31   Ambas as citações em LANDES, Joan B. *Women and the public sphere...* op. cit., p. 112.
32   *Ibidem*, p. 149-50.
33   GUTWIRTH, Madelyn. *The twilight of the goddesses: women and representation in the French revolutionary era*. New Jersey: Rutgers University Press, 1992, p. 243. Grifo meu.

Os observadores contemporâneos radicais, ao contrário, criaram uma "lenda dourada" sobre as "heroínas de Versalhes". A jornalista Louise de Kéraglio foi uma das que contribuiu para mitologização das jornadas de outubro, elogiando a coragem das manifestantes em seu artigo de 8 de outubro de 1789. Interessante notar que ela também reconheceu que aquelas mulheres tinham ultrapassado os limites aceitáveis para seu sexo, porém justificou os excessos pela escassez de pão. Outros jornalistas eram ambivalentes: se por um lado celebravam a vitória das parisienses, por outro afligiam-se com o perigo do povo rebelado e fora de controle. Talvez por isso mesmo tenham contribuído para transformar as mulheres em símbolos de inspiração, criando um espaço idealizado e delimitado para elas. Exemplo dessa intenção foi a cunhagem de uma medalha mostrando a família real retornando a Paris, liderada pela deusa da Liberdade.[34] As mulheres de carne e osso cederam lugar às criaturas míticas da antiguidade pagã, principalmente no período republicano da Revolução, quando aquelas deusas passaram a representar alegoricamente as virtudes cívicas.

Loustalot descreveu em seu jornal *Révolutions de Paris* alguns detalhes da marcha que permaneceram no imaginário social: "algumas conduzem os cavalos, outras, *sentadas sobre os canhões* levam na mão a temível mecha e outros instrumentos de morte".[35] Outros jornalistas liberais analisaram o acontecimento, sendo que dois deles anônimos, os quais cito a seguir. O primeiro escreveu o panfleto *As Heroínas de Paris, ou a Inteira Liberdade da França, pelas Mulheres – Controle que elas devem exercer de sua própria autoridade. Expulsão dos Charlatães*.[36] O autor quis integrar a marcha de outubro na mitologia revolucionária:

> nossa liberdade está fortalecida [...] e foram as mulheres que a restauraram para nós! E com que glória imortal elas se cobriram. E com que ordem e coragem quase dez mil foram pedir satisfações aos amigos

---

34 APPLEWHITE, Harriet B. & LEVY Darline G. "Responses to the political activism of women...", *op. cit.*, p. 222.

35 DUHET, Paule-Marie. *Les femmes et la Révolution 1789-1794*. Paris: Gallimard/Julliard, 1971, p. 48. Grifo meu.

36 Documento "*Par un homme de lettres connu, qui va publier un ouvrage intitulé La France vue dans l'avenir*". *Les Héroïnes de Paris, ou L'Entière liberté de la France par des Femmes. Police qu'elles doivent exercer de leur propre autorité. Expulsion des Charlatans etc. etc., le 5 octobre 1789* [n. p., n. d] i– B.N. Lb39 2411. In: LEVY, Darline G.; APPLEWHITE, Harriet B.; JOHNSON, Mary D. *Women in Revolutionary Paris... op. cit.*, doc. 10.

> do despotismo [...] pelo crime de lesa-nação cometido a sangue-frio [o insulto à cocarda nacional]. Ela [a Providência] inspirou as mulheres com a resolução de libertar a Pátria, e fez com que vencessem. [...] Os aristocratas dizem que essas mulheres vão comemorar sua vitória no cabaré. [...] Esta crítica é séria e precisa ser respondida. As mulheres que celebramos são desordeiras sem sentimentos heroicos de honra? Respondo que por trás de sua aparência desvantajosa as mulheres do povo têm um sólido caráter [...] Nota do autor: há pessoas que querem manter o povo ignorante por medo que aprendam o valor da liberdade.

O jornalista acha que elas merecem toda a gratidão, e para retribuir o grande feito, dá alguns conselhos às heroínas, o que denota seu nervosismo com sua atuação:

> elas não devem mais iniciar passeatas que as degradem; devem se mostrar à altura da glória que adquiriram perante toda a França; devem adotar uma autodisciplina que as honrará; nunca beber em excesso (as mulheres devem ser a encarnação da suavidade e da modéstia) nem permitir a embriaguez nos homens; não ficar se distraindo com charlatães; mostrar respeito pelo clero e pessoas com títulos; fiscalizar a qualidade dos alimentos que entram em Paris.

O jornalista queria o fim dessas marchas de protesto, agora que as mulheres já tinham alcançado seus objetivos. Os elogios e recomendações mostravam que desejava enquadrá-las nos limites da discrição e moderação apropriados para as mulheres da burguesia. Podiam, entretanto, ser úteis naquele papel feminino tradicional de fiscalização dos alimentos, ligado à saúde das famílias e da comunidade.

O segundo jornalista escreveu um artigo no jornal *Révolutions de Versailles et de Paris* analisando as jornadas de 5 e 6 de outubro, e dedicou o número às damas francesas.[37] Ele relata os acontecimentos e se refere às mulheres:

---

37 Documento *Révolutions de Versailles et de Paris, dédiées aux dames françoises*, n. I, out. 1789, autor anônimo. In: LUCAS, Colin (ed. chefe). *The French Revolution Research Collection*. University of Chicago, The New York Public Library, 1992, microficha n. 9.4/13.

> Oh, generosas heroínas! É às senhoras que os franceses devem esta segunda revolução, a qual decidirá a sorte gloriosa reservada aos seus elevados destinos! [...] grita-se que é preciso ir a Versalhes. As mulheres são as primeiras a fomentar a insurreição: elas se juntam (elles s' attroupent), e obrigam todas as que encontram pelo caminho [...] a cozinheira, a devota que ia à igreja, a modesta costureira, a elegante modista, a mulher de chapéu e a de touca, todas são iguais nesta nova milícia [...] elas tomam o caminho de Versalhes armadas de piques e foices, seguidas pelos habitantes do *faubourg* Saint-Antoine, uma multidão de operários. [...] Burgueses e cidadãos de todas as classes, armados ou não, entram no cortejo.

A Guarda Nacional acompanhou a marcha. Quanto ao objetivo do movimento, "diz-se que no momento da partida as mulheres juraram arrancar o rei dos braços dos aristocratas para que ele viesse morar no meio de seu povo". Na Assembleia Nacional, elas "votaram" resoluções sobre o abastecimento de Paris, e segundo o autor, "exerceram portanto, naquela incomparável jornada, as funções do poder legislativo e do poder executivo". A votação foi simbólica, pois no dia seguinte os deputados anularam todas as resoluções da véspera, tomadas sob pressão. Durante as discussões sobre o preço do pão, o Bispo de Langres quis oferecer dinheiro às damas carentes, mas "uma recusa unânime ressoou pela Sala, e as Damas acrescentaram generosamente que se havia dinheiro para dar, devia ser colocado na Caixa patriótica". Na madrugada do dia 6, após a Guarda Real ter atirado nas mulheres, a "Guarda burguesa de Versalhes, os Dragões, o Regimento de Flandres, indignados com a conduta da Guarda do Rei, se reuniram às nossas bravas Cidadãs". A bravura de quem se sente imbuído de uma missão fazia adeptos até entre os militares – tanto entusiasmo podia ser perigoso. As mulheres haviam começado a praticar a cidadania e passaram a ser chamadas de cidadãs.

O testemunho do jornalista de *Révolutions de Versailles et de Paris* acima é enfático quanto à iniciativa feminina e seus objetivos, tanto políticos como de subsistência; exalta a importância da insurreição, a qual levará os franceses a grandes destinos. De fato, a chegada do rei e da Assembleia Nacional a Paris mudou o curso da Revolução. Percebemos que a composição da Marcha era variada, incluindo militares, operários, membros da burguesia, homens e mulheres; apesar de algumas mulheres terem sido coagidas a acompanhar, a maioria parece ter vindo por livre e espontânea vontade, assim como os burgueses e outros. O documento deixa transparecer a consciência do momento histórico e um sentimento patriótico compartilhado pelos manifestantes, mas inicialmente inspirados pelas mulheres. A determinação das participantes contagiou até membros do Regimento de Flandres, antes acusados de insultar a cocarda nacional. Na Assembleia Nacional, elas souberam demonstrar seu espírito público, recusando o oferecimento pecuniário do bispo e exigindo respeito às necessidades do povo. Entretanto, fizeram-no desafiando as autoridades e invertendo os papéis dos gêneros aceitos na época, o que causou repúdio entre a maioria dos constituintes ali reunidos.

O jornalista anônimo emprestou um imenso significado político às ações femininas, ao dizer que as mulheres "exerceram o poder legislativo e executivo". Applewhite considera a afirmação exagerada, ponderando que em outubro de 1789, elas ainda não tinham a consciência política sofisticada e a organização institucional influente que viriam a ter somente em 1793.[38] É verdade, porém acho que as francesas forjaram sua cidadania *de facto* desde o início da Revolução, e principalmente a partir das jornadas de outubro. A documentação da época é muito significativa a esse respeito e mostra um grau de compreensão política além do que se poderia esperar de pessoas com pouca educação formal e contato com instâncias de poder. Um exemplo é a crítica das manifestantes ao apoio de Mounier, Presidente da Assembleia, ao poder de veto do rei sobre os decretos do legislativo. Talvez elas não tivessem compreendido todos os meandros da questão, mas sabiam que não interessava ao povo – nem aos seus representantes – conceder ao rei tal poder de veto. O cataclisma da Revolução abriu espaços inéditos de participação política a pessoas que antes estavam à margem da vida pública, e as mulheres do povo estavam mais preparadas do que se pensava para ocupá-los. Penso que isso explica a preocupação das testemunhas aqui citadas em conter a ação feminina e popular dentro de certos limites. Apreensivos com o levante, autoridades como Lafayette, Bailly e a corte usaram sua influência para desacreditar as jornadas revolucionárias.[39] Sinal da importância do levante de 5 e 6 de outubro!

---

38 APPLEWHITE, Harriet B. & LEVY Darline G. "Responses to the political activism of women...", *op. cit.*, p. 224.

39 MARAND-FOUQUET, Catherine. *La femme... op. cit.*, p. 96.

Michelet também valorizou as participantes da Marcha para Versalhes. Para ele, "a revolução de 6 de outubro, necessária, natural e legítima [...] toda espontânea, imprevista, verdadeiramente popular, pertence sobretudo às mulheres, como a de 14 de julho aos homens. Os homens tomaram a Bastilha, as mulheres tomaram o rei".[40]

Já Georges Lefebvre parece concordar com a tese da orquestração da Marcha: "no dia 5, as mulheres do Faubourg Saint-Antoine e dos Halles se reuniram no Hotel de Ville para exigir pão: *não podia ser um acaso*, mas nós não sabemos nada dos preparativos".[41] Dominique Godineau não tem dúvidas sobre a iniciativa feminina do movimento, o qual, uma vez lançado, obteve a adesão de homens organizados em corpos armados. Essa dinâmica relacional se repetiu em outras jornadas revolucionárias, notadamente na revolta de Prairial em 1795. Quanto à motivação das mulheres, Godineau acha que "numa situação política de enfrentamento, a questão do pão serve para mobilizar as mulheres e está na origem da formação da multidão feminina". Não obstante, a fome não as tornava insensíveis ao ambiente político: quando um monarquista lhes sugeriu que haveria pão se o rei recuperasse toda sua autoridade, mulheres o insultaram, dizendo que "queriam pão, mas não ao preço da liberdade", isto é, não ao preço da obediência ao rei.[42] As preocupações de subsistência vinham acompanhadas de sentimentos cívicos.

E o que pensaram as próprias mulheres a respeito da Marcha para Versalhes? Alguém compôs uma "Canção das Poissardes" (vendedoras de peixe):

> Arrastamos nosso canhão até Versalhes; éramos apenas mulheres mas queríamos mostrar coragem irreprimível; fizemos os homens de espírito perceberem que nós, assim como eles, não tínhamos medo; com nossas armas, nos lançamos como Amadis da Gália; como guerreiras, ganhamos os lauréis e a glória, e despertamos esperança de glória para a França.[43]

---

40   MICHELET, Jules. *Histoire de la Révolution Française*, livro I, op. cit., p. 244-246.
41   LEFEBVRE, Georges. *La Révolution Française*, op. cit., p. 130. Grifo meu.
42   GODINEAU, Dominique. *Citoyennes tricoteuses: les femmes du peuple à Paris pendant la Révolution Française*. Paris: Editions Alinea, Perrin, 2004, p. 110-111.
43   Ambas as citações em GUTWIRTH, Madelyn. *The twilight of the goddesses...* op. cit., p. 244-5.

Essas mulheres sonhavam com a glória, a própria e a da França, conquistada com coragem, prenunciando seu futuro engajamento militar. Uma nota publicada na revista feminina *Les Etrennes Nationales des Dames* dizia:

> No último dia 5 de outubro as parisienses provaram aos homens que são tão corajosas e empreendedoras quanto eles [...] sofremos mais que os homens, que com suas declarações de direitos nos deixam em estado de inferioridade, e até de escravidão [...] Se há maridos aristocráticos o bastante em seus lares para se opor ao compartilhamento das honras patrióticas, usaremos as armas [...] contra eles.

Eis aí uma exigência ousada de igualdade absoluta. A autora sabia que os homens faziam uma interpretação excludente da *Declaração dos Direitos do Homem e do Cidadão* e se rebelava contra o alijamento das mulheres – elas queriam "fazer parte", participar das honras patrióticas, das quais sua coragem as tornava merecedoras. Mas a ameaça de usar armas contra os homens ultrapassava os limites da razoabilidade e soava como uma intolerável inversão de papéis.

Surgiu também um panfleto "Reivindicação das damas à Assembleia Nacional", que com base nos direitos universais contidos na *Declaração dos Direitos do Homem e do Cidadão* e na "coragem marcial" que as mulheres tinham demonstrado nas jornadas revolucionárias do verão e outono de 1789, exigia direitos e poderes iguais para as mulheres serem também legisladoras, magistradas, eclesiásticas e militares.[44] Mais uma vez, a coragem na Marcha e a *Declaração* são a justificativa da reivindicação de honras e igualdade. A *Declaração* foi criada pelos deputados constituintes, mas a "coragem marcial" foi exercida na prática pelas manifestantes de outubro, por isso acho que é tão valorizada nessas declarações. Junto com seus companheiros homens e com mulheres de outras classes sociais, as militantes tinham arriscado a vida na insurreição, e algumas saíram feridas. A experiência das jornadas revolucionárias de outubro despertou nas mulheres um sentimento de pertencimento ao povo soberano.

---

44 LEVY, Darline G. & APPLEWHITE Harriet B. "Women and militant citizenship in revolutionary Paris", *op. cit.*, p. 85.

Há também o depoimento de Sra. Cheret, "que teve a honra de fazer parte da deputação na Assembleia Geral".[45] Essa testemunha relata que resolveu deixar sua loja para se juntar às damas cidadãs que "voaram a Versalhes" sob o comando de Maillard e outros voluntários da Bastilha, "os quais quiseram informar a Assembleia Nacional sobre a origem da infelicidade do povo, sem o qual os maiores monarcas não podem absolutamente nada". A Assembleia Nacional lhes pareceu muito imponente, porém nem o ambiente, nem a presença de nobres e eclesiásticos as inibiu. Ao contrário, Cheret considerou que os nobres usufruíam de bens concedidos pela credulidade cega dos antepassados e não representavam a nação. A determinação das damas convenceu os deputados a atender os seus pedidos quanto à circulação de cereais, taxas sobre o trigo e preço da carne. O grupo tinha objetivos claros, que foram todos cumpridos. O rei cedeu e concordou em voltar a residir em Paris, e assim cresceu outra vez na estima popular. Segundo Cheret, Luís XVI mostrou que merecia o epíteto de Restaurador da Nação Francesa e "nossas Cidadãs, cobertas de glória, foram reconduzidas em charretes, às custas de Sua Majestade, ao Hotel de Ville de Paris, onde nós as recebemos como libertadoras da Capital". A Sra. Cheret compreendia que nenhum monarca pode governar sem o apoio do povo, do qual as mulheres são parte integrante. A ligação entre as jornadas de outubro e os direitos da soberania popular não se fez esperar. As mulheres – chamadas de cidadãs – entraram em Paris como "libertadoras da Capital". Não é pouco: é costume festejar soldados vitoriosos dessa forma. Heróis vencedores merecem prêmios, ou melhor, *conquistam direitos.*

Há uma grande distância entre a autopercepção exaltada das militantes e de alguns homens que as apoiaram, e a visão que acabou predominando na sociedade: as mulheres de outubro eram perigosas, descontroladas, violentas, queriam subverter a hierarquia social e as relações entre os sexos. O horror à inversão de papéis teria vida longa na Revolução. As militantes tinham que ser refreadas, e essa preocupação influenciou as decisões relativas aos direitos políticos de todas as mulheres. As consequências das diferentes percepções sobre a Marcha de Versalhes foram dramáticas e duradouras.

---

45 Documento "Evenément de Paris et de Versailles", out. 1789. In: *Cahiers de doléances des femmes en 1789 et autres textes.* Préfacé par Paule-Marie Duhet. Paris: C. des Femmes, 1981, p. 79-82.

O que era novo?

As mulheres fizeram a transição da política local dos seus bairros para a cena nacional ao se dirigirem aos centros de poder: a Prefeitura de Paris, a Assembleia Nacional e o rei; a escala da manifestação e a ambição dos objetivos; a união das antigas tradições com as armas da Guarda Nacional, o que dava um peso militar às reivindicações; as jornadas de julho e de outubro lembravam aos constituintes em Versalhes que tinham uma dívida para com a insurreição popular; a vitória convenceu as mulheres de que valia a pena "tomar o poder" das autoridades incapazes de resolver seus problemas, como fizeram na Assembleia; estabeleceu-se um padrão de ação em insurreições: as mulheres iniciam o movimento, os homens as seguem armados, depois as mulheres os apoiam, e os dois sexos lutam ombro a ombro; a definição popular de soberania como o exercício da democracia direta foi posta em prática no dia 5 de outubro na Assembleia Nacional;[46] havia começado a erosão da autoridade antes sacrossanta do monarca, e os súditos se transformaram em cidadãos militantes; tendo combatido, as mulheres não iam concordar em ficar à margem dos acontecimentos, pois o combate traz direitos: a partir das jornadas de outubro, elas estariam no centro dos movimentos populares revolucionários. Além disso, o povo se conscientizou de que as insurreições eram eficazes para garantir a subsistência. O levante popular se justificava pelo bem comum e se legitimava como braço armado da nação soberana. O fundamento moral da insurreição era a *Declaração dos Direitos do Homem e do Cidadão*, principalmente o direito à existência – e portanto à alimentação – e o direito de resistência à opressão. Os cidadãos que na Constituição de 1791 seriam classificados como passivos, inclusive as mulheres, constataram que sua intervenção política podia mudar o curso da Revolução.

As autoridades enxergaram a mesma coisa e se assustaram com a força da multidão revolucionária. Sua resposta mais imediata às jornadas de outubro foi a centralização do poder e a tentativa de desacreditar a Marcha, denegrir as mulheres e duvidar de sua autonomia. O inquérito do Châtelet que investigou os acontecimentos fez perguntas dirigidas que apontavam para uma suposta conspiração do Duque de Orléans. As mulheres teriam sido compradas, estavam embriagadas, e algumas nem sequer eram mulheres, mas sim homens travestidos.[47] Era preciso minimizar o papel e a ameaça

---

46 APPLEWHITE, Harriet B. & LEVY Darline G. "Responses to the political activism of women...", *op. cit.*, p. 223.

47 *Ibidem*, p. 222.

das manifestantes parisienses. Tarefa difícil: entre todas as rebeliões populares da Revolução, os dias de outubro se destacam como uma insurreição feminina.[48]

Além do processo criminal contra as participantes e da campanha de descrédito, outra maneira de neutralizar a iniciativa das ativistas foi a ideia de atribuir sua inspiração à deusa da Liberdade, ou à Providência. Quatro anos depois, em 10 de agosto de 1793, durante a Festa da Regeneração planejada por Jacques-Louis David (ver duas imagens da Festa na Parte II), Hérault de Séchelles homenageou as "heroínas de outubro", mitologizando o evento histórico da Marcha para Versalhes. "A fraqueza do sexo, o heroísmo da coragem!", disse ele. Em seguida, atribuiu a vitória de sete mil mulheres acompanhadas pela Guarda Nacional e civis armados aos milagres da deusa da Liberdade.[49] As "frágeis" protagonistas tinham sido apenas instrumentos da deusa. A coreografia de David incluía algumas mulheres montadas nos canhões, debaixo de um arco comemorativo onde se lia: "elas expulsaram o tirano como uma presa vil". A história se repete como farsa? Acho que este caso ilustra a ideia de Marx: o drama real se transformou em espetáculo. Houve uma sublimação do pesadelo da inversão de papéis, das mulheres comandando e *subjugando um símbolo masculino de força - o canhão*. Nesse ambiente delimitado e controlado, desapareceram a paixão, a violência e o heroísmo que tanto fascinaram e inquietaram os governantes. Em seu lugar ficaram personagens de pantomima.

Dando mais um passo na direção da "domesticação" das ativistas, Hérault, Presidente da Convenção Nacional, aproveitou para lembrar às homenageadas que depois do seu grande feito, seu papel na Revolução era dar à luz "um povo de heróis" e nutri-los com leite materno para que desenvolvessem a virtude marcial.[50] Naquela época, achava-se que o leite transmitia à criança as qualidades morais de quem amamentava, portanto podemos pensar que o orador reconhecia virtudes marciais naquelas mulheres. O leite materno formava cidadãos, ao contrário do "leite mercenário" das amas contratadas. O Festival da Regeneração representou o paroxismo da campanha do aleitamento materno. Por outro lado, o culto à maternidade cívica excluía a mulher do espaço público, exaltando seu dever de gerar patriotas.

---

48   LEVY, Darline G.; APPLEWHITE, Harriet B.; JOHNSON, Mary D. *Women in Revolutionary Paris*, op. cit., p. 17.
49   LEVY, Darline G.; APPLEWHITE Harriet B. "Women and militant citizenship...", *op. cit.*, p. 94.
50   *Ibidem*.

Em nome da moral republicana, era preciso incentivar as militantes a voltarem ao seu lugar no lar e na família. À época, a *sans-culotterie* atingia o auge de seu poder, e as ativistas estavam presentes no Festival na qualidade de membros do Povo Soberano, não em sua função privada de mães. Mas era preciso transformar aqueles seres políticos em exemplos de esposas e mães dedicadas à família. Em outubro de 1793, os clubes políticos femininos foram proibidos. E em dezembro de 1793, significativamente, aprovou-se uma lei estipulando que nas cerimônias cívicas as patriotas de outubro teriam um lugar especial, "onde estarão presentes com seus maridos e crianças, e onde tricotarão (Moniteur, XIX, 85 – 11 nivoso)".[51] Agora havia uma lei determinando o comportamento das heroínas nos festivais: em vez de homenagear seu heroísmo patriótico, pretendiam exaltar sua condição materna. Ironicamente, o símbolo da nova domesticidade das militantes de outubro de 1789 era o mesmo tricô que, quando executado pelas frequentadoras das tribunas, era transgressor e repulsivo. Tratava-se de devolver a doçura e o aconchego ao ato de tricotar. E fazê-lo em público, com as militantes rodeadas de suas crianças, com o máximo de estardalhaço! As relações entre militância, maternidade e representações femininas das virtudes republicanas são complexas e não se esgotam nestes breves comentários. A questão será apreciada do ponto de vista iconográfico na Parte II – Representações Femininas.

A presença do rei em Paris não foi suficiente para garantir o abastecimento de farinha de trigo na cidade, e passadas duas semanas, os distúrbios continuavam, um padeiro foi linchado e um manifestante enforcado. O problema foi resolvido através de medidas conjuntas da Comuna de Paris e da Assembleia Nacional recém-instalada na capital. Os deputados, que agora podiam prescindir do apoio popular, restauraram a ordem por meio de uma repressão feroz: foi decretada a censura à imprensa, a pena de morte para sedições e a lei marcial. Só no mês de novembro, depois que o preço do pão caiu para doze *sous*, a paz social voltou a reinar em Paris.[52]

---

51 BLUM, Carol. *Rousseau and the Republic of Virtue: the language of politics in the French Revolution*. Ithaca e Londres: Cornell University Press, 1986, p. 215.

52 MARAND-FOUQUET, Catherine. *La femme... op. cit.*, p. 79-80.

6
A CONSCIENTIZAÇÃO POLÍTICA

EMBORA O FOCO DESTE LIVRO seja a militante das classes populares, é importante perceber que essas mulheres não foram as únicas a participarem da vida política revolucionária. As damas das classes privilegiadas tinham consciência das mudanças radicais na organização política, social e econômica do país, as quais necessariamente afetariam seu círculo familiar e camada social. Mas o interesse feminino ia além da esfera pessoal.

Aristocratas e burguesas

No verão de 1789, com exceção das aristocratas que emigraram junto com seus pais e maridos, a maioria das mulheres parisienses recebeu a Revolução com entusiasmo.[1] Algumas aristocratas frequentavam as tribunas da Assembleia Constituinte, como a Condessa de Chalabre, fascinada por Robespierre.[2] Era de bom tom assistir aos debates da Assembleia e sessões do Clube dos Jacobinos – mas essas senhoras eram apenas espectadoras, ouviam e aplaudiam, não tomavam a palavra. No máximo, poderiam tentar influenciar algum deputado que frequentasse a sua casa.

---

1   LEVY, Darline G.; APPLEWHITE, Harriet B.; JOHNSON, Mary D. *Women in Revolutionary Paris – 1789-1795*. Selected documents translated with notes and commentary by the authors. Urbana e Chicago: University of Illinois Press, 1980, p. 14.

2   MARAND-FOUQUET, Catherine. *La femme au temps de La Révolution*. Paris: Éditions Stock/Laurence Pernoud, 1989, p. 110.

A exceção notável foi Madame de Staël, filha de Necker, banqueiro suíço e último ministro das finanças de Luís XVI. Ela foi a principal inspiradora política (*égerie*)³ de seu tempo: exercia uma influência real sobre determinados representantes. Alguns, como Narbonne e Tayllerand, deviam seus cargos de ministros à sua intervenção pessoal. Madame de Staël participou intensamente dos debates políticos de sua época, comparecendo assiduamente às galerias da Assembleia Nacional, de onde se dizia que mandava bilhetes aos deputados no plenário instigando-os a apoiarem moções patrióticas. O salão de Madame de Staël reunia a flor da intelectualidade europeia e era o "quartel general daqueles que ousavam enfrentar Napoleão".⁴ Adversária do imperador, amargou um exílio de dez anos durante o seu governo. Apesar de sua ambição política, Staël nunca reclamou direitos cívicos para as mulheres. Contudo, achava que elas podiam influenciar os homens de Estado, papel que ela própria desempenhou *à merveille*! Porém, o "direito à influência" era restrito àquelas que frequentavam os mesmos círculos dos deputados. É uma reivindicação bem pálida se comparada à *Declaração dos Direitos da Mulher e da Cidadã*, de Olympe de Gouges, guilhotinada em 1793.

Mme. Manon Roland achava que a participação direta das mulheres na política era inapropriada, injustificada e inaceitável, no que compartilhava a visão da maioria de seus contemporâneos: "Creio que nossos costumes ainda não permitem que as mulheres se mostrem [na cena política]. Elas devem inspirar o bem e nutrir, inflamar todos os sentimentos úteis à pátria, mas *sem parecer* concorrer à obra política".⁵ Sempre discreta, em público fazia questão de ficar à sombra do marido, apesar da influência expressiva que exerceu sobre Roland e o grupo de políticos que frequentavam sua casa. O cuidado de "não parecer influente" não a livrou da condenação à morte, pois seu papel de mentora política do marido e inspiradora dos girondinos era bem conhecido de seus inimigos.

---

3   Mme. de Staël foi a *égerie* por excelência, a ponto de seu nome se tornar sinônimo do termo; o dicionário *Petit Robert* (1973, p. 545) exemplifica o sentido da palavra com o papel que ela exerceu na política: "conseillère, inspiratrice d'un homme politique" ("conselheira, inspiradora de um político"); "Son ambition [de Mme. de Staël] visait à être l'Égerie des hommes d'État" ("Sua ambição [de Madame de Staël] era ser a *égerie* dos homens de Estado").

4   DISBACH, Ghislain de. *Madame de Staël*. Paris: Perrin, 1997, p. 10.

5   ROSA, Annette. *Citoyennes: les femmes et la Révolution Française*. Paris: Messidor, 1988, p. 81. Grifo meu.

As burguesas em geral ficavam no recesso do lar, mas se suas famílias corressem perigo, mostravam coragem e determinação para salvá-las. Durante os Estados Gerais, em 1789, alguns estudantes de direito e medicina foram presos pelos nobres de Angers. As mulheres se reuniram e publicaram o texto:

> nós, mães, irmãs, esposas e amantes dos jovens cidadãos da cidade de Angers [...] declaramos que, se os problemas recomeçarem, e, no caso de partida [...] nós nos uniremos à nação, cujos interesses são os nossos [...] e nos encarregaremos das bagagens, provisões, e todos os cuidados, consolações e serviços que dependerem de nós [...] preferindo a glória de compartilhar seus perigos à segurança de uma inação vergonhosa.[6]

A linguagem das angevinas é política: a identidade de interesses com a nação, e pertencimento ao corpo político. A motivação principal é a defesa dos entes queridos, mas a argumentação é eivada de civismo. Elas assumiram o papel feminino tradicional de coadjuvantes nos serviços de retaguarda, mas já usam a retórica revolucionária da nação unida contra a tirania. A *"inação"* é indigna delas, que sentem, portanto, o dever de agir. Aliás, a expressão *"inação vergonhosa"* foi usada muitas vezes pelas mulheres engajadas quando questionadas sobre o motivo de sua intervenção política durante a Revolução. Algumas mulheres não se contentaram com o papel de coadjuvantes, queriam uma participação direta na vida nacional – estou me referindo às ativistas políticas.

Militantes *sans-culottes*

Quem eram as militantes? As revolucionárias em questão, agindo sozinhas ou como grupo de mulheres, não estavam isoladas, à margem do movimento popular. Ao contrário, nele se encontravam plenamente integradas, como seu elemento feminino. A maioria dessas mulheres eram das classes populares: lavadeiras, costureiras, artesãs, pequenas comerciantes, criadas domésticas. Elas tinham uma vida social ligada ao trabalho, à família, à vida cotidiana e política nas seções de Paris, o que permitia que tivessem relações com os integrantes masculinos de diversas vertentes

---

6   Archives parlementaires de 1787 à 1860, 1ª série, Paris, 1867-1868, p. 531. Apud MARAND-FOUQUET, Catherine. *La femme... op. cit.*, p. 32-33.

do movimento revolucionário. Porém, como explica Godineau,[7] as mulheres não se engajaram na Revolução da mesma forma, havia várias tendências políticas e interesses diferentes em seu meio. Não se trata de um grupo monolítico, a exemplo do próprio movimento revolucionário, o qual incluía os girondinos, montanheses, enragés, cordeliers, entre outros. Em alguns momentos, entretanto, elas intervieram no curso da Revolução de forma dramática, e como grupo de mulheres, como percebemos na documentação existente: na Marcha para Versalhes, em outubro de 1789, quando trouxeram o rei de volta a Paris; na primavera e verão de 1793, durante a luta entre os deputados girondinos e montanheses; e na grande insurreição de Prairial (20-23 de maio de 1795), que marcou a derrota da *sans-culotterie* e o fim da participação feminina na Revolução.

Como o grau de envolvimento e a motivação das mulheres não era uniforme, impõe-se uma categorização do componente feminino do movimento popular. Assim, adoto aqui a definição geral de Godineau, que considera militantes as mulheres que respondem aos seguintes critérios: pertencem às sociedades ou clubes políticos que aceitam mulheres ou frequentam assiduamente as tribunas das assembleias revolucionárias; participaram de pelo menos duas jornadas insurrecionais; outros indicadores são comentários terroristas de natureza política, a prática de denúncias quando acompanhadas por outros elementos característicos da mentalidade *sans--culotte*. Em outras palavras, são pessoas que demonstram um interesse continuado pela política, e cujos nomes nos arquivos não se devem apenas à indignação passageira com o preço ou escassez de alimentos. Essas militantes formam a *sans-culotterie* feminina, um grupo fluido mas expressivo, cujas ações e reações frequentemente dependiam do estatuto social e político feminino. Paralelamente, muitas parisienses das camadas populares participaram de algumas jornadas revolucionárias, como a Marcha para Versalhes ou o levante de Prairial, sem serem necessariamente militantes. Eram, porém, apegadas aos ideais da Revolução e compartilhavam as aspirações da *sans-culotterie:* o direito à existência, ligado à segurança alimentar, o igualitarismo,

---

7   GODINEAU, Dominique. "Masculine and feminine political practice during the French Revolution, 1793 – Year III". In: APPLEWHITE, Harriet B.; LEVY, Darline G. (ed.). *Women & politics in the age of the democratic revolution*. Ann Arbor: The University of Michigan Press, 1993.

a defesa da soberania e felicidade do povo. Os dois grupos juntos formaram o que se convencionou chamar de "massas populares femininas".[8]

Todos respiravam política na Paris revolucionária. O povo se mantinha bem informado e atento aos acontecimentos frequentando sociedades populares, assistindo oradores como Camille Desmoulins no Palais Royal, lendo alguns dos sessenta e nove jornais e panfletos criados entre julho e agosto de 1789[9] ou discutindo em grupos as notícias dos jornais lidos em voz alta nas esquinas. As mulheres se encontravam quase diariamente nas filas de pão, nos ateliês de trabalho, nas ruas, cafés, mercados, salas de jogo do Palais-Royal, e nesses espaços de sociabilidade discutiam com entusiasmo os assuntos da cidade. À noite, as lavadeiras se encontravam na taberna para trocar impressões sobre os discursos dos oradores revolucionários. Ocasionalmente, vizinhas chegavam às vias de fato porque uma preferia os girondinos e outra os montanheses.[10]

Em relação à efervescência política reinante na capital francesa, Elisabeth Sledziewski[11] menciona o testemunho de Joachim Campe, um viajante alemão, o qual escreveu de Paris aos seus conterrâneos manifestando grande surpresa com o "caloroso interesse que esta gente, que na sua maior parte não sabe ler nem escrever, demonstra pelos assuntos públicos", e notou que "a participação de todos parece ser necessária para discutir acerca de tudo" e que "grupos numerosos [...] de homens e de mulheres, os mais diversos" estavam presentes, entre os quais "vendedoras de peixe e damas elegantes". As ruas e as praças de Paris se tornaram escolas de civismo e as mulheres aprendiam na prática, junto com os homens, o conceito de cidadania. Joachim Campe observou argutamente: "imaginem um instante o efeito

---

8   GODINEAU, Dominique. *Citoyennes tricoteuses: les femmes du peuple à Paris pendant la Révolution Française*. Paris: Editions Alinea, Perrin, 2004, p. 123-4
9   MARAND-FOUQUET, Catherine. *La femme... op. cit.*, p. 62.
10 GODINEAU, Dominique. "Filhas da liberdade e cidadãs revolucionárias". In: DUBY, Georges; PERROT, Michelle (direção da coleção) e FRAISSE, Geneviève; PERROT, Michelle (direção do volume 4). *História das Mulheres no Ocidente*. Vol. 4: *Do Renascimento à Idade Moderna* (trad.). Porto: Afrontamento, 1994, p. 27-28.
11 GUIBERT-SLEDZIEWSKI, Elizabeth. "Revolução Francesa. A viragem". In: *Ibidem*, p. 46-47.

[...] desta participação de todos na coisa pública sobre o desenvolvimento das faculdades intelectuais, da inteligência e da razão!"[12]

A conscientização política despertou no povo, inclusive nas mulheres, o sentimento de pertencimento ao corpo político da nação. Aos poucos, aumentou o número de pessoas que perceberam o impacto da política nas suas vidas privadas. As mulheres queriam ter acesso às autoridades do governo para influenciar de alguma forma as decisões que afetavam o seu cotidiano. As *sans-culottes* sabiam os nomes dos ministros responsáveis pelas políticas de abastecimento e trabalho. Novas instituições democráticas foram criadas, como as assembleias das seções e as sociedades populares, e as tribunas desse foros se abriram ao público, contribuindo para a criação de uma cultura política sofisticada até entre pessoas praticamente sem instrução.[13] Mulheres de todas as classes sociais aprenderam a utilizar tais organismos em seu favor, comparecendo, tomando parte nos debates, participando diretamente da elaboração de petições, formação de delegações e organização de protestos. As cidadãs pressionavam o governo por nova legislação para questões como o preço de cereais, a educação, o divórcio e casas de saúde.[14]

A liberdade de expressão e consequentemente da imprensa contribuíram para aguçar o interesse das classes populares pelos acontecimentos e debates políticos. A seguir veremos uma caricatura da multiplicação do número de jornais e a rápida circulação de notícias, fatores que certamente impulsionaram a conscientização política das massas urbanas.

---

12   CAMPE, Joachim. *Lettres d'un allemand à Paris*, 9 ago. 1789, trad. fr. J. Ruffet, Paris, 1989. Apud GODINEAU, Dominique. *Citoyennes tricoteuses... op. cit.*

13   LEVY, Darline G.; APPLEWHITE, Harriet B.; JOHNSON, Mary D. *Women in Revolutionary Paris... op. cit.*, p. 11.

14   *Ibidem*, p. 9-10.

FIGURA 3. *A Liberdade de imprensa* — Anônima, Paris, © Museu Carnavalet/Roger — Viollet.

O artigo XI da *Declaração dos Direitos do Homem e do Cidadão* garantia que "a livre comunicação das ideias e das opiniões é um dos direitos mais preciosos do homem. Todo cidadão pode falar, escrever, imprimir livremente, salvo se houver abuso dessa liberdade, nos casos determinados pela Lei". Havia um clima de euforia da liberdade no início da Revolução. Milhares de novos títulos apareceram – neste desenho podemos distinguir o *Père Duschesne* e *L'Ami de la Patrie*, entre outros. Aqui vemos um grupo de *sans-culottes* se atropelando no afã de vender os jornais que os tipógrafos imprimiam ao fundo. Mal dava tempo de secar a tinta! Em todas as ruas havia uma gráfica imprimindo algum jornal, enquanto jornalistas escreviam febrilmente nos sótãos das casas, como observou Mercier, cronista da vida parisiense.[15]

---

15   Musée Carnavalet. *Au temps des merveilleuses*. Paris, 2005, p. 209.

1º aniversário da Revolução, confraternização geral

Em Paris e nas províncias, a Festa da Federação em 14 de julho de 1790 marcou o ápice do sentimento de concórdia e união dos franceses no primeiro aniversário da Revolução. Os homens se reconheceram semelhantes e se surpreenderam por terem ignorado uns aos outros por tanto tempo, escreveu um Michelet enternecido e admirado; além disso,

> nós afastamos as mulheres da vida pública, mas esquecemos que elas têm mais direito a ela do que ninguém [...] o homem só arrisca a sua vida, a mulher traz consigo seu filho... ela está muito mais interessada em se informar e se precaver [...] chamadas ou não, elas tomaram parte vivamente das festas da Federação.[16]

Em Orléans, as mulheres participaram do juramento cívico no altar da pátria, e havia um estrado reservado às "Cidadãs patriotas", vestidas de branco, cocarda e cintos tricolores. A mulher do coronel da Guarda Nacional Dulac dirigiu algumas palavras ao prefeito:

> Tudo aqui nos faz lembrar que temos direito à felicidade pública. Sim, Senhores, nós somos francesas, esposas e mães; e esses direitos sagrados da natureza, acaso não deixam em nossas mãos a felicidade das gerações futuras?[17]

Percebe-se aqui o orgulho das mulheres que aderiram ao conceito da maternidade cívica, a qual acarretava direitos porque elas cumpriam o papel que lhes fora reservado. E deduz-se que a ideia da cidadania estava ligada ao estado civil de casadas, ou seja, da respeitabilidade pessoal. Madame Roland publicou seus comentários entusiasmados sobre o desfile dos federados em Lyon: "Vê-se destacamentos de mulheres com sabre na mão, num passo firme e guerreiro, mostrando por trás de sua vestimenta feminina um espetáculo de amazonas e a coragem de Joana d'Arc".[18]

---

16 MICHELET, Jules. *Histoire de la Révolution Française*. Livro I. Paris: Editions Robert Laffont, 1979, p. 325-328.

17 MARAND-FOUQUET, Catherine. *La femme...* op. cit., p. 87, 90, 91.

18 *Ibidem*, p. 87.

Considerando suas opiniões contrárias à desenvoltura feminina no espaço público, penso que Manon Roland aceitava as cidadãs armadas porque integravam a liturgia da festa, numa coreografia ensaiada que não conferia poder real a quem participava. Concordava com a participação feminina no cerimonial da cidadania. Mas não se pode menosprezar a força dos rituais e dos símbolos, os quais certamente inspiraram algumas a reivindicar o porte de armas para a defesa da nação, uma das prerrogativas da cidadania.

Em Paris, as mulheres ajudaram com o trabalho pesado da preparação do Campo de Marte durante toda a semana que antecedeu a Festa da Federação, carregando carrinhos de terra para construir um imenso anfiteatro natural no local. A iconografia interpretou este momento significativo numa variedade de trabalhos. Os redatores de um jornal contemporâneo ficaram impressionados com mistura de classes sociais, mais que com a presença feminina. Há o relato sobre o Cavaleiro de Saint-Louis que seguiu o exemplo das mulheres e resolveu ajudar nos trabalhos: "mães que colocaram seu bebê [...] para puxar o carrinho de mão; moças suadas que não tinham a força dos homens, porém eram mais ardorosas [na tarefa]; uma mãe respeitável com suas três filhas, cada uma com seu carrinho de terra".[19] Talleyrand rezou uma missa solene e La Fayette prestou o juramento cívico, seguido das vozes dos 300.000 espectadores fazendo o juramento coletivo que seguia a tradição da comunhão cristã: "o povo estava agora constituído, soberano e consagrado".[20] No meio da multidão, participando do ritual cívico ao lado dos homens, não surpreende que as mulheres se sentissem também membros do *"souverain"*, ou povo soberano. Elas estavam vivendo a cidadania.

A Guarda Nacional atira no povo de Paris

Um ano depois, o clima político era de pessimismo. A Constituição Civil do Clero causou uma ruptura na vida religiosa, daí em diante ministrada oficialmente pelo clero constitucional, ou "jurado", ou clandestinamente pelos religiosos que não aceitaram a nova lei, os "refratários". Os fiéis também se dividiram em

---

19 *Le véritale Ami de la Reine ou Journal des Dames par une Société de Citoyennes* – 1790. In: LUCAS, Colin (ed. chefe). *The French Revolution Research Collection*. University of Chicago, 1992, The New York Public Library, microficha 9.4/173.

20 ROSA, Annette. *Citoyennes... op. cit.*, p. 91.

dois grupos, segundo sua lealdade religiosa e revolucionária. Em 1791, homens e mulheres membros das sociedades fraternais (que admitiam os dois sexos) expressavam sua desconfiança dos aristocratas, da Assembleia Nacional e do rei. As mulheres participaram de protestos contra as novas leis que proibiram petições coletivas e contra a lei Le Chapelier, que abolia guildas e proibia todas as organizações profissionais e operárias.[21] Em meio à crise constitucional, o rei e a família real foram capturados em Varennes depois de uma fracassada tentativa de fuga. Uma Assembleia Nacional temerosa se recusou a suspender o rei. O ultrapatriótico Clube dos Cordeliers fez uma campanha, juntamente com outras sociedades populares, para substituir a monarquia pela república. No dia 14 de julho de 1791, grande número de pessoas acorreu ao Campo de Marte em Paris para elaborar e assinar uma petição à Assembleia questionando a legitimidade do rei traiçoeiro. Entre os signatários, havia os nomes de quarenta e uma mulheres, num bloco separado dos homens. Supõe-se que elas tivessem consciência do que assinaram e estavam dispostas a revelar sua opinião num documento público:

> Os franceses escolheram representantes para lhes darem uma constituição, e não para restaurar um líder que trai e quebra seus juramentos mais sagrados [...] Os cidadãos [...] pedem aos representantes da Nação que não legislem nada de definitivo em relação ao destino de Luís XVI até que as comunas expressem seus desejos e a voz da massa do povo seja ouvida [...] qualquer decreto que ultrapassar os limites circunscritos aos Senhores será declarado nulo [...] e considerado uma afronta aos direitos do soberano, o povo, o povo.[22]

Decididamente, o povo exigia ser ouvido acerca do destino do rei, e esta petição marca o início da crise entre as massas convertidas aos ideais republicanos e a burguesia que dominava a Assembleia Nacional, ainda favorável à monarquia

---

21 LEVY, Darline G.; APPLEWHITE, Harriet B.; JOHNSON, Mary D. *Women in Revolutionary Paris...* op. cit., p. 63-64.

22 Fonte: Albert Mathiez, *Le Club des Cordeliers pendant la crise de Varennes et le massacre du Champ de mars*, p. 112-15, reimpressão do texto da petição à Assembleia Nacional de 14 de julho de 1791, com assinaturas. In: LEVY, Darline G.; APPLEWHITE, Harriet B.; JOHNSON, Mary D. *Women in Revolutionary Paris...* op. cit., p. 78-79.

constitucional. O documento traz à luz a questão do controle democrático dos eleitos e limites do poder legislativo. No dia 17 de julho, informada de que havia um grande ajuntamento de peticionários no Campo de Marte, a Assembleia convocou a Guarda Nacional para reprimir o "levante" e decretou a lei marcial. Um soldado testemunhou que ali havia apenas cidadãos pacíficos que passeavam com as famílias no domingo. Não obstante, o batalhão comandado por La Fayette, cumprindo ordens dos representantes da nação, abriu fogo sobre o povo de Paris, matando cinquenta pessoas. Expressando a consternação geral com o massacre, Madame Roland escreveu: "Não estamos mais em 1789; prepararam correntes para nós".[23] A ação brutal marcou o fim do período em que parecia possível à Revolução Francesa transformar completamente a sociedade, apagando todos os vestígios do Antigo Regime apenas com a força de seus ideais.[24] O prefeito de Paris Bailly e o general La Fayette ordenaram a prisão de 200 pessoas em julho de 1791. Havia mulheres no grupo dos detidos na manifestação, entre elas a ativista holandesa Etta Palm d'Aelders e outras senhoras educadas da burguesia. A cozinheira Constance Evrard, que tinha ido ao Campo de Marte com Pauline Léon – futura fundadora e presidente da Sociedade das Republicanas Revolucionárias –, também foi presa nesse dia. Interrogada pela polícia, respondeu que havia ido ao "altar da pátria" para "assinar a petição, como todos os bons patriotas", e o objetivo da petição era "reorganizar o poder executivo". Declarou que frequentava o Clube dos Cordeliers, o Palais Royal e costumava ler os jornais de Marat, Desmoulins, Audouin e o *L'Orateur du Peuple*.[25] Outro testemunho dos acontecimentos do Campo de Marte naquela data foi o de um menino de onze anos, o qual relatou ter visto uma senhora de idade que não sabia escrever pedindo a seu filho que assinasse seu nome na petição.[26] É interessante notar a mistura de sexos e classes sociais no acontecimento. As mulheres

---

23   ROSA, Annette. *Citoyennes... op. cit.*, p. 93-94.
24   KATES, Gary. "'The powers of husband and wife must be equal and separate': the cercle social and the rights of women, 1790-1791". In: APPLEWHITE, Harriet B.; LEVY Darline G. (ed.). *Women & Politics... op. cit.*, p. 176-177.
25   Documento "Interrogatório do comissário de polícia da Section Fontaine de Grenelle de Constance Evrard, cozinheira de 23 anos de idade [...]". Arquivos da Préfecture de Police de Paris, Aa 148, fol. 30, XX. In: LEVY, Darline G.; APPLEWHITE, Harriet B.; JOHNSON, Mary D. *Women in Revolutionary Paris... op. cit.*, p. 81-82.
26   *Ibidem*, p. 83-84.

do povo, inclusive as iletradas, faziam sua parte comparecendo e assinando a petição, e pareciam entender os objetivos daquele ato cívico. Elas estavam dispostas a desafiar os poderes constituídos porque, além da convicção política, tinham o sentimento de pertencer ao povo soberano, àquele grupo de "bons patriotas" que marcaram presença no Campo de Marte.

7
VOZES FEMINISTAS

DEPOIS QUE A ASSEMBLEIA NACIONAL promulgou a *Declaração dos Direitos do Homem e do Cidadão* em agosto de 1789, algumas vozes – que hoje seriam chamadas de feministas[1] – se fizeram ouvir a respeito dos direitos da mulher na sociedade francesa. Os princípios que pautaram esses escritos proclamavam que homens e mulheres nascem racionais em sua humanidade, iguais em seus direitos. A exclusão da mulher da vida política seria uma afronta aos princípios de igualdade enunciados na *Declaração* e, portanto, um ato de tirania. Apesar da pressão feminina, os deputados que elaboraram a Constituição de 1791 não incluíram a legislação considerada mais essencial para o sexo: o direito ao divórcio, oportunidades iguais de educação fundamental para as meninas e regulamentação sobre serviços de saúde para a mulher. Não houve nenhuma consideração séria de sufrágio feminino, e os homens foram divididos em cidadãos ativos e passivos: os primeiros pagavam impostos de no mínimo três dias de salário, podiam servir na Guarda Nacional e participar de eleições locais e nacionais; os segundos não atingiam a renda necessária e não podiam votar nem portar armas.[2]

---

1   O termo "feminista" não existia no século XVIII. A palavra "feminismo" não era conhecida antes do século XIX, e teria sido inventada por Charles Fourier. Ver LANDES, Joan B. *Women and the public sphere in the age of the French Revolution*. Ithaca e Londres: Cornell University Press, 1988, p. 207, nota nº 1.
2   LEVY, Darline G.; APPLEWHITE, Harriet B.; JOHNSON, Mary D. *Women in Revolutionary Paris – 1789-1795*. Selected documents translated with notes and commentary by the authors. Urbana e Chicago: University of Illinois Press, 1980, p. 61-62.

As mulheres estavam nessa segunda categoria e não eram cidadãs no sentido político do termo, assim como as crianças, os loucos, os menores de idade, os criados domésticos, os condenados a penas aflitivas ou infamantes até sua reabilitação.[3] Considerava-se que todas essas pessoas não tinham independência de julgamento – um dos critérios para pertencer ao corpo eleitoral – e suas vontades estavam atreladas à de outrem,[4] no caso feminino às dos pais e maridos. Nem por isso as mulheres estavam menos sujeitas às penas da lei: sem direitos políticos, podiam ser condenadas por crimes políticos. Aos olhos dos legisladores, as execuções de mulheres eram legítimas.[5] Nem todos concordavam com esses preceitos, e surgiram alguns notáveis escritos feministas denunciando a exclusão das mulheres de seus direitos naturais e imprescritíveis, como os de Condorcet. No artigo "Sobre a admissão das mulheres ao direito de cidade" (julho de 1790), o autor apontou o absurdo de se falar do princípio da igualdade de direitos para trezentos ou quatrocentos homens e esquecê-lo em relação a doze milhões de mulheres. E chegou a propor que as mulheres deveriam ter o direito de votar e serem votadas, pois tinham capacidade para a vida pública: "não se deve acreditar que se as mulheres fossem membros das assembleias nacionais abandonariam imediatamente suas crianças, seu lar, sua agulha. Elas estariam mais preparadas para educar seus filhos e a formar os homens".[6] Para ele, a maternidade e a vida política conviveriam com proveito para ambas. Condorcet refutava o argumento de que a constituição feminina era um obstáculo à igualdade dos sexos, dizendo que as indisposições passageiras das mulheres não poderiam privá-las de direitos que não eram negados àqueles que sofriam de gota todos os invernos ou se resfriavam facilmente. As ideias de Condorcet sobre os direitos cívicos femininos tiveram pouca ressonância entre os líderes revolucionários.

---

3   DUHET, Paule-Marie. *Les femmes et la Révolution – 1789-1794*. Paris: Gallimard/Julliard, 1971 p. 166.

4   FURET, Francois; OZOUF, Mona. *Dictionnaire critique de la Révolution Française: institutions et créations, événements, idées, acteurs*. Vol. "Institutions et Créations". Champs: Flammarion, 1992, verbete "suffrage", p. 332.

5   DUHET, Paule-Marie. *Les femmes et la Révolution... op. cit.*, p. 166.

6   CONDORCET, "Sur l'admission des femmes au droit de cité", 3 jul. 1790, *Journal de la Société* de 1789. In: LUCAS, Colin (ed. chefe). *The French Revolution Research Collection*. University of Chicago, 1992, The New York Public Library, microficha 9.4/207.

A generosidade de Olympe de Gouges

As principais personalidades feministas do início da Revolução foram Olympe de Gouges, Etta-Palm d'Aelders e Théroigne de Méricourt. A autodidata Olympe de Gouges era filha de um açougueiro do Languedoc e frequentava o Palais Royal, que a partir de 1789 se tornou um centro de movimentação revolucionária. Assim como muitas outras mulheres, Olympe se preocupava com a miséria e a dívida pública, e em 1788 propôs contribuições voluntárias para a formação de uma caixa patriótica em "Carta ao Povo ou Projeto de uma Causa Patriótica". Apelou para o desprendimento das pessoas com certa dose de ingenuidade: "em vez de comprar dez chapéus de estilos diferentes, as mulheres conscientes [...] se contentarão com um ou dois chapéus de bom gosto e o que sobrar será enviado a essa Caixa".[7] Ela gastava suas economias na impressão de panfletos e cartazes para divulgar suas ideias. Feminista radical, Olympe de Gouges queria o fim da "tirania que os homens exercem sobre as mulheres", e para isso defendeu uma reforma do casamento que era, na sua opinião, um "túmulo do amor"; este passaria a ser um contrato social entre o homem e a mulher pelo tempo que durassem as inclinações mútuas.[8] Condenou a escravidão nas colônias, propôs o casamento dos padres "em nome dos bons costumes", reclamou oficinas de trabalho para operários desempregados, asilos para órfãos e ajuda social aos miseráveis.[9] Como resposta ao silêncio da Constituição de 1791 em relação aos direitos de cidade das mulheres, Olympe de Gouges publicou a sua *Declaração dos Direitos da Mulher e da Cidadã* em setembro do mesmo ano, com o célebre artigo X: "a mulher tem o direito de subir ao cadafalso; tem que ter igualmente o direito de subir à tribuna".[10] Feminista radical, Gouges se arroga o direito de falar em nome das mulheres e reivindicar a igualdade cívica entre os sexos no artigo VI:

> a Lei deve ser a expressão da vontade geral; todas as cidadãs e todos os cidadãos devem (têm o direito de) concorrer pessoalmente, ou por

---

7   GOUGES, Olympe de. *Oeuvres* – présenté par Benoîte Groult. Paris: Mercure de France, 1986, *Lettre au Peuple ou Projet d'une Cause Patriotique*, p. 72.

8   MARAND-FOUQUET, Catherine. *La femme au temps de La Révolution*. Paris: Éditions Stock/Laurence Pernoud, 1989, p. 103-104.

9   MOUSSET, Sophie. *Olympe de Gouges et les droits de la femme*. Paris: Éditions du Félin, 2007, p. 83, 99.

10 *Ibidem*, p. 91.

seus representantes, à sua elaboração; ela tem que ser a mesma para todos (para proteger ou punir): todas as cidadãs e cidadãos sendo iguais aos seus olhos, devem ser igualmente admissíveis a todas as dignidades, posições e empregos públicos, segundo suas capacidades, e sem outras distinções que não sejam as das suas virtudes e seus talentos.[11]

Durante o processo de Luís XVI, em 11 de dezembro de 1792, Olympe de Gouges ofereceu-se para defendê-lo, penso que por compaixão. Por essa razão, alguns consideravam-na monarquista. Politicamente próxima dos girondinos, voltou-se contra Robespierre, mas seu pensamento por vezes não seguia uma tendência clara, era inconstante. Olympe foi, entretanto, uma ardorosa patriota, sem nunca recorrer à violência, a não ser a verbal. A partir de novembro de 1792, escreveu e assinou uma série de panfletos atacando Robespierre, chamando-o de algoz impiedoso.[12] Morreu guilhotinada em 3 de novembro de 1793, poucos dias depois de Maria Antonieta. Antes de morrer, ela disse: "filhos da pátria, vocês vingarão a minha morte!". Em 19 de novembro, o *Moniteur* comentou sua trajetória: "Ela quis ser homem de Estado, e parece que a lei puniu esta conspiradora por ter se esquecido das virtudes que convêm ao seu sexo".[13] Além da condenação política, Gouges sofreu uma censura moral por querer se imiscuir na seara masculina.

A oradora holandesa

A autointitulada baronesa holandesa Etta-Palm d'Aelders, radicada em Paris, discursou e escreveu a favor dos direitos políticos da mulher. Fazia parte do Círculo Social, o qual fundou o primeiro clube político que admitia mulheres em outubro de 1790, a Confederação dos Amigos da Verdade.[14] Alguns dos membros mais ativos do Círculo – Brissot, Lanthenas – emergiram depois no cenário nacional como o núcleo dos girondinos. O clube foi extinto quando os girondinos foram expulsos da

---

11 *Ibidem*, p. 89.

12 *Ibidem*, p. 109-111.

13 *Moniteur*, 19 nov. 1793. In: ROSA, Annette. *Citoyennes: les femmes et la Révolution Française*. Paris: Messidor, 1988, p. 94.

14 KATES, Gary. "'The powers of husband and wife must be equal and separate': the cercle social and the rights of women, 1790-1791". In: APPLEWHITE, Harriet B. & LEVY, Darline G. (ed.). *Women & politics in the age of the democratic revolution*. Ann Arbor: The University of Michigan Press, 1993, p. 163, 164.

Convenção em junho de 1793. O Círculo Social se engajou numa campanha a favor do divórcio e contra os privilégios da primogenitura. Etta Palm considerava que casamentos indissolúveis roubavam a liberdade das mulheres.[15] Em 1791, ela quis criar uma rede de sociedades patrióticas em cada seção parisiense e nas províncias, mas teve parcas adesões. Fundou uma sociedade com o objetivo de oferecer aprendizado de ofícios às meninas carentes. Sem apoio, não conseguiu suas escolas, mas usou o dinheiro arrecadado para custear a educação de três meninas.

Em dezembro de 1790, Etta-Palm d'Aelders fez um discurso para os membros da Confederação dos Amigos da Verdade, "Apelo às francesas sobre a regeneração dos costumes e a necessidade de influência das mulheres num governo livre".[16] Era a primeira vez que uma mulher subia ao pódio no clube revolucionário parisiense. A baronesa apelou ao senso de justiça dos representantes da "feliz nação que aplaude a coragem intrépida de suas Amazonas, e lhes permite formar um corpo para a defesa da pátria". Depois de destruir as fortalezas que humilhavam os franceses, agora tinham que "destruir da mesma maneira as muralhas dos preconceitos, mais perigosas ainda para a felicidade geral". A oradora se insurgiu contra uma "educação pueril mais apropriada para as escravas de um serralho do que para companheiras de homens livres" e contra as leis injustas sobre o adultério que só protegiam o sexo masculino. Clamou por uma reforma dos costumes para tirar a mulher da posição de inferioridade em que se encontrava e transformá-la em companheira voluntária do homem, em vez de sua escrava. O presidente da associação elogiou os "sentimentos patrióticos e a virtude heróica" de Etta Palm.[17]

Théroigne, coragem e loucura

Théroigne de Méricourt, de Liège (na Bélgica atual), defensora da Revolução e aliada dos girondinos, reivindicou o direito do porte de armas para as mulheres. Participou de espada na mão do ataque ao Palácio das Tulherias em 10 de agosto de 1792 – que resultou na queda da monarquia francesa – e foi condecorada por bravura. Théroigne participou da fundação de dois clubes mistos efêmeros, que fecharam as portas por falta de membros. Nas suas Confissões, Théroigne revela os sentimentos

---

15   Ibidem, p. 167.

16   PALM D'AELDERS, Etta. Appel aux françoises sur la régénération des moeurs et necessité de l'influence des femmes dans un gouvernement libre. In: LUCAS, Colin (ed. chefe). The French Revolution... op. cit.

17   Ibidem.

que a motivavam: "o amor do bem e a glória a conquistar ao me fazer útil à nação; mas eu não tinha nem talento nem a experiência para isso, e eu era mulher".[18] Nas tribunas da Assembleia, ela era o alvo preferencial dos sarcasmos dos aristocratas. Suas ideias não eram insensatas, mas não foram acolhidas por nenhuma agremiação política. Por exemplo, propôs no clube dos Cordeliers a construção de um templo para alojar a Assembleia Nacional, no antigo lugar da Bastilha, "para dar emprego a milhares de operários desocupados" e impressionar o povo: "o povo miúdo (*le vulgaire*) é atraído pelos sentidos: precisa de signos externos para seu culto".[19] A moção foi adotada, apresentada na Assembleia, mas não teve seguimento. Durante a luta política entre girondinos e montanheses, em maio de 1793, levou uma surra violenta de algumas mulheres integrantes da *Sociedade das Republicanas Revolucionárias*, que apoiavam os montanheses. No século XIX, a figura de Théroigne inflamou a imaginação de historiadores como Michelet e Taine e de poetas como Baudelaire, que construíram em torno dela um mito de amazona amante de carnificina e bacante devassa. Em setembro de 1794, Théroigne foi oficialmente pronunciada louca por um funcionário de saúde da seção Le Peletier e internada no hospício feminino do *faubourg* Saint-Marceau.[20] Morreu em 1817 no pavilhão das dementes da prisão La Salpêtrière.

Théroigne de Méricourt e Olympe de Gouges não encontraram apoio para suas ideias em nenhum partido ou grupo político. Além do fervor revolucionário, tinham em comum nomes fabricados e um *status* social dúbio. A holandesa Etta Palm se apresentava com um título duvidoso de baronesa. Nenhuma das três era casada, numa época em que a respeitabilidade da mulher dependia da condição de esposa e mãe. Gouges tinha um filho, mas havia abandonado o marido antes de vir morar em Paris. O espectro da vida galante rondava de perto essas mulheres. Numa Revolução que fazia apelos constantes à moral, as três feministas eram tipos marginais na sociedade e não tinham credibilidade para atrair seguidoras nem das classes populares, nem da burguesia. Os homens não as levavam a sério, e alguns jornais as ridicularizavam. Nenhuma das duas conseguiu se ligar ao movimento revolucionário feminino, e sem apoio de qualquer associação organizada, elas ficaram isoladas e à mercê de todas as críticas. Não se sabe

---

18   MARAND-FOUQUET, Catherine. *La femme... op. cit.*, p. 113.

19   *Ibidem*, p. 113.

20   ROUDINESCO, Elisabeth. *Théroigne de Méricourt, une femme mélancolique sous la Révolution*. Paris: Seuil, 1989, p. 164.

até que ponto as pioneiras feministas Olympe de Gouges, Pauline Léon, presidente das Republicanas Revolucionárias, e Etta Palm se conheciam ou atuaram juntas, segundo o estudo de Gary Kates.[21] O historiador não compartilha dessa visão de isolamento no caso de Etta-Palm d'Aelders, cujos escritos e discursos eram publicados e alcançaram milhares de ativistas influentes. A militante holandesa teve o apoio do Círculo Social (Cercle Social), junto ao qual contribuiu com panfletos para a campanha em favor do divórcio, aprovado em 1792. No outono de 1792, Etta foi considerada suspeita, e em janeiro de 1793 fugiu para a Holanda.[22]

---

21 KATES, Gary, "The powers of husband...", *op. cit.*, p. 164.
22 LEVY, Darline G.; APPLEWHITE, Harriet B.; JOHNSON, Mary D. *Women in Revolutionary Paris... op. cit.*, p. 63.

8
AS LEIS DE FAMÍLIA

A REVOLUÇÃO CULTURAL promovida pela Revolução envolvia a democratização das relações sociais em todos os níveis. Depois de destruir o poder do pai-tirano da esfera pública, seria intolerável manter a figura do pai-tirano na esfera familiar, na qual ele exerca um poder excessivo sobre os outros membros da família. A igualdade e a justiça precisavam começar pela família nuclear na base da sociedade. As leis injustas que impediam o desenvolvimento do "novo homem" – o cidadão republicano autônomo – tinham que ser varridas dos códigos. Os revolucionários empreenderam a reforma das leis civis para romper com o passado monárquico e aristocrata. Queriam reformar e reabilitar a família para depois exaltá-la como o pilar fundamental do regime republicano.[1] A Constituição proposta em 1793 declarava que "os pais e as mães de família são os verdadeiros cidadãos".[2] A política jacobina limitou o poder da família para defender os direitos dos indivíduos. Na área da educação, isso ficou claro quando a Convenção estabeleceu a obrigatoriedade de frequência das crianças nas escolas primárias públicas (12 de dezembro de 1793), assumindo a responsabilidade de impedir abusos das famílias. Robespierre

---

1 HUNT, Lynn. *The Family Romance of the French Revolution*. Los Angeles: University of California Press, 1992, p. 151.

2 GOY, Joseph. "La Révolution française et la famille" em DUPAQUIER, SAUVY, LADURIE, *Histoire de la population française*. Paris, 1988 *apud* HUNT, Lynn. *The Family Romance... op. cit.*, p. 151.

declarou: "a nação tem o direito de educar suas crianças; ela não deveria confiar a tarefa ao orgulho das famílias".[3]

Dentro desse espírito, as cartas régias[4] (*Lettres de cachet*) foram abolidas em março de 1790, estabeleceram-se tribunais de família, e a idade da maioridade foi reduzida para 21 anos para ambos os sexos – antes era de 30 para os homens e 25 para mulheres.[5] Acabaram-se, pelo menos teoricamente, os casamentos forçados, o encarceramento dos filhos na Bastilha por dissipação ou rebeldia e o enclausuramento das filhas levianas no convento.

Casamento laico e divórcio

Em 3 de setembro de 1791, a lei passou a considerar o casamento apenas um contrato civil, separando o sacramento religioso, agora facultativo, do ato civil de consentimento registrado por um oficial municipal.[6] As leis que secularizaram o matrimônio e estabeleceram o divórcio em 20 de setembro de 1792 davam direitos iguais às mães na supervisão de seus filhos. O Estado assumiu o controle do estado civil e passou a controlar todas as questões relativas à formação e dissolução da família, substituindo-se à Igreja. O divórcio foi apresentado por seus defensores como uma consequência dos princípios de liberdade e igualdade, e a lei era igual para homens e mulheres. Havia várias razões para justificar o pedido de divórcio, entre elas, o consentimento mútuo, afastando qualquer ideia de culpa, o que é de uma modernidade surpreendente. Depois das limitações impostas pelo Código Civil Napoleônico de 1804 e outros retrocessos jurídicos do século XIX, a França só voltou a ter uma lei de divórcio tão liberal quanto a de 1792 em 1975. As mulheres foram as principais beneficiárias da nova lei e as autoras da maioria dos pedidos de rompimento. Dos

---

3   HUNT, Lynn. "Male virtue and republican motherhood". In: BAKER, Michael K. (ed.). *The French Revolution and the creation of modern political culture*. Vol. 4: "The Terror". Nova York: Elsevier Science/Pergamon, 1994, p. 200.

4   As cartas régias eram um símbolo da arbitrariedade do rei. Com uma carta régia assinada pelo rei ou um de seus ministros, era possível mandar alguém da família para a prisão sem julgamento, sem explicação. Tudo era feito em segredo, para preservar a família do "escândalo".

5   HUNT, Lynn. "Male virtue...", *op. cit.*, p. 198-199.

6   ROSA, Annette. *Citoyennes: les femmes et la Révolution Française*. Paris: Messidor, 1988, p. 122-123.

5.994 divórcios concedidos em Paris de 1 de janeiro de 1793 ao 29 prairial no ano III, 3.870 foram pedidos por mulheres e 2.124 por homens.[7]

O direito da primogenitura e da masculinidade foi abolido em 15 de março de 1790 para os feudos. Em 1791 os herdeiros foram declarados iguais perante a lei, aumentando a autonomia das filhas, as quais agora poderiam também usufruir de seus bens ao atingir a maioridade.[8] Os jacobinos não gostavam dos privilégios da primogenitura porque criava ricos e pobres, desrespeitando os direitos de muitos indivíduos,[9] e também porque era um instituto ligado à continuidade do sobrenome da família, fazendo lembrar os odiados costumes da aristocracia. Lanthenas, membro do Círculo Social e futuro girondino na Convenção, culpava a primogenitura pela decadência econômica e desestabilização da família, que por sua vez contribuíram para a anarquia social do Antigo Regime.[10] Nas regiões onde as tradições seculares suscitaram resistência à nova lei de sucessões, as filhas, esposas e viúvas passaram a recorrer aos tribunais para exigir partes iguais nas heranças.[11] Em 1792, a lei reconheceu que as mulheres tinham suficiente razão e independência para serem admitidas como testemunhas nos registros civis e para contraírem obrigações livremente. Em 1793, elas acederam à partilha dos bens comunais.

Emancipação civil da mulher

A legislação civil progressista efetivamente deu mais autonomia e espaço para a mulher, corrigindo antigas desigualdades consagradas em lei. Dessa forma, a *mulher civil adquiriu uma personalidade jurídica individual*, sua posição se elevou no seio

---

7   PROCTOR, Candice E. "The cult of republican motherhood". In: *Women, equality and the French Revolution*. Contribution in *Women's Studies*, vol. 115. Greeenwood Press, 1990, p. 101.

8   GODINEAU, Dominique. "Les femmes et la famille". In: LUCAS, Colin (ed. chefe). *The French Revolution Research Collection*. Chicago: University of Chicago, 1992, p. 37-39 [The New York Public Library, microficha 9.4/207].

9   HIGONNET, Patrice. *Goodness beyond Virtue*. Cambridge (Mass)/Londres: Harvard University Press, 1998, p. 85.

10 KATES, Gary. "'The powers of husband and wife must be equal and separate': the cercle social and the rights of women, 1790-1791". In: APPLEWHITE, Harriet B. & LEVY, Darline G. (ed.). *Women & politics in the age of the democratic revolution*. Ann Arbor: The University of Michigan Press, 1993, p. 168.

11 DESAN, Suzanne. "'War between brothers and sisters': Inheritance law and gender politics in Revolutionary France". *French Historical Studies*, vol. 20, n° 4, outono 1997, p. 604-605.

da família, e ela pôde fazer valer seus direitos recém-adquiridos em novos espaços, como as instâncias judiciais. E o esforço legislativo nesse sentido continuou: em 27 de outubro de 1793, a Convenção aprovou uma lei que instituía um novo regime conjugal aplicável a todos na França, através do qual maridos e mulheres compartilhariam o direito de controlar a propriedade comum do casal.[12] Num dos debates acerca do assunto, dois deputados da Montanha caçoaram da ideia, ponderando: Merlin de Douai: "a mulher era geralmente incapaz de administrar os bens" e Thuriot: "essa lei degradaria o homem colocando-o sob a tutela da mulher". Já Danton pensava que: "nada mais natural que o marido não possa dispor dos bens sem o consentimento da mulher"; Couthon: "a mulher nasce com tanta capacidade como o homem"; Lacroix: "num país livre as mulheres não podem mais viver na escravidão" e *Camille Desmoulins*: "a supremacia conjugal do marido é uma criação de governos despóticos. E para reforçar minha opinião há também uma razão política: *"é importante fazer com que as mulheres amem a Revolução. Os Senhores atingirão esse objetivo agindo para que elas possam exercer seus direitos"*.[13]

Despotismo *vs.* direitos, liberdade *vs.* escravidão. A linguagem era política, mas todos sabiam o que estava em jogo: a emancipação civil das mulheres, pela introdução de mais equanimidade nas relações familiares. Esse projeto de lei, entretanto, foi adiado a pedido de Thuriot e reformulado sob o Diretório, já num clima de reação jurídica à liberalidade anterior. Assim, o marido recuperou formalmente a prerrogativa de administrar sozinho os bens do casal.

Higonnet pensa que a motivação dos revolucionários ao aprovar o divórcio não foi tanto a preocupação com as mulheres, mas sim o interesse pelos princípios abstratos dos direitos naturais subtraídos dos indivíduos.[14] Além disso, o divórcio era uma maneira de separar casais infelizes para que pudessem se casar outra vez, formando novas famílias mais ajustadas na base da nação – ou seja, a lei de 1792 tinha o espírito do plano político de fortalecimento da sociedade. Ecoando as petições femininas no *Cahiers de Doléances* e manifestações de várias associações políticas, Nicolas Bonnevile disse que *a indissolubilidade do casamento era contrária à boa*

---

12 HUNT, Lynn. "Male virtue...", *op. cit.* p. 199-200.
13 FULCHIRON, Hughes. "La femme, mère et épouse". In: *Les Femmes et la Révolution Française – Actes du colloque International, 12-13-14 avril 1989*. Toulouse: Presses Universitaires du Mirail, 1989, p. 380-381.
14 HIGONNET, Patrice. *Goodness beyond Virtue*, op. cit., p. 93.

política e prejudicial à sociedade.[15] A maioria dos revolucionários não queria mudar as relações entre os sexos, porém sua atitude em relação à família era bem diferente. Acusados de querer destruí-la, eles se defenderam com veemência: elaboraram um novo modelo familiar onde o "despotismo, os preconceitos e a religião não deviam definir os laços mais próximos da lei da natureza".[16] Percebo aqui um paradoxo: como democratizar a família sem libertar a mulher da supremacia marital? Se eles escolheram o caminho da reforma civil é porque estavam dispostos a conceder mais autonomia à esposa e aos filhos, mesmo à custa de diminuir o poder masculino na família. Talvez tenham pensado que a perda individual na esfera privada seria um ganho para a sociedade como um todo.

Voltando ao Círculo Social, poucos de seus membros achavam que as mulheres deveriam votar e concorrer a cargos públicos. Em compensação, queriam uma integração mais igualitária da mulher na nova ordem social e fizeram uma campanha para a aprovação da lei do divórcio e leis de sucessão mais equitativas.[17] Para aqueles militantes, a mulher só obteria a igualdade cívica quando tivesse direito ao divórcio e à herança de propriedades. Para o Círculo Social, o divórcio era uma questão feminista porque o *objetivo principal da igualdade política exigia esposas livres e independentes*, membros do corpo político da nação, capazes de tomar decisões como os homens. Os integrantes do Círculo Social – entre os quais estavam Lanthenas, Condorcet, Etta Palm, Brissot, Bancal, Bonneville, Louis-Sébastien Mercier, Charles-Louis Rousseau, Athanase Auger, e o casal Roland – pensavam que a família igualitária era a base das instituições políticas democráticas. A família devia ser um microcosmo da república: igualitária, afetuosa, voluntária e consensual. Nos primeiros anos da Revolução, o Círculo Social constituiu o mais significativo centro de defesa dos direitos da mulher. Não obstante, quando aqueles líderes se tornaram deputados girondinos na Assembleia Nacional e na Convenção, deixaram de lado a causa feminina. Talvez porque a partir da primavera de 1792 estivessem lutando pela sobrevivência política.[18]

---

15 KATES, Gary. "The powers of husband...", *op. cit.*, p. 166.
16 GODINEAU, Dominique. "Les femmes et la famille"... *op. cit.*, p. 37-39.
17 KATES, Gary. "The powers of husband...", *op. cit.*, p. 166-167.
18 *Ibidem*, p. 177.

Os antifeministas

Curiosamente, até Prudhomme, um reconhecido adversário da autonomia feminina, parecia estar de acordo com o divórcio: "uma lei em favor do divórcio nos desobrigará de tudo o que devemos a elas [mulheres] e provavelmente calará a boca das mais exigentes".[19] Talvez assim elas não dessem o próximo passo de reivindicar os direitos políticos da cidadania. Seria o caso de entregar os anéis para não perder os dedos? Os antifeministas conservadores enxergaram o perigo: o inglês Burke escreveu em 1796 que a Revolução instituiu "o mais licencioso, o mais depravado [...] mais feroz sistema de costumes", pois libertou as mulheres com as novas leis civis, instaurando uma "igualdade ignóbil" que até as prostitutas londrinas achariam vergonhosa.[20] Quem escolhia marido e pedia o divórcio podia se arrogar o direito de escolher o governo. Os redatores do Código Civil em 1804 também culparam a Revolução por ter criado maus hábitos e desordem nos costumes femininos,[21] para justificar a restauração da supremacia conjugal do marido. Estavam certos num ponto: elas não mais se conformavam em obedecer passivamente, eram cidadãs, tinham direitos, expressavam opiniões. A Revolução criou expectativas de igualdade cívica e algumas mulheres queriam participação política na vida nacional. Mas as esperanças duraram pouco: na reação conservadora que começou depois da morte de Robespierre em julho de 1794, e mais ainda, no Código Civil napoleônico, a maioria das disposições progressistas foram anuladas ou esvaziadas do sentido original. Não obstante, no curto período de sua vigência, as leis civis revolucionárias criaram condições para a emergência da mulher juridicamente capaz, atuando em espaços novos com maior liberdade. A mulher civil emprestou maior peso às pretensões políticas das ativistas.

---

19   PROCTOR, Candice E. "The cult of republican motherhood"... *op. cit.*, p. 105.
20   GUIBERT-SLEDZIEWSKI, Elizabeth. "Revolução Francesa: a viragem". In: DUBY, Georges & PERROT, Michelle (direção da coleção) e FRAISSE, Geneviève & PERROT, Michelle (direção do volume 4). *História das Mulheres no Ocidente*. Vol. 4: *Do Renascimento à Idade Moderna* (trad.). Porto: Afrontamento, 1994, p. 43-44.
21   *Ibidem*, p. 46.

9
MILITÂNCIA ORGANIZADA

O QUE SIGNIFICAVA SER CIDADÃO na França do fim do século XVIII?

Diderot definiu a palavra "cidadão" na *Enciclopédie* (1751-1780) como "substantivo masculino" e explica que "o título só é concedido às mulheres, às crianças pequenas e criados domésticos por serem membros da família do cidadão propriamente dito, mas eles não são verdadeiramente cidadãos". A mulher usava o título como esposa do cidadão, mas no dicionário a palavra não existia no feminino, a não ser no sentido de habitante de uma cidade. Tanto Robinet, em *seu Dictionnaire universel des sciences morales, économiques, politiques ou diplomatiques* (1777-1783), como Diderot consideram que "o Cidadão é um sujeito livre". As mulheres seriam sujeitos membros do corpo social mas não do corpo político. Para Rousseau e d'Alembert, a "cidadã" é uma mulher capaz de sentimentos cívicos. Durante a Revolução, a palavra "cidadão" evocava direitos, como vemos no *Dictionnaire de la Constitution et du gouvernement français*, de Gautier (1791): "Cidadão: homem livre na sociedade [...] o homem que não é cidadão é escravo [...] os franceses não eram cidadãos antes da Revolução, que lhes devolveu o exercício de seus direitos naturais".[1]

Mas nem todas as mulheres se conformavam com tais definições. Elas queriam contribuir para o bem público, o que, em sua opinião lhes dava direito à inclusão na cidadania. Vejamos o que pensava a Srta. Jodin a esse respeito.

---
1 Todas as definições de cidadão/cidadã deste parágrafo estão em GODINEAU, Dominique. "Autour du mot citoyenne". *Mots. Les Langages du politique*, vol. 16, n° 1, 1988, p. 91-110. Disponível em: <http://www.persee.fr>.

Em 1790, a Srta. Jodin, filha de um cidadão de Genebra, escreveu uma proposta à Assembleia Constituinte reivindicando o estabelecimento de um tribunal judiciário exclusivo para as mulheres. Ela fala a linguagem política da regeneração do Estado pela virtude e boas leis e clama:

> pensei que meu sexo, que compõe a metade interessante deste belo Império, podia também reclamar a honra e mesmo o direito de concorrer à prosperidade pública; e que rompendo o silêncio ao qual a política parece nos haver condenado, possamos dizer: *E nós também, nós somos cidadãs* ("et nous aussi, nous sommes citoyennes").[2]

Esta frase ficou famosa porque adquiriu um sentido concreto através das práticas das ativistas na Revolução. As militantes se julgavam incluídas na categoria *homem*, na acepção de *humanidade*, da *Declaração dos Direitos do Homem e do Cidadão*. Leopold Lacour[3] observou que na *Declaração* "homem significava *"homo"* (no sentido de todos os seres humanos) e não *"vir"* (sexo masculino)". Mas, na verdade, o governo jacobino interpretou o significado de *homem* segundo suas conveniências: quando se tratava de impostos e leis penais, a categoria *homem* incluía as mulheres (sentido *homo*, todos), porém, se a questão fossem os direitos políticos, educacionais e sociais, *homem* adquiria o sentido mais restrito de *masculino* (sentido *vir*, só o sexo masculino). As ativistas queriam fazer parte do povo soberano, e passaram a se autointitular cidadãs (*citoyennes*), usando a palavra não mais como esposas e filhas de cidadãos, mas em sua acepção política, de pertencimento à cidade e ao conjunto da nação, com todas as prerrogativas inerentes ao termo. Isso significava trabalhar pelo bem público.[4] Como disse a Srta. Jodin, ela queria ter a honra e o direito de "contribuir à prosperidade pública". Na República, ser cidadão era um título que conferia honra ao seu portador. Poucas cidadãs reivindicaram o voto, mas a maioria achava que a

---

2   Mlle. JODIN. "Vues Législatives pour les Femmes". In: *Cahiers de doléances des femmes en 1789 et autres textes*. Préfacé par Paule-Marie Duhet. Paris: C. des Femmes 1981, p. 183.

3   BLUM, Carol. *Rousseau and the Republic of Virtue: the language of politics in the French Revolution*. Ithaca/Londres: Cornell University Press, 1986, p. 208 – na mesma página, citação da obra do historiador Léopold Lacour (*Trois Femmes de la Révolution*. Paris: Plon, 1900).

4   GODINEAU, Dominique. *Citoyennes tricoteuses: les femmes du peuple à Paris pendant la Révolution Française*. Paris: Editions Alinea, Perrin, 2004, p. 112-113.

cidadania implicava alguma participação na vida nacional. Assim, para prestar uma colaboração mais eficaz nas circunstâncias revolucionárias, as mulheres começaram a se organizar em clubes filantrópicos. A época das vozes feministas isoladas tinha passado.

Clubes femininos nas províncias

Entre 1789 e 1791, formaram-se em Paris e nas províncias as primeiras associações mistas ou femininas, que, substituindo-se às antigas congregações religiosas, dedicavam-se principalmente a ajudar os necessitados.[5] Os clubes organizados de mulheres tinham um regulamento, uma presidente, secretárias e escritórios. Raramente tinham mais de 60a membros, mas o de Dijon tinha 400. No início, essas entidades eram frequentadas pelas burguesas aparentadas com as autoridades locais, mas se democratizaram com o desenrolar da Revolução. Dominique Godineau (1988) apresenta uma lista não exaustiva de 30 cidades na França onde havia um clube feminino ou misto, e um mapa de sua localização.[6] Já Suzanne Desan, em trabalho mais recente (2002), recenseou clubes femininos em 56 cidades, e a lista não inclui clubes femininos monarquistas nem "sociedades fraternas dos dois sexos".[7] As atividades assistenciais tradicionais asseguravam a aceitação social desses grupos, que assim tinham oportunidade de se reunir. Alguns clubes começaram a se interessar pela vida política. Durante as sessões, além de cuidar da benemerência, as mulheres liam e discutiam a *Declaração dos Direitos do Homem e do Cidadão*, os decretos da Assembleia e jornais.[8] Outras associações, entretanto, se limitavam à caridade e às práticas do "cerimonial da cidadania". Vejamos as atividades propostas no discurso do cidadão Sobry, presidente da Associação das Cidadãs de Lyon dedicadas à Pátria e à Lei,[9] em 16 de agosto de 1791:

---

5   *Ibidem*, p. 113-115.

6   *Ibidem*, p. 114.

7   DESAN, Suzanne. "Constitutional Amazons: Jacobin Women's Clubs in the French Revolution". In: RAGAN JR., Bryant T.; WILLIAMS, Elizabeth A. (ed.). *Re-creating authority in revolutionary France*. New Brunswick/New Jersey: Rutgers University Press, 1992, p. 178, nota 4.

8   GODINEAU, Dominique. *Citoyennes tricoteuses...* op. cit., p. 115.

9   *Institution des citoyennes de Lyon dévouées à la patrie, et Règlement de l'Association des Citoyennes Dévouées à la Patrie*, 1 octobre 1791. In: LUCAS, Colin (ed. chefe). *The French Revolution Research Collection*. Chicago: University of Chicago, 1992 [The New York Public Library, microficha 9.4/42].

> a associação das nossas mulheres só deve comportar, quanto aos sentimentos, um voto constante de patriotismo, e quanto às práticas, apenas cerimônias e obras de beneficência e de religião [...] as mulheres e moças de bons costumes (moeurs) formarão a base da associação das cidadãs de Lyon dedicadas à pátria [...] elas farão as honras das pompas cívicas, dos triunfos, marchas magistrais, júbilos patrióticos [...] coroas de flores, [...] ou de louros, ou de ouro caracterizarão sobre a cabeça de nossas mulheres dedicadas, cada uma das diferentes solenidades.

Esse foi um caso *sui generis* de entidade feminina presidida por um casal, o Cidadão Sobry e sua mulher, Femme Sobry, e secretariada por três membros masculinos. O objetivo da presença masculina era "inspirar respeito",[10] suponho que entre as mulheres, e também garantir a seriedade do clube perante a sociedade. O programa de ação reflete o papel que se esperava das mulheres na nova ordem social.

Diversos clubes de província seguem a mesma linha de ação. O clube feminino de Bordeaux reuniu 3500 mulheres que participaram de uma cerimônia de juramento patriótico em 1791, todas enfeitadas com as cores nacionais, carregando bandeiras e gritando "viva a nação, viva a liberdade".[11] Em Grenoble, Lille e Cognac, os clubes femininos organizaram vários festivais para celebrar a unidade nacional, a Constituição, cerimônias fúnebres para homenagear Le Peletier e Marat e bailes de despedida para os voluntários da nação. Nessas ocasiões festivas, as mulheres presenteavam os soldados com coroas cívicas e declaravam que só dariam seu afeto aos heróis patriotas.

A iconografia registrou muitas cenas do "cerimonial da cidadania" por parte das mulheres e também reuniões de clubes femininos; na Parte II do livro há exemplos de imagens positivas e negativas das atividades cívicas femininas (ver A cidadania feminina e Clubes políticos femininos). O clube de Dijon organizou oficinas onde as mulheres pobres trabalhavam na produção de roupas, bandagens e cobertores para o exército. O ataque à Igreja e o fechamento dos conventos desorganizou a educação, o socorro aos desvalidos e os cuidados aos doentes, e abriu um campo de ação

---

10   DESAN, Suzanne. "Constitutional Amazons...", *op. cit.*, nota 12, p. 179.
11   *Ibidem*, p. 13-14.

para as mulheres leigas, as quais assumiram tarefas antes realizadas por freiras.[12] Os jacobinos aprovavam a participação das patriotas em papéis tradicionalmente femininos – elas podiam enfeitar as festas com sua beleza, encorajar os voluntários, ensinar crianças, inspirar os fracos, organizar doações, e muitas doaram suas joias e pertences ao governo. Mas tinham que tomar cuidado para não ultrapassar os limites estabelecidos para seu sexo, como fica claro nesta declaração de um revolucionário: "as mulheres [...] mantêm o fogo sagrado da liberdade nos corações de nossos jovens republicanos [...] Enquanto mãos viris se ocupam com labores rústicos, vemos as republicanas usando suas mãos delicadas para tarefas que lhes são apropriadas: preparam bandagens para estancar um sangue precioso".[13]

---

12   *Ibidem*, p. 19.
13   AULARD, F. A. Recueil des Actes du comité de Salut Public, vol. 9, p. 361-362 *apud* PROCTOR, Candice E. "The cult of republican motherhood". In: *Women, equality and the French Revolution*. Contribution in *Women's Studies*, vol. 115. Greeenwood Press, 1990, p. 63-64.

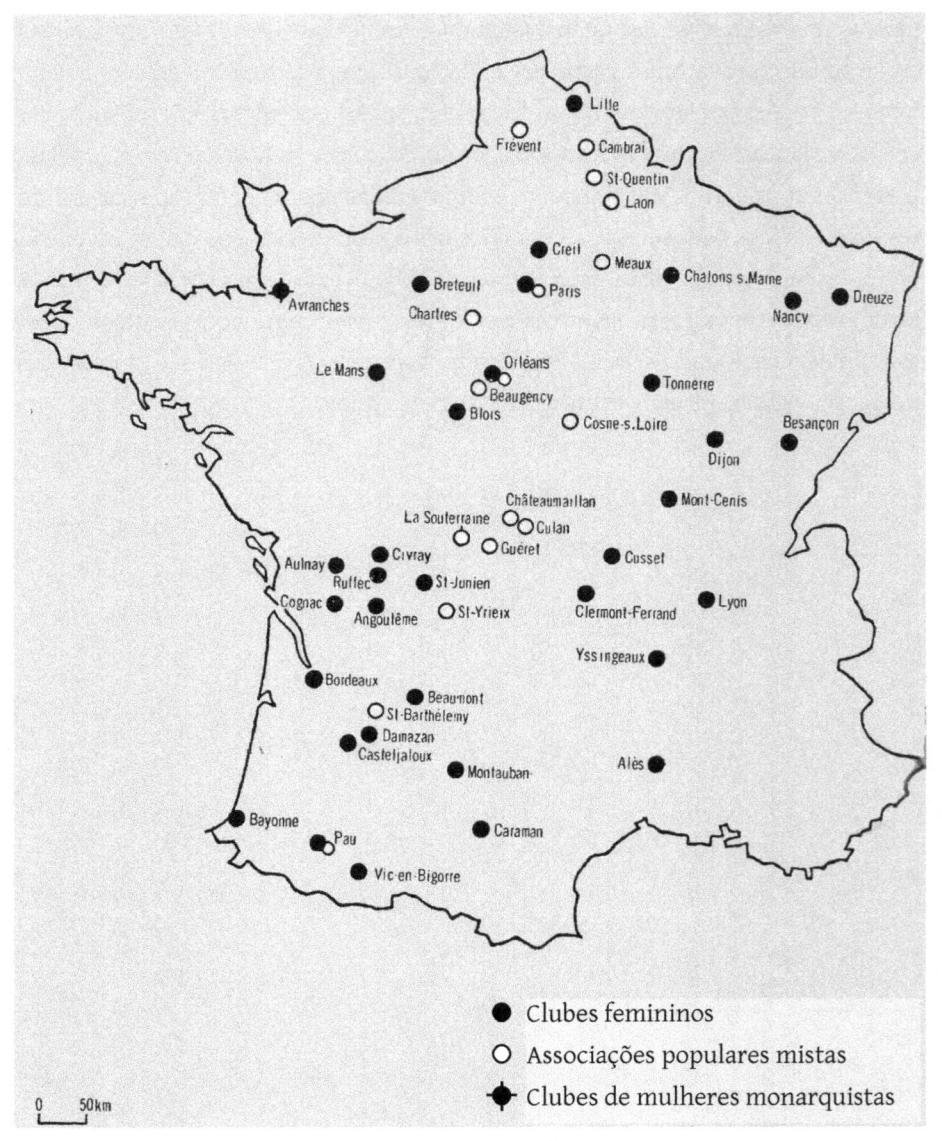

FIGURA 4. *Mapa dos Clubes das Mulheres e Sociedades Populares Mistas na França*[14]

Nota-se uma ausência de clubes no Oeste, região da Vendeia, Bretanha, Normandia, onde a única agremiação é a das monarquistas, justamente na região que foi palco da guerra civil contrarrevolucionária.

---

14 GODINEAU, Dominique. *Citoyennes tricoteuses...* op. cit., p. 114.

Amor republicano

Como apontou o estudo de Suzane Desan, vários clubes políticos masculinos apoiavam a formação de associações femininas, e em 1792, os Representantes em Missão, enviados de Paris, fomentavam a criação dessas entidades na Provence. O jornalista Carra incentivava e elogiava os clubes femininos, e em 1791 declarou que havia chegado o reino da razão também para as mulheres. Argumentava que os clubes facilitavam seu duplo papel: consolar e alegrar a vida dos homens e contribuir para o progresso da virtude e prosperidade social.[15]

Entretanto, o discurso moralizante dos revolucionários era ambíguo. Se por um lado repudiavam o uso da sedução feminina para fins políticos, como acontecia no Antigo Regime, não deixavam de incentivar esses mesmos meios para que as noivas, esposas e amantes partidárias da Revolução atraíssem seus homens para a causa republicana.[16] Os limites entre o privado e o público se esmaeciam. A mulher se tornou o prêmio do cidadão patriota. E inversamente, o patriota merecia a mulher porque era republicano, e portanto virtuoso. O que era condenável antes, agora virou mérito: tudo dependia da opção política. A iconografia (ver Parte II: A Família) nos revela essa dinâmica, assim como certas declarações das jovens revolucionárias.

As relações entre clubes masculinos e femininos eram, em geral, cordiais, mas hierárquicas. Funcionavam melhor quando os homens ensinavam às mulheres os princípios da Revolução. Porém, a combinação da atuação feminina no âmbito privado e no público muitas vezes era recebida com desconfiança, caçoadas ou ataques dos revolucionários. O clube feminino de Besançon teve um conflito aberto com o clube jacobino masculino da cidade, que acusou as ativistas pelo jornal *Vedette* de protagonizarem "cenas escandalosas na Société des Amies" porque os homens podiam vir às suas oficinas de trabalho.[17] As críticas masculinas às sociedades femininas diziam respeito à moralidade, desordem e "irracionalidade", ou seja, "à natureza feminina" ou o caráter dos membros, e não à atividade objetiva. A autonomia feminina incomodava e podia levar à "inversão de papéis" e ao consequente caos social.

---

15 DESAN, Suzanne. "Constitutional Amazons...", *op. cit.*, p. 20.
16 *Ibidem*, p. 25-27.
17 *Ibidem*, p. 11-12.

Duelo nos jornais: as cidadãs contra o preconceito

Prudhomme, crítico acerbo da participação feminina na política, escreveu no seu jornal *Révolutions de Paris* em 25 de janeiro de 1793, antes, portanto, da proibição das associações femininas:

> Nada seria mais edificante e útil que se formasse um círculo de boas mães de família do mesmo bairro para, com seus filhos no colo, costurarem e se consultarem reciprocamente sobre os deveres de seu estado [a maternidade] e que um cidadão, pai de família, viesse informar-lhes sobre novas leis da Assembléia que lhes dissessem respeito [...] Mas o que pensar sobre o clube de mulheres que acaba de abrir suas portas em Lyon? Por que ter uma presidenta e sessões de acordo com o regulamento? Registro das atas das reuniões? O hino à Liberdade é compreensível, mas porque convidar autoridades do distrito e da municipalidade para assistir às sessões? E convidar o bispo l'Amourette para lhes trazer o catecismo mais atualizado? E o que passa pela cabeça das lionesas de ensinar às jovens cidadãs o *Contrato Social de J. J. Rousseau*? Imploramos às boas cidadãs de Lyon que fiquem em casa, cuidando da casa [....] sem ter a pretensão de entender o *Contrato Social*. Se as mulheres de todas as cidades e aldeias da França as imitarem, haverá clubes em toda parte, e nenhuma casa bem cuidada. (Aviso às mulheres que estão formando um clube na cidade de Dijon).[18]

As respostas não se fizeram esperar, e o jornal publicou-as no número 189, de fevereiro. A Sra. Charton, presidente do clube de Lyon, declarou:

> Em número anterior do jornal, propuseste que as cidadãs se reunissem para formar em seus filhos o espírito público, citando para eles o exemplo das cidadãs de Roma; o objetivo de nossa associação é de instruir-nos acerca dos decretos da Convenção lendo o seu jornal, socorrer os irmãos infelizes e instruir as crianças sobre a nova ordem das coisas e jurar ódio eterno aos tiranos. As cidadãs só se reúnem aos

---

18 PRUDHOMME, *Révolutions de Paris*, n° 185, 16 a 19 de janeiro de 1793. In: LUCAS, Colin (ed. chefe). *The French Revolution... op. cit.*, microficha n° 9.4/46.

domingos [...] para recompensar as crianças mais aplicadas nos estudos; apenas nesses dias convidam as autoridades.

E a presidente da *Sociedade das Amigas da República de Dijon*, a cidadã Blandin-Demoulin, respondeu:

> Nós não nos limitamos, cidadão Prudhomme, a cantar hinos à Liberdade, como nos aconselha; queremos realizar atos de civismo [...] segundo parece, achas (tu) que saber ler é inútil para uma mulher, e os clubes femininos são um flagelo da moral doméstica.

Ela argumenta que uma mãe ignorante deixa seus filhos morrerem de doenças, e que o cultivo das ciências não atrapalha o trabalho. "Renuncie portanto ao vosso sistema despótico em relação às mulheres como a aristocracia em relação ao povo – qual é a virtude que se pode esperar de um escravo?". Por sua vez, Prudhomme replicou dizendo que elas não deveriam ter a pretensão de ser melhores que as mulheres de Esparta e Roma.[19]

O que surpreende não é o antifeminismo do jornalista e de outros jacobinos. É a existência de 60 associações femininas ativas em toda a França, atestando a dimensão da prática política das francesas. Quando Camille Desmoulins disse que era preciso que as mulheres "amassem a Revolução" e para isso tinham que exercer seus direitos, ele se referia às leis de família. Porém, creio que alguns líderes perceberam que a energia e o entusiasmo das mulheres podiam ajudar a causa revolucionária. O governo incentivou a criação desses clubes na Provence porque precisava da ajuda dessa rede de sociedades de mulheres para educar crianças, cuidar dos doentes nos hospitais, ajudar as viúvas de guerra, fabricar roupas, cobertores e bandagens para os soldados na guerra e manter vivo o espírito republicano com seus desfiles, coroas cívicas, hinos e cerimônias. Os clubes masculinos de Bordeaux homenagearam várias vezes as mulheres por suas doações patrióticas, e em Dijon e Besançon apoiaram os esforços delas para estabelecer escolas.[20] Com sua presença ativa, elas se

---

19 PRUDHOMME, *Révolutions de Paris*, n° 189, 16 a 23 de fevereiro de 1793. In: LUCAS, Colin (ed. chefe). *The French Revolution... op. cit.*, microficha n° 9.4/46.

20 DESAN, Suzanne. "Constitutional Amazons...", *op. cit.*, p. 19.

fizeram indispensáveis e ocuparam o espaço social e político que a Revolução criara. As leis civis que beneficiaram as mulheres certamente as tornaram mais aptas para o exercício da cidadania. Elas adquiriram experiência na direção de reuniões, debates, petições, mantinham relações com os clubes masculinos, que por sua vez as orientavam e enviavam oradores. Elas aprenderam a administrar seus próprios clubes com transparência e racionalidade.

As presidentes dos clubes de Lyon e Dijon agiam como cidadãs e falavam a linguagem política da Revolução – era impossível distanciar-se dela. O sentido que visavam com sua prática nos clubes era contribuir para a coisa pública, e para isso precisavam aperfeiçoar seus conhecimentos de princípios e leis revolucionárias. Muitos homens, entretanto, eram reticentes ou hostis à atuação das associações femininas quando suas atividades ultrapassavam a filantropia para entrar no terreno político – e masculino *de facto*. Ironicamente, todos se justificavam com os argumentos de Rousseau, fazendo leituras diferentes de seus escritos: as mulheres enxergavam a exaltação das mães e a responsabilidade pela formação dos bons costumes; os homens notavam a demarcação sexual dos papéis e a domesticidade feminina.

À medida que a prática e o discurso das mulheres se aproximavam dos ideais de virtude republicana – *essencialmente masculinos* –, elas estavam *agindo como os homens*, no sentido positivo de "elevar-se" acima de seu sexo. Para os críticos das mulheres politizadas, "elevar-se" tinha um sentido negativo de "pretensão descabida". Suzanne Desan, historiadora que estudou os clubes provinciais, assinala que elas estavam se tornando menos influenciáveis e mais imbuídas de espírito público.[21] Indo um passo além, proponho que, ao deixar para trás o estereótipo da mulher inconsequente, as militantes membros de clubes políticos de fato adquiriram uma atitude mais masculina, na medida em que abandonavam os supostos defeitos femininos. Mas a sua intenção não era comportar-se "como homens", nem "como mulheres": era pensar e agir como membros do povo soberano, independente de sexo, como indivíduos chamados a fazer a sua parte na reconstrução da nação.

---

21 *Ibidem*, p. 29.

10
O DIREITO ÀS ARMAS

EM 27 DE ABRIL DE 1791, Robespierre justificou a exclusão dos cidadãos passivos da Guarda Nacional: "Armar-se para a defesa pessoal é direito de todo homem indistintamente; armar-se para a defesa da pátria é direito de todo cidadão (ativo)".[1] A Constituição de 1791 negou direitos de cidadania – o voto e o pertencimento à Guarda Nacional – aos cidadãos passivos. As mulheres foram assimiladas a essa categoria. Porém, o avanço da Revolução, principalmente depois da abolição da monarquia, desfez a distinção entre cidadãos ativos e passivos, que excluía os pobres.

Em 1792, a ideia de um regime republicano inflamava o movimento popular, justificado pela fuga do rei, pelo massacre do Campo de Marte no ano anterior e pela crise constitucional aberta quando Luís XVI, dois meses depois de declarar guerra à Áustria, demitiu o ministério girondino e vetou decretos considerados vitais para a segurança da nação.[2] Os *sans-culottes* emergiram na cena pública e radicalizaram as ações populares, forçando uma redefinição de soberania como a vontade e o poder do povo. As Seções parisienses aos poucos rejeitaram a separação entre cidadãos ativos e passivos, permitindo aos passivos do sexo masculino ingressarem na Guarda Nacional e votarem nas assembleias gerais.[3] As mulheres

---

[1] GODINEAU, Dominique. *Citoyennes tricoteuses: les femmes du peuple à Paris pendant la Révolution Française*. Paris: Editions Alinea, Perrin, 2004, p. 119.

[2] MELZER, Sara E.; RABINE, Leslie W. (ed.). *Rebel daughters: women and the French Revolution*. Nova York/Oxford: Oxford University Press, 1992, p. 91.

[3] GODINEAU, Dominique. *Citoyennes tricoteuses... op. cit.*, p. 118.

se queriam cidadãs (*citoyennes*), eram chamadas de cidadãs e aproveitaram esse período de redefinição da cidadania para afirmar seus direitos, integrando-se na luta política ao lado dos homens.[4]

"É de armas que precisamos!"

Poucas ativistas pediram explicitamente o direito ao voto; um número mais expressivo levantou a bandeira do direito às armas. Pauline León, militante de 24 anos, fez a primeira manifestação pública nesse sentido. Em 6 de março de 1792, a jovem, à frente de uma deputação de cidadãs, leu na Assembleia Legislativa uma petição assinada por 320 mulheres pedindo permissão para organizar uma Guarda Nacional feminina. Dentre as signatárias, 20 nomes formariam o núcleo da *Sociedade das Republicanas Revolucionárias,* fundada um ano depois pela oradora Claire Lacombe. As peticionárias, afirmando-se cidadãs porque parentes de homens livres, reclamaram um dos atributos da cidadania em nome do direito natural "que todo indivíduo tem de cuidar da defesa da própria vida e de sua liberdade, além do direito de resistência à opressão".[5] A menção da inclusão feminina na *Declaração* era um desafio à coerência da legislação vigente:

> Sim senhores, é de armas que precisamos [...] não creiam que nosso desígnio seja abandonar os cuidados de nossa família e nosso lar para correr ao encontro do inimigo [...] os senhores não podem nos recusar esse direito que a natureza nos dá, a menos que se pretenda que a *Declaração dos Direitos* não se aplica às mulheres e que elas têm que se deixar degolar como cordeiros, sem o direito de se defender? alguém acredita que os tiranos nos pouparão? Não, não: eles se lembrarão dos dias 5 e 6 de outubro de 1789 [A Marcha para Versalhes] [...] nós que juramos viver livres ou morrer, não consentiremos jamais em dar à luz a escravos, preferimos morrer; manteremos nosso juramento [...]

---

4 LEVY, Darline G.; APPLEWHITE, Harriet B. "Women, radicalization and the fall of the French Monarchy." In: APPLEWHITE, Harriet B. & LEVY, Darline G. (ed.). *Women & politics in the age of the democratic revolution.* Ann Arbor: The University of Michigan Press, 1993, p. 82.

5 GODINEAU, Dominique. *Citoyennes tricoteuses... op. cit.,* p. 119.

mostraremos aos tiranos que as mulheres também têm sangue para derramar no serviço da pátria em perigo.⁶

Pauline León queria permissão para conseguir armas (piques, pistolas, sabres e rifles), segundo o estipulado pelo regulamento da polícia; permissão para treinamento no Campo da Federação comandadas pelos antigos Guardas Franceses, dentro das normas da ordem pública. Pauline fez questão de frisar o respeito à ordem e aos regulamentos vigentes, e teve o cuidado se colocar sob a chefia masculina dos Guardas Franceses, mantendo assim a hierarquia dos gêneros. A militante alegou que as mulheres também possuíam os atributos políticos e morais da cidadania, como o vivo interesse pelo destino da nação. E renovou o juramento de "viver livres ou morrer". Quanto ao espírito cívico, já havia sido demonstrado na Marcha a Versalhes, pelo que seriam lembradas pelos "tiranos e inimigos". Elas corriam risco de represália. O sentido do discurso de Pauline Léon era fazer ver aos deputados que as militantes estavam preparadas para assumir todas as responsabilidades da cidadania, porque já as praticavam. Penso que o argumento – pertinente – da possível vingança dos "tiranos e inimigos" realçava o caráter público de sua ação política e militar revolucionária. Elas tinham lutado como cidadãs, precisavam de armas como cidadãs para defesa própria e da pátria. Assim, o pedido de formação de uma Guarda Nacional feminina pode ser interpretado como uma reivindicação dos direitos de cidade.

Um deputado ponderou que o pedido inverteria a ordem da natureza, e que *as mãos delicadas das mulheres não foram feitas para manusear lanças homicidas*. A Assembleia foi inconclusiva a respeito da petição, não querendo expressamente proibir nem concordar com a ideia da militância armada. Então, depois de mandar imprimir a petição e fazer uma menção honrosa em ata, os deputados passaram à ordem do dia. Um jornalista conservador, Montjoie, alertou para o perigo de as mulheres interpretarem essa indefinição como permissão para se armarem.⁷ De fato, a ambiguidade favoreceu as mulheres. Dominique Godineau assinala que essa

---

6 "*Nous voulons pouvoir défendre notre vie*". Adresse individuelle à l'Assemblée Nationale par des Citoyennes de la Capitale – 6 de março de 1791. In: *Cahiers de doléances des femmes en 1789 et autres textes*. Préfacé par Paule-Marie Duhet. Paris: C. des Femmes, 1981, p. 169-172.

7 LEVY, Darline G.; APPLEWHITE, Harriet B. "Women, radicalization...", *op. cit.*, p. 89.

petição do porte de armas marca "oficialmente" o surgimento das "tricoteiras" (*tricoteuses*) parisienses. Não é coincidência que o primeiro ato público do grupo tenha sido a reivindicação de armas, evocando lutas e violência, duas circunstâncias que pertenciam ao universo masculino. Mais tarde, a palavra *tricoteuses* evocará ódios, medos e fantasmas ligados à violência feminina.[8] Penso que essas mulheres não queriam "trocar de lugar" com os homens, mas participar como cidadãs iguais na defesa da pátria. Os deputados, entretanto, alegaram a imperiosa diferenciação dos sexos – "as mãos delicadas das mulheres" – para, na prática, recusar a ideia. Mas a transgressão ia além da subversão dos papéis sexuais: as armas eram o braço violento do movimento popular e podiam ameaçar o poder constituído. Por último, e não menos importante, a concessão das armas levaria eventualmente à colocação dos direitos políticos femininos na ordem do dia.

Poucos dias depois de Pauline León, em 25 de março, Théroigne de Méricourt fez um discurso ainda mais radical na Société Fraternelle des Minimes, no qual não só defendia o direito às armas, mas denunciava a opressão social das francesas. É interessante notar que, a exemplo de seus contemporâneos, a oradora apresenta uma visão idealizada da Gália:

> Nós nos armaremos, porque é razoável que estejamos preparadas para defender nossos direitos, nossos lares [...] mostremos aos homens que não lhes somos inferiores nem em virtude nem em coragem; mostremos à Europa que as Francesas conhecem seus direitos e estão à altura das luzes do século dezoito. Desprezemos os preconceitos absurdos [...] *Comparem o que somos com o que deveríamos ser na ordem social*. Francesas, eu vos digo mais uma vez, elevemo-nos à altura de nossos destinos; rompamos nossas correntes; *é chegada a hora de as mulheres saírem de sua nulidade vergonhosa*, onde a ignorância e a injustiça dos homens as sujeitam – façamos como as Gaulesas e as orgulhosas Germânicas que deliberavam nas assembléias públicas e combatiam ao lado de seus esposos para repelir os inimigos da Liberdade.[9]

---

8   GODINEAU, Dominique. *Citoyennes tricoteuses... op. cit.*, p. 119.

9   MÉRICOURT, Théroigne. *Discours prononcé à la Societé Fraternelles des Minimes, le 25 mars 1792, l'an quatrieme de la liberté, en présentant un Drapeau aux Citoyennes du Faubourg S. Antoine*. In: LUCAS, Colin (ed.

Quatro meses mais tarde, 80 cidadãs da Seção Hôtel-de-Ville pediram à Assembleia Legislativa para decretar que "as verdadeiras cidadãs" deviam se armar.[10] Nas províncias, também houve exemplos de mulheres que queriam lutar. Os membros do clube feminino de Dijon declararam: "as mulheres livres que amam a pátria sabem como [...] fazer os sacrifícios que os perigos da pátria exigem".[11] Em Vire, quando um orador jacobino sugeriu que as mulheres ricas pagassem os soldos da Guarda Nacional, uma espectadora respondeu que elas estavam dispostas a montar guarda pessoalmente, uma vez admitidas como membros dos clubes; em Eguilles, o marselhês jacobino Monbrion organizou uma companhia armada de mulheres na Guarda Nacional local.[12]

Tantas manifestações devem ter assustado o jornalista Prudhomme, que escreveu um artigo em fevereiro de 1792 assinalando a importância simbólica e militar da pique (lança popular), uma arma produzida em grandes quantidades nas Seções de Paris pela população alarmada com a guerra:

> universalmente acessível até para o mais pobre cidadão, símbolo de independência, igualdade nas armas, vigilância e recuperação da liberdade [...] aterrorizante para pessoas malévolas [...] cada cidadão deveria possuir duas, "uma para defender sua casa, outra para a segurança da República".

Desprezando o que ele descreveu como "projeto de Théroigne de Méricourt" para organizar e liderar uma falange de Amazonas – apesar do discurso dela ser posterior ao número do jornal *Révolutions de Paris* –, declarou: "As piques devem ser proibidas para as mulheres; vestidas de branco e cingidas com a faixa

---

chefe). *The French Revolution Research Collection*. Chicago: University of Chicago, 1992 [The New York Public Library, microficha n° 9.4/50]. Grifos meus.

10 GODINEAU, Dominique. *Citoyennes tricoteuses... op. cit.*, p. 119.

11 DESAN, Suzanne. "Constitutional Amazons: Jacobin Women's Clubs in the French Revolution". In: RAGAN JR., Bryant T.; WILLIAMS, Elizabeth A. (ed.). *Re-creating authority in revolutionary France*. New Brunswick/New Jersey: Rutgers University Press, 1992, p. 27.

12 HIGONNET, Patrice. *Goodness beyond Virtue*. Cambridge (Massachusetts)/Londres: Harvard University Press, 1998, p. 93.

nacional, elas devem se contentar em ser simples espectadoras".[13] Decididamente, Prudhomme preferia a "cidadania cerimonial" para as mulheres.

Heroínas de Versalhes homenageadas

Com ou sem permissão, as militantes participaram de uma série de procissões armadas na primavera e verão de 1792 (de abril a junho). As mulheres *sans-culottes* das Seções de Paris e algumas burguesas estiveram no centro das agitações que levaram à queda da monarquia e à instauração da República. Os líderes revolucionários incentivaram ou até programaram a participação feminina em seis marchas insurrecionais para mostrar o poder da nação armada, a legitimidade da vontade popular e a soberania da nação. Na prática, o "recrutamento político" das ativistas por líderes revolucionários dissolvia a distinção entre cidadãos ativos e passivos e subvertia os modelos rousseauístas de comportamentos dos gêneros.[14] Assim, as aspirações das mulheres no contexto da luta popular, o esmaecimento da distinção entre cidadãos ativos e passivos, a tolerância e até incentivo por parte de alguns líderes jacobinos ajudaram a forjar o conceito nascente de cidadania feminina.

Sinal de que alguns jacobinos perceberam a relevância da participação feminina no movimento popular, a Comuna de Paris e o prefeito Jérome Pétion resolveram homenagear as militantes publicamente, apontando-as como exemplos de cidadania feminina. Pétion discursou apoiando uma petição em favor de Reine Audu, uma das poucas integrantes da Marcha a Versalhes a ir para a prisão. Observou que quando a pátria corria perigo, as mulheres não se sentiam menos cidadãs (que os homens) e reconheceu: "nós não estamos suficientemente sensibilizados para a importância de formar cidadãs". Elogiou Reine Audu: "você mostrou grande energia e prestou importantes serviços". O Conselho da Comuna decretou uma cerimônia para o prefeito oferecer "a esta *citoyenne* uma espada como testemunho autêntico de sua bravura e patriotismo".[15] Assim como Hérault

---

13 PRUDHOMME, "Des Piques", *Révolutions de Paris*, 11-18 fevereiro. In: LEVY, Darline G.; APPLEWHITE, Harriet B. "Women, radicalization...", *op. cit.*, p. 88-89.

14 LEVY, Darline G.; APPLEWHITE, Harriet B. "Women and militant citizenship in Revolutionary Paris". In: MELZER, Sara E.; RABINE, Leslie W. (ed.). *Rebel daughters...* *op. cit.*, p. 91-92.

15 *Extrait du registre des délibérations du Conseil général de la Commune de Paris, du vendredi 5 avril 1792, l'an 4 de la liberté* (Paris, 1792). In: LEVY, Darline G.; APPLEWHITE, Harriet B. "Women, radicalization...", *op.*

de Séchelles, em agosto de 1793, homenageou coletivamente as participantes da Marcha a Versalhes (assunto discutido no subtítulo *Repercussões da Marcha*), Pétion e o Conselho da Comuna também elegeram uma daquelas ativistas como exemplo de patriotismo. É interessante notar que, quando os líderes revolucionários queriam homenagear as cidadãs francesas e militantes intrépidas, lembravam-se das heroínas de outubro, atestando a importância de seu papel no início da Revolução e a forte impressão que deixaram no imaginário político e social. Apesar das críticas contemporâneas em 1789, pouco tempo depois a imagem daquelas mulheres despertava empatia e até admiração. Finalmente, as parisienses da Marcha a Versalhes entraram para o repertório de símbolos republicanos. No festival de 10 de agosto de 1793, para comemorar o primeiro aniversário da insurreição que derrubou a monarquia planejado por David, havia quatro "estações" celebrando os principais acontecimentos revolucionários. Em ordem cronológica, ali estavam a queda da Bastilha, um arco do triunfo homenageando as heroínas de outubro de 1789, uma deusa da Liberdade e o Colosso-Hércules. Nenhum outro grupo feminino da Revolução chegou perto dessa glória.[16]

As jornadas revolucionárias

No dia 20 de junho de 1792, massas populares dos *faubourgs* Saint-Antoine e Saint-Marcel, entre elas numerosas mulheres armadas acompanhadas de seus filhos, invadiram o palácio das Tulherias, com objetivos políticos: protestar contra a demissão dos ministros girondinos, contra o veto real à convocação de 20.000 soldados federados e plantar uma árvore da liberdade no jardim do palácio para comemorar o terceiro aniversário do juramento do Jeu de Paume.[17] A multidão desfilou perante os deputados e o rei foi obrigado a colocar na cabeça o barrete frígio vermelho, símbolo da Liberdade.[18] A iconografia aponta a visibilidade das

---

cit., p. 90-91.

16 HUNT, Lynn. *Política, cultura e classe na Revolução Francesa* (trad.). São Paulo: Companhias das Letras, 2007, p. 123.

17 Em 20 de junho de 1789, os deputados dos Estados Gerais ameaçados pelo rei declararam: "Nós juramos que não nos separaremos jamais... e nos reuniremos em qualquer lugar onde as circunstâncias exijam, até que a Constituição do reino seja estabelecida e afirmada sobre fundamentos sólidos".

18 LEVY, Darline G.; APPLEWHITE, Harriet B. "Women, radicalization...", *op. cit.*, p. 91.

mulheres na insurreição – elas fazem parte da família nacional em armas. As autoridades não intervieram, ou não puderam intervir contra o povo mobilizado e transformado numa verdadeira força armada. Depois do massacre de julho de 1791 no Campo de Marte, os responsáveis pelo controle de insurreições hesitaram em atirar na multidão, composta, em parte, por tantas famílias. O acontecimento deu ímpeto ao mito do povo soberano irreprimível e fortaleceu as correntes radicais.[19]

Em agosto daquele ano, algumas mulheres participaram do combate violento da tomada do Palácio das Tulherias, onde residia a família real. Uma testemunha relata, com boa dose de exagero, que instantes antes da batalha, viu uma jovem discursando sobre uma pedra e em seguida milhares de mulheres se precipitaram na batalha, com sabres e piques, e outras encorajavam seus maridos, filhos e pais. Godineau diz que houve "algumas mulheres aqui e ali" que salvaram a vida dos companheiros tirando os fuzis dos guardas suíços do rei.[20] Houve feridas. Dentre elas, três fizeram jus à coroa cívica: Théroigne de Méricourt, Louise Reine Audu e a jovem atriz Claire Lacombe. Pauline Léon ficou desapontada, pois teve que ceder sua pique a um *sans-culotte* desarmado, atendendo às súplicas de outros patriotas. Mas só concordou depois de recomendar-lhe que fizesse bom uso de sua pique.[21] A vitória dos revolucionários em 10 de agosto de 1792 marcou o fim da monarquia e o fim oficial da distinção entre cidadãos ativos e passivos. De 1793 a 1795, os homens de todas as classes sociais e níveis de renda tiveram plenos direitos políticos. As mulheres que contribuíram para este avanço democrático não foram incluídas.[22]

---

19 Idem. "Women and militant citizenship...", op. cit., p. 91.
20 GODINEAU, Dominique. *Citoyennes tricoteuses... op. cit.*, p. 121.
21 LÉON, Anne Pauline, esposa de Leclerc, *reconcilia seu comportamento político com os princípios e políticas radicais revolucionários* – Archives Nationales, F7 4774 9, dossier Leclerc. In: LEVY, Darline G.; APPLEWHITE, Harriet B.; JOHNSON, Mary D. *Women in Revolutionary Paris – 1789-1795.* Selected documents translated with notes and commentary by the authors. Urbana e Chicago: University of Illinois Press, 1980, p. 159.
22 GODINEAU, Dominique. *Citoyennes tricoteuses... op. cit.*, p. 122.

FIGURA 5. *Famosa jornada de 20 de junho de 1792* — Reunião dos cidadãos do *Fauboourg* Saint Antoine e Saint Marceau indo apresentar uma petição na Assembleia Nacional e outra no Palácio do Rei. MRF. L. 1988. 337.74. © Col. Museu da Revolução Francesa/Domaine de Vizille. As militantes estavam armadas e plenamente integradas aos companheiros *sans-culottes*. Algumas trouxeram seus filhos.

11
AS MULHERES-SOLDADOS

ALGUMAS MULHERES NÃO SE CONTENTARAM em frequentar as tribunas das assembleias e participar das lutas revolucionárias urbanas. Queriam mais. Quando a França declarou guerra à Áustria em 20 de abril de 1792, elas se alistaram individualmente no exército para defender a pátria em perigo e partiram para as fronteiras. Aderiram ao fervor patriótico dos soldados do Ano II, dispostas a viver o lema "viver livre ou morrer".

Ao contrário dos antigos militares do rei, que partiam obrigados e infelizes, na primeira fase da guerra boa parte dos soldados-cidadãos eram voluntários orgulhosos de sua missão. Na Parte II há exemplos iconográficos das despedidas desses voluntários. Em dezembro de 1789, Edmond Dubois-Crancé já lembrava à Assembleia Nacional que "cada cidadão tem que ser soldado e cada soldado um cidadão". No Antigo Regime, a soldadesca era desprezada pelos oficiais da nobreza e pelos súditos civis do rei ciosos de sua importância. Os jacobinos quiseram mudar essa atitude, valorizando os soldados e proclamando que o serviço militar era a forma mais elevada de compromisso do cidadão com o Estado.[1] Afinal, era uma circunstância em que a Revolução e a pátria tinham que ser defendidas com a vida. Os líderes jacobinos queriam transformar os soldados em cidadãos-modelo: exaltaram seu espírito de sacrifício pela causa nacional, procuraram inspirar-lhes sentimentos de solidariedade entre militares e civis,

---

1 HIGONNET, Patrice. *Goodness beyond Virtue*. Cambridge (Mas.)/Londres: Harvard University Press, 1998, p. 133.

respeito pelos prisioneiros de guerra, defesa da comunidade, obediência às leis e aos representantes da nação, respeito pela propriedade, particularmente em território estrangeiro, seguindo o lema "guerra aos castelos, paz às cabanas". Em outras palavras, *este novo soldado substituiu a antiga honra pela virtude cívica*.[2]

O clima de entusiasmo e o prestígio do engajamento militar inflamaram as patriotas que se apresentaram ao exército como mulheres, ou disfarçadas de homens. Higonnet fala em "dúzias"[3] delas, outros historiadores encontraram 80 casos nos arquivos parlamentares, militares e policiais. Mas, segundo Godineau, só existem informações biográficas – esparsas e lacunares – acerca de 44 soldadas. Em termos quantitativos, elas são uma percentagem ínfima, quase anedótica, dos exércitos. Embora não se conheça o número correto, pois na época não se fez nenhum recenseamento, a historiadora francesa pensa que as mulheres-soldados não foram nem um mito, nem personagens de exceção.[4] A própria lei de 30 de abril de 1793 que excluiu as "mulheres inúteis"[5] do exército demonstra tal fato. Se houve um decreto para expulsar as mulheres-soldados das frentes de batalha, provavelmente seu número era mais expressivo do que se imagina. Outra indicação nesse sentido é a representação das soldadas na iconografia revolucionária. Há uma variedade de imagens, de artistas e gêneros diferentes, um tanto desproporcional ao pequeno número registrado nos arquivos. Baseada nessa constatação, penso que possivelmente elas eram mais numerosas e mais integradas ao cotidiano local do que seria o caso se fossem só personagens de exceção. É pertinente discutir a motivação das mulheres-soldados e as relações entre o feminino, o ofício das armas e a percepção masculina. Havia mulheres-soldados antes de 1789, ou essas personagens surgiram no calor das paixões da França revolucionária?

---

2   BERTAUD, Jean-Paul. "O Soldado". In: VOVELLE, Michel (dir.). *O Homem do Iluminismo*. Lisboa: Editorial Presença p. 87.

3   HIGONNET, Patrice. *Goodness beyond Virtue...* op. cit., p. 133.

4   GODINEAU, Dominique. "De la guerrière à la citoyenne. Porter les armes pendant l'ancien Régime et la Révolution française". *CLIO - Histoire, femmes et sociétés*, 20, 2004, p. 43-69.

5   [Convention Nationale] Archives Parlementaires, 30 avril 1793; Archives nationales, Carton CII 251, chemise 427, pièce n° 11.

Antigo Regime: princesas na batalha

No Antigo Regime, algumas mulheres participaram de guerras, principalmente as pertencentes à nobreza de espada, a mais antiga e prestigiosa.[6] O porte de armas estava ligado à condição masculina e aristocrática, mas em situações especiais, as esposas dos nobres se envolveram em conflitos armados, não raro substituindo os homens da família. Houve o caso de Madame de la Guette, do tempo da Fronda e da Guerra dos Trinta Anos. Ela não chegou a combater diretamente, mas era exímia amazona e hábil no manejo de armas. Nas suas *Memórias*, afirmou que preferia os exercícios da guerra ao fuso de fiar, e achava o som dos canhões e das trombetas "mais agradável que as melhores sinfonias". Esposa e mãe, portanto preservando sua feminilidade, não transgrediu as normas de comportamento, pois esperava-se que membros da nobreza tivessem qualidades guerreiras. Catarina de Médicis conduziu o exército francês no cerco de Havre, "expondo-se aos arqueabuses e tiros de canhão como um de seus capitães" (Brantôme).[7] Ainda outras participaram de batalhas: Mlle. de Montpensier – prima de Luís XIV – no cerco de Orléans em 1652, e Madame Saint-Balmont, a qual, vestida de homem, defendeu suas terras durante a Fronda, enquanto o marido estava em combate. Durante as guerras de religião, a esposa de Coligny e a viúva Madeleine de Miraumont lideraram batalhões contra inimigos católicos. Entretanto, essas mulheres eram exceção, e o que seria condenável em outras, nelas era distinção e qualidade ligada ao sangue nobre e posição social. Não obstante, havia limites para esse envolvimento: a repulsa à mulher que deixa de ser feminina para "invadir a seara masculina", como deixa claro um depoimento masculino da época:

> Que as mulheres sejam mulheres, não capitãs: se a doença dos maridos, a menoridade dos filhos as obrigam a se apresentar no combate, tal coisa é tolerável uma ou duas vezes em caso de necessidade – melhor seria que ficassem longe dos acampamentos onde eram alvo de insultos dos inimigos e zombaria dos amigos.[8]

---

6 Informações do parágrafo em GODINEAU, Dominique. "De la guerrière...", *op. cit.*, p. 43-69.

7 *Ibidem*.

8 TAVANNES, *Mémoires du capitaire Gaspard de Saulx-Tavannes*, citado por Steinberg 2001: 219 *apud* GODINEAU, Dominique. "De la guerrière...", *op. cit.*

As soldadas da Revolução

O que mudou na percepção do serviço militar com a Revolução? Na visão revolucionária, as guerras eram travadas entre "homens livres" e "escravos de tiranos" – soldados dos exércitos reais e imperiais das monarquias europeias em guerra com a França. Os soldados agora eram cidadãos defendendo a pátria, e não mais súditos a serviço do rei. Quase sempre, as aristocratas guerreiras lutavam por causas de natureza particularista: suas terras, seus privilégios, religião e classe social, muitas vezes na *falta do marido*. As soldadas de 1792 lutavam pelos ideais da Revolução, *que eram universalistas na visão dos revolucionários*. E não se engajavam *no lugar* do marido ou dos parentes, lutavam *junto com eles*. Quase todas as mulheres-soldados vinham de meios sociais modestos, eram filhas de pequenos camponeses, artesãos ou operários: chamavam-se Rose, Marianne, Reine ou Liberté, e tinham apelidos como Va-de-bon-coeur (Vai-de-bom-coração), Marie-tête-de-bois (Maria cabeça-de-pau), Sans-souci (Sem-preocupação). Tinham menos de 35 anos, e a maioria era muito jovem, como a cidadã Quatresols (Quatro-vinténs), que tinha 16 anos, quando, durante uma batalha, teve dois cavalos que montava alvejados e mortos debaixo de seu corpo.

As irmãs Fernig foram uma exceção: nobres, com idades de 17 e 22 anos, elas se armaram junto com os habitantes de sua pequena cidade para defender sua terra de Mortagne, perto da fronteira belga, contra os "Imperiais". Combateram no exército do General Dumoriez vestidas de homem, atacando arrojadamente. Mas fora da batalha se vestiam de mulher, sempre levando uma carabina a tiracolo. Segundo Marand-Fouquet, praticavam a guerra "por amor à arte".[9] Seja como for, as duas viraram heroínas da liberdade na França e foram reconhecidas pelo governo convencional. Na sessão da Convenção em 15 de novembro de 1792, sob a presidência de Hérault de Sechelles, há várias menções elogiosas às irmãs:[10] "A Convenção Nacional aprovará o que todo o exército lhe recomenda – as cidadãs Fernig –, que se distinguem em todos os destacamentos avançados, e cuja casa em Mortagne foi pilhada e arrasada pelos ferozes austríacos" (aplausos). O General Dumoriez as recomendou numa carta: "eu

---

9   MARAND-FOUQUET, Catherine. *La femme au temps de La Révolution*. Paris: Éditions Stock/Laurence Pernoud, 1989, p. 166.

10 [Convention Nationale] Archives Parlementaires, 16 novembre 1792; Bibliothèque Nationale François Mitterrand.

recomendo à Convenção Nacional as duas irmãs Fernig: são guerreiras intrépidas." O deputado Prieur declarou: "É a segunda vez que o General Dumoriez nos fala das duas jovens heroínas que combatem pela liberdade [...] É preciso decretar, a partir de hoje, que sua casa será reconstruída por conta da República. [...] peço que no fim da campanha as duas heroínas sejam dotadas pela República".

Por que elas se alistaram?

Em 1792, o sufrágio censitário foi abolido, assim como as categorias de cidadãos passivos e ativos, sendo que os passivos já tinham entrado para a Guarda Nacional antes do fato. O que motivou as mulheres a se alistarem no exército? A pregação revolucionária e republicana do espírito público, do dever e da glória de defender "um povo livre" contra os tiranos da Europa encontrou adeptas entre as cidadãs mais intrépidas. A carreira das armas era prestigiosa. Arriscar a vida na guerra não deixava de ser a mais extrema demonstração de compromisso com a cidadania e de amor à pátria. De certa forma, é a militância no seu mais alto nível. Houve ainda razões pessoais importantes para o alistamento feminino: muitas vieram para acompanhar maridos, amantes ou irmãos, outras tinham "nascido na caserna", vinham de famílias de militares.

Penso que a originalidade dessas voluntárias está no fato de haverem criado um espaço próprio, que unia o sacrifício pela nação e pela Revolução ao devotamento conjugal ou familiar. As mulheres-soldados uniram um terreno essencialmente masculino à sensibilidade feminina de uma forma que despertou reconhecimento e admiração até entre os jacobinos da Convenção, em geral arredios a situações de "confusão" ou "troca" de papéis sexuais. A meio caminho entre as mães limitadas à esfera doméstica e as militantes da vida política está a mulher-soldado, que cuidava do marido e lutava pela pátria ao mesmo tempo – exceção feita à minoria de mães que fizeram política e militantes mães de filhos pequenos.

Há algumas histórias de amor comoventes entre maridos e mulheres-soldados. O Capitão Dubois guerreou ao lado da mulher, ela também combatente, no 7º Batalhão de Paris. Quando ele foi ferido, os soldados a escolheram para ser vice-capitã. A viúva do soldado Soutemane, "animada de um ardor marcial", combateu junto com o marido no 21º Regimento de Cavalaria Ligeira. Ele foi morto em Marengo, e ela, ferida na coxa, teve que deixar o regimento, onde até então havia dissimulado seu sexo. Há o testemunho de Philippe-René Girault, do 6º Batalhão da Haute-Saône: viu um "soldado" abraçando o cadáver de outro, gritando e chorando de desespero. Desconfiou de seu sexo. Confrontada, a mulher-soldado confessou que há três anos servia junto com o marido e que os dois sustentavam um filho nas redondezas com suas economias. Os companheiros de armas fizeram uma coleta para ajudá-la e foi-lhe concedida uma pensão. O que alertou os soldados foi "a sensibilidade tão grande em um soldado que assistia todos os dias a cenas de carnificina".[11] Os homens respeitavam a coragem e a sensibilidade femininas, cada qualidade no momento certo.

Em 1º de agosto de 1793, a Convenção concedeu uma gratificação de 300 libras a Liberté Barreau para recompensá-la pela sua bravura sob as bandeiras [francesas] (*"sous les drapeaux"*). Aos 19 anos, ela servia no 2º Batalhão de Tarn, Regimento dos Pirineus Ocidentais, na mesma companhia de seu marido, François Leyrac. Ela "se mostrou mais que um homem" na batalha. Com seu irmão e seu marido feridos aos seus pés, ela perseguiu os inimigos até a sua debandada, e então voltou para cuidar do marido e transportá-lo ao hospital militar, com a ajuda dos companheiros de armas. Ali cuidou dele com toda a ternura conjugal, provando que "não havia renunciado às virtudes de seu sexo", apesar de ter demonstrado todas aquelas que deveriam ser o apanágio do outro.[12] Barreau impressionou seus companheiros de armas pela intrepidez na luta, mas também pelas qualidades femininas, como a devoção e o carinho com o marido.

Algumas misturavam ao sentimento patriótico o gosto da aventura e o desejo de dividir com os homens a glória de combater pela Revolução. Reine Chapuy, de 17 anos, disse que se alistara "pelo desejo ardente de combater os tiranos e compartilhar da glória de fulminá-los". Rose Bouillon não foi menos heroica que Liberté Barreau. Suas razões: "aplaudindo o patriotismo do marido, e querendo também contribuir para o fortalecimento da República, [...] veio se encontrar com o marido".[13] Casada com Julien Henry, deixou dois filhos (um com apenas sete meses de idade) com sua mãe para se unir ao marido no 6º Batalhão da Haute-Saône, no exército da Mosela. Escondendo seu sexo, admitida como voluntária, ela serviu com distinção de março a agosto de 1793. Seu marido

---

11 MARAND-FOUQUET, Catherine. *La femme...* op. cit., p. 164-166.

12 GERBAUX, F. *La Révolution Française – Revue Historique*, tomo 47, 1904/07, p. 53-54, microfilm LC18-333, Bibliothèque Nationale François Mitterrand.

13 GODINEAU, Dominique. "De la guerrière...", *op. cit.*

foi morto ao seu lado, mas ela não parou de lutar até o batalhão se retirar. Então pediu dispensa do exército para cuidar dos filhos do mesmo modo que havia se dedicado ao marido e à pátria. A Convenção concedeu a Rose Bouillon uma pensão de 300 libras e mais 150 para cada um de seus filhos em agosto de 1793.[14]

Há muitos exemplos de fervor patriótico: Marie Charpentier, única mulher na lista dos vencedores da Bastilha, viúva de um sargento, alistou-se como soldado-policial e serviu até 1796. A jovem revolucionária parisiense Catherine Pochelat, que em 10 de agosto de 1792 operou um canhão na tomada das Tulherias, entrou para o 71º Regimento de Infantaria, vencedor da batalha de Jemmapes. Em seguida, na legião das Ardenas, demonstrou tamanho destemor que seus companheiros de armas a elegeram sub-lugar-tenente. Em Jemappes, a jovem belga Marie Schellinck foi ferida e promovida a sub-lugar-tenente pelo General Rosières. Marie serviu no exército de 1792 até sua morte em 1802.[15] A jovem patriota Félicité Duguet, de Versalhes, lutou sob identidade falsa com o apelido Va-de-bon-Coeur (Vai-de-bom-coração), se inscreveu no 1º Batalhão da Nièvre porque "o amor sagrado da pátria que a inspira não lhe permite olhar com sangue frio os perigos que a ameaçam".[16]

Algumas tinham vocação militar: Marie-Angélique Duchemin, viúva Brulon, era filha, irmã e esposa de soldados, e desde cedo mostrou inclinação pela carreira militar. Em 1792 foi autorizada pelo General Casabianca a servir como soldada no 42º Regimento de Infantaria na Córsega. Na batalha pelo forte de Gesco – 24 de maio de 1794 –, partiu à meia-noite para buscar 60 sacos de munição em Calvi, possibilitando a defesa e conservação do forte. Ferida, teve que se retirar para o Hôtel des Invalides, onde foi promovida a sub-lugar-tenente. Em agosto de 1851, aos 79 anos de idade, foi a *primeira mulher a receber a cruz da Legião de Honra* e a medalha de Santa Helena do futuro Napoleão III. Foi uma "dupla consagração de seus serviços de guerra, cuja gloriosa memória ainda ilumina o declínio de seus dias".[17]

Além das soldadas republicanas, havia outras mulheres na frente de batalha. Por exemplo, as cantineiras ou vivandeiras, que ajudavam em tudo: cuidavam dos

---

14 GERBAUX, F. *La Révolution Française...* op. cit., p. 54.
15 BERTAUD, Jean-Paul. "Les femmes et les armées de la République" (cap. V). In: *La vie quotidienne des soldats de la Révolution – 1789-1799*. Paris: Hachette Litérature, 1985, p. 153-156.
16 ROSA, Annette. *Citoyennes: les femmes et la Révolution Française*. Paris: Messidor, 1988, p. 191.
17 BERTAUD, Jean-Paul. "Les femmes et les armées...", *op. cit.*, p. 153-156.

feridos e abriam fogo se fosse preciso atirar. Houve uma, chamada Marie-tête-de-bois (Maria-cabeça-de-pau), "feia de dar medo", que apesar disso achou um soldado para casar-se com ela, deu à luz em plena batalha de Marengo e a lenda diz que estava na última formação do quadrado (*le dernier carré*) dos bravos em Waterloo.[18] O exército realista e católico da Vendeia também era acompanhado por uma multidão de mulheres, crianças e velhos que fugiam das devastações dos revolucionários *Bleus*. De acordo com a Marquesa de la Rochejaquelein, havia dez mulheres-soldados nas tropas, sendo que a mais famosa foi Renée Borderau, a "brava de Angevin", sem contar algumas nobres que acompanharam os maridos.

Soldadas excluídas do exército

Apesar dos serviços prestados pelas mulheres-soldados, a Convenção decidiu promulgar um decreto em 30 de abril de 1793 excluindo do exército todas as "mulheres inúteis" ao esforço de guerra. Isto é, todas as que não eram cantineiras nem lavadeiras. Lazare Carnot (1753-1823), membro da Convenção Nacional que organizou o recrutamento em massa de 1793, reclamou da quantidade impressionante de mulheres que acompanhavam as tropas. Poultier, em nome do Comitê de Guerra, 4ª Divisão, exprimiu os sentimentos do alto comando:

> Cidadãos: os generais já vos dirigiram queixas várias vezes sobre o grande número de mulheres que seguem os batalhões. Na retirada da Bélgica, elas formavam um segundo exército. Além de absorverem uma parte necessária das subsistências, elas atrapalham a marcha das tropas, atrasam o transporte das bagagens acomodando-se nas carroças, e tornam as retiradas difíceis e perigosas; são fonte de desentendimentos, desencorajam os soldados; são objeto de distração e dissolução para todos os militares, dos quais elas amolecem a coragem.

Um general foi duramente criticado por dar o mau exemplo: "Mas não creiam que esse mal vem dos soldados. Na Bélgica, o General Dumouriez cercou-se de tantas amantes, cantoras e atrizes que seu alojamento parecia um harém de vizir". Para resolver todos esses problemas, foi decretado: "*Artigo I*: Oito dias depois da promulgação

---

18 GODINEAU, Dominique. "De la guerrière...", *op. cit.*

do presente decreto, os generais, chefes de brigada, chefes de batalhões e todos os outros comandantes mandarão embora dos alojamentos e acampamentos todas as mulheres inúteis ao serviço dos exércitos". *"Artigo 2*: serão consideradas inúteis todas aquelas que não se ocupam com a lavanderia e a venda de víveres e bebidas". O decreto também se aplicava às esposas de todos os oficiais. Finalmente, a menção específica às mulheres-soldados: *"Artigo 11: as mulheres que servem atualmente nos exércitos serão excluídas do serviço militar*. Elas receberão um passaporte e cinco *sous* por légua para voltarem aos seus domicílios".[19]

O decreto estava de acordo com a definição revolucionária dos papéis sexuais, inspirada em Rousseau. Os homens eram responsáveis pelos negócios "externos" ao lar: a cidade, a pátria, o governo e a guerra eram seu apanágio. Já a mulher estava destinada pela sua natureza às responsabilidades "internas" do lar: os filhos, a alimentação da família, a administração da casa, o devotamento ao marido. As cantineiras (ou vivandeiras, quitandeiras) e as lavadeiras podiam ficar no exército porque tinham o papel feminino de nutrizes, cuidavam da alimentação e da higiene dos soldados. As quitandeiras compravam gêneros alimentícios nas redondezas dos acampamentos e revendiam aos soldados, que, de outra forma, teriam uma dieta muito pobre. As lavadeiras, ao cuidar da higiene, também ajudavam a mantê-los saudáveis. Todas as outras eram consideradas pelos legisladores estorvos à disciplina e ao bom andamento das campanhas. Além das esposas e amantes dos oficiais, havia numerosas prostitutas que transmitiam doenças como a sífilis, deixando os homens apáticos e sem vigor. As mulheres-soldados eram poucas e não eram "inúteis". Segundo tal definição, o decreto não se referia a elas, exceto que havia um artigo específico ordenando sua dispensa. Portanto, a sua exclusão era uma advertência e servia para dissuadir aquelas que tinham a intenção de entrar para as forças armadas. O objetivo era deixar bem claro que os homens não precisavam de ajuda no combate nem exemplos de coragem das mulheres. Para a força, a destreza e a ação violenta havia o sexo masculino.

Mas o comportamento das mulheres-soldado desmentia a fraqueza do sexo, por isso sua coragem era explicada como "uma exceção" e um "milagre da Liberdade". Em outras palavras, os princípios revolucionários davam às mulheres qualidades masculinas se fosse preciso. Collot d'Herbois declarou que considerava

---

19 Citações do parágrafo em [Convention Nationale] Archives Parlementaires, 30 avril 1793; Archives nationales, Carton CII 251, chemise 427, pièce n° 11.

a exímia guerreira Anne Quatresous um homem, pois o heroísmo bélico era um atributo masculino: eis aí um caso explícito de negação da realidade em favor do preconceito. Alguns homens se queixavam abertamente das mulheres promovidas a oficiais, e um cidadão protestou contra uma delas no Exército do Norte: "os soldados têm vergonha todos os dias de receber suas ordens, o que os desagrada infinitamente" – e denunciou a situação como ilegal.[20] O jornalista Prudhomme se manifestou em *Révolutions de Paris* contra a presença feminina nas tropas: "Deixem-nos o ferro e os combates; seus dedos delicados foram feitos para segurar a agulha e semear de flores o caminho espinhoso da vida. Para vocês, o heroísmo consiste em carregar o peso da administração caseira e das penas domésticas".

Lei ignorada

Mas uma coisa era a lei, e outra a realidade das frentes de batalha. O decreto de abril de 1793 nunca foi cumprido. As esposas e companheiras dos soldados continuaram seguindo as tropas e a maioria das combatentes permaneceu no exército como se nada tivesse acontecido. Muito poucas foram dispensadas em função da lei de abril. Os chefes militares apreciavam sua cooperação e simplesmente ignoraram a lei. Em janeiro de 1794, um adjunto do ministro da Guerra escreveu ao General Charbonnié: "o decreto expulsando as mulheres inúteis do exército não é cumprido devido a interpretações abusivas; [...] esses abusos convinham aos satélites do rei, mas são indignos dos soldados republicanos".[21] As mulheres a que se referia o funcionário eram as companheiras dos soldados, não as militares. Na prática, estas não eram vistas como "mulheres inúteis". Algumas pediram aos deputados da Convenção permissão para continuar no serviço: eles elogiaram sua coragem, concederam pensões mas negaram a permanência no exército. Porém, o capitão da Sra. Fartier, canhoneira no 10º Batalhão dos Federados Nacionais de Paris, *autorizou-a por escrito* a continuar servindo na companhia. A cidadã Ledague, 20 anos de idade, tinha se destacado no cerco de Lille, e queria a "glória" de participar da próxima campanha, mas só partiria com o assentimento dos "verdadeiros republicanos" da assembleia geral da Seção dos Amigos da Pátria. Seu discurso foi aplaudido entusiasticamente, e a assembleia

---

20 Informações do parágrafo em GODINEAU, Dominique. "De la guerrière...", *op. cit.*
21 BERTAUD, Jean-Paul. "Les femmes et les armées...", *op. cit.*, p. 157-158.

inscreveu-a como voluntária no batalhão da Seção. Anne Quatresols se alistou aos 13 anos, serviu três anos na cavalaria (artilharia montada) e brilhou em várias batalhas na Bélgica. Foi recebida com grandes aplausos no clube dos jacobinos, os quais fizeram uma coleta em seu favor. O representante em missão no Exército do Norte, Goussin, exaltou Anne Quatresols "por sua dedicação aos deveres, a decência de sua postura e sua perseverança em calar seu segredo"[22] – decerto ela se vestia como homem. A cidadã Va-de-bon-coeur quase conseguiu ficar no seu regimento quando o conselho militar votou a seu favor: "a cidadã Va-de-bon-coeur (Vai de bom coração) sempre se comportou de maneira irrepreensível e que ele [o conselho] não tem conhecimento de lei que a torne passível de exclusão do batalhão". Mas um general superior fez cumprir a lei.

Uma parte das mulheres-soldados recebeu gratificações e até pensões do governo. F. Gerbaux, em seu estudo *Les femmes soldats pendant la Révolution*, de 1904, fez uma lista de 24 nomes, ações e gratificações pagas a essas mulheres, e aqui estão alguns exemplos: Catherine Pochelat, 300 libras; Antoinette Vitteau, 200 libras; Marie Savonneau, 500 libras; Claude Rouget, 500 libras; Anne-Françoise-Pélagie Dulière, 1.200 libras; Marie Louise Thérèse Bouquet, 150 libras; Reine Chapuy, 300 libras; Anne Quatresols, 500 libras; Françoise Rouelle, 600 libras.[23] A título de comparação, em 1790-1791, uma costureira ou atendente de loja de roupas ganhava 300 libras por ano, e em 1793-1794, o salário de uma empregada doméstica era de 200 libras por ano. Uma libra tem 20 sols e em Paris, uma libra de peso de pão custava 3 sols. Uma pessoa do povo comia de 1 a 3 libras de peso de pão por dia.[24]

"Fiz a guerra como um bravo!"

Apesar da lei, houve mulheres-soldados até nas guerras napoleônicas. Há uma carta de 1805 ao Imperador escrita por Madame de Xaintrailles,[25] ex-combatente, reclamando direitos iguais para mulheres e homens à pensão do exército: "Fiz sete

---

22 GERBAUX, F. *La Révolution Française... op. cit.*, p. 57.
23 *Ibidem.*
24 GODINEAU, Dominique. *Citoyennes tricoteuses: les femmes du peuple à Paris pendant la Révolution Française.* Paris: Editions Alinea, Perrin, 2004, p. 363 (Seção de Anexos, Tabela de salários de operárias e operários).
25 MADAME XAINTRAILLES, *Carta ao Imperador apud* BERTAUD, Jean-Paul. "Les femmes et les armées...", *op. cit.*, p. 150-151.

campanhas do Reno como ajudante-de-campo; fiz parte da última expedição ao Egito". Ela pede justiça ao Imperador, pois sua "demanda de pensão ou emprego era recusada *porque era mulher*". A ex-soldada assinala a Napoleão que ela *era mulher* quando tomou a artilharia de canhões do Príncipe Ombourg, quando impediu uma revolta da 44ª Semibrigada de Infantaria, quando atravessou um rio a nado para entregar uma mensagem ao General Comandante entre Kayerslautern e Neustadt. E termina sua missiva com um argumento irretorquível: "Não fiz a guerra como *mulher*, fiz a guerra como *um bravo*" ("Sire, ce n'est point *en femme* que j'ai fait la guerre, je l'ai faite *en brave*...") [grifos da autora]. Madame de Xantrailles unia a racionalidade à paixão!

Neste caso, não se trata de uma adolescente patriota que se satisfaz com um elogio e uma gratificação. Trata-se de uma mulher madura e consciente que enxerga a injustiça de sua situação e faz questão de colocar o dedo na ferida: o que importava era o cumprimento do dever, da função militar, e não o sexo de quem o desempenhava. Nesse sentido, homens e mulheres deveriam ser iguais aos olhos da pátria – o sexo desaparecia para dar lugar ao bravo. Madame de Xaintrailles era prussiana, mas como outras estrangeiras nas fileiras do exército, combateu pela França contra seus antigos compatriotas. O tom e a indignação da autora da carta remetem às revolucionárias feministas do início da Revolução. Mas os tempos eram outros. Com a promulgação do Código Civil em 1804, a igualdade de direitos entre os sexos virou um sonho impossível para a maioria das mulheres. A ex-combatente tinha poucas chances de ser ouvida no ambiente patriarcal da época. Napoleão pediu ao Ministro da Guerra que fizesse um relatório particular. Não se sabe o que aconteceu depois, porém a falta de uma resposta afirmativa permite supor o pouco interesse pelo caso.

O exemplo das guerreiras republicanas

Apesar de algumas vozes discordantes, impressiona a boa vontade e a acolhida calorosa às mulheres-soldados por parte dos chefes militares e até dos líderes revolucionários em Paris. Quantos casos de condecorações, gratificações e pensões, para não falar nos aplausos e elogios! Isso levando-se em conta que elas transgrediam as normas de comportamento feminino, apropriando-se de atributos inerentemente masculinos como as armas e o serviço militar. Foram até certo ponto aceitas porque tinham *moeurs* (moral e bons costumes), comportavam-se com profissionalismo e dignidade, ou seja, eram soldadas e não prostitutas. Essas qualidades eram essenciais numa mulher, principalmente numa época em que líderes como Amar e Chaumette repreendiam as mulheres "imorais" que "se queriam homens" ou "saíam de seu sexo" por participarem da vida pública. Ao ordenar o fechamento das associações políticas femininas em nome do Comitê de Segurança Pública, Amar declarou que o papel da mulher era uma questão moral, e "sem moral não há República".

Muitas mulheres-soldados serviram o exército disfarçadas de homem e com identidades falsas para conseguirem alistar-se e, não menos importante, para se protegerem do perigo da violência sexual. Assim, tinham um comportamento reservado a ponto de seu sexo só ser descoberto quando eram feridas em combate. O argumento utilizado contra as mulheres armadas era o fato de "não terem sido feitas para dar a morte, mas sim a vida", dando à luz e aleitando os filhos. Mas na guerra, além de enfrentar a morte e prestar serviço à pátria, elas cuidavam de feridos e doentes, demonstrando o altruísmo associado ao sexo feminino. O denodo na batalha se aliava à devoção ao próximo. Ambas as qualidades faziam parte do espírito republicano professado pelos líderes revolucionários.

A importância da propagação das virtudes republicanas era crucial, e no dia 28 de setembro de 1793, a Convenção decidiu formar um Comitê de Instrução Pública para "recolher os traços exaltados das virtudes que marcaram a Revolução; é uma tarefa honrada, porque ocupar-se de recolher as ações dos homens ilustres é respirar a virtude, é associar-se à sua glória. [...] em geral, poucos homens agem por princípio, quase todos imitam [...] o caráter da maioria é o produto dos exemplos que passaram por seus olhos". Dessa forma, a Convenção Nacional autoriza o Comitê de Instrução a se "corresponder com os exércitos, autoridades constituídas e sociedades populares para descobrir e recolher exemplos de ações heroicas e virtuosas dos cidadãos para divulgá-las e estimular sua imitação".[26] Havia então um plano para encontrar os heróis e glorificá-los. Que tipo de qualidades ou situações seriam privilegiadas nas publicações? A República francesa declara em sua Constituição que ela "honra a lealdade, a coragem, a velhice, a piedade filial e a desgraça (*le malheur*)". Assim, em 30 de dezembro de 1793 (10 nivoso do Ano II da República una e indivisível), foi publicada

---

26   *Procès-verbaux de la Convention*, t.21, p. 298. [Convention Nationale] Archives Parlementaires, 28 septembre 1793, Bibliothèque Nationale, n° 473.

a *Coletânea de Ações Heróicas e Cívicas dos Republicanos Franceses* (*Recueil des Actions Héroiques et Civiques des Républicains Français*),[27] que continha, entre outros relatos de bravura, as histórias de duas mulheres-soldados, Liberté Barreau e Rose Bouillon. Fazer parte dos exemplos de virtude no *Recueil...* era a distinção moral máxima, era entrar para o panteão da glória! A pergunta que surge é: por que justamente duas soldadas, que pegaram em armas e "deram a morte"? Porque também deram a vida e se sacrificaram pela pátria. E seu grande mérito foi fazê-lo sem "esquecer as virtudes de seu sexo". Mártires dão exemplo, mas são exceções.

As mulheres-soldados podiam servir de exemplo porque eram exceções à regra, e portanto não representavam ameaça à hierarquia dos sexos. No vocabulário da época, conseguiram "elevar-se acima do sexo", isto é, superaram o limite de suas forças físicas e morais para atingir qualidades superiores, eminentemente masculinas. Mesmo assim, as soldadas eram coadjuvantes, foram ajudar e não competir com os homens. Nos relatos que ficaram, vê-se que todas elas protagonizaram episódios de coragem incomum, todas foram "heroínas maiores que a vida". Até que ponto seus feitos foram exagerados e mitificados? Refletindo sobre a exaltação de suas proezas militares, os elogios à condição *sine qua non* da moral ilibada e as gratificações que mereceram do governo revolucionário, fica a impressão que o caso *sui generis* das mulheres-soldados foi apropriado pelas autoridades para fortalecer e inspirar o fervor patriótico.

Aquelas mulheres encarnavam as virtudes republicanas. Não era pouco. A França estava às voltas com a guerra externa, a guerra civil, inflação, penúria e revoltas urbanas. As guerreiras foram festejadas porque, ao lado de outros "grandes homens" leais e abnegados, podiam inspirar os cidadãos com o exemplo de coragem de que a Revolução tanto precisava no ano II (1793-94).

---

27 *Recueil...* (Presenté à la Convention Nationale au nom de son Comité d'instruction publique, par Léonard Bourdon, an II, Paris, Imprimerie Nationale), microfilme da Bibliothèque Nationale François Mitterrand, Paris.

12
TAXAÇÃO POPULAR DE ALIMENTOS

UMA DAS RAZÕES para o envolvimento das mulheres *sans-culottes* no movimento popular foi a crise econômica, e mais precisamente a falta e a carestia dos gêneros alimentícios. Vejamos que práticas as ativistas adotaram para tentar resolver tais problemas. Em janeiro e fevereiro de 1792, devido à guerra civil entre monarquistas e patriotas nas colônias francesas nas Índias Ocidentais, faltava açúcar em Paris. Os especuladores açambarcavam imensas quantidades de açúcar, café e chá apostando na alta dos preços, que, de fato, atingiram níveis acima do alcance da maioria da população. As lavadeiras e operárias dos bairros populares levaram petições à Comuna e à Assembleia Legislativa para protestar, porém as reclamações foram ignoradas.[1] Estourou a revolta: grupos de populares, muitas vezes reunidos pelas mulheres, percorriam as mercearias do centro e dos *faubourgs* Saint-Marcel e Saint-Antoine, procedendo à chamada taxação forçada, isto é, forçando os comerciantes a venderem as mercadorias a "preços justos", estabelecidos ali na hora pelos "fregueses".[2]

A seguir alguns testemunhos: o primeiro é um comentário de um jornal liberal, o *Patriote français* de 22 de janeiro de 1792, que condenava a violência popular atribuída à contrarrevolução. "Ontem, os residentes do Faubourg Saint-Marceau

---

1   LEVY, Darline G.; APPLEWHITE, Harriet B.; JOHNSON, Mary D. *Women in Revolutionary Paris – 1789-1795*. Selected documents translated with notes and commentary by the authors. Urbana e Chicago: University of Illinois Press, 1980, p. 105.

2   GODINEAU, Dominique. *Citoyennes tricoteuses: les femmes du peuple à Paris pendant la Révolution Française*. Paris: Editions Alinea, Perrin, 2004, p. 124.

arrombaram um armazém [...] e o açúcar ali açambarcado foi vendido por vinte e um sous a libra. Todos os que o levaram pagaram fielmente!".[3]

Gorsas relatou no *Le Courier des 83 Départements* em 23 de janeiro de 1792: "A expedição para o Faubourg Saint-Marceau espalhou o medo entre os açambarcadores e aqueles que alugam seus armazéns a eles. Anteontem à noite, patrulhas encontraram carroças vindo de todos os lados carregadas com açúcar e café. Em muitos armazéns só restou soda".

As memórias de um guarda do armazém Monnery (*Fragment des Mémoires de Charles A. Alexandre*), que tentou impedir a invasão do lugar, revelam: "O povo tinha razão em reclamar, mas não em usar de ameaças e violência". Os especuladores diziam que o açúcar era um produto de luxo e por isso o preço não podia ser congelado, mas o guarda Alexandre pensava que fazia muito tempo que o açúcar tinha se transformado em gênero de primeira necessidade: "*as mulheres eram as mais furiosas* [grifo meu] com os açambarcadores e as mais ameaçadoras". Alexandre notou as táticas de taxação popular invocadas pelas mulheres para obter "uma espécie de justiça distributiva, que é porém manchada em seus princípios pela violência". "*As mulheres eram as mais exaltadas – eram verdadeiras fúrias* [grifo meu]. Como o armazém estava bem defendido, elas foram para a Igreja Saint-Marcel, e tocaram os sinos em sinal de alarme – milhares de pessoas acudiram dos bairros vizinhos. Apenas alguns barris foram tirados do depósito e vendidos".

Vários documentos mostram que as autoridades, tanto locais como nacionais, eram solidárias com os revoltosos, porém não podiam permitir os ataques à propriedade privada. Em geral se expressaram no sentido de pedir clemência para os perpetrantes da taxação popular, culpando gente de fora pelos distúrbios: Pétion fala: "são pais e mães de famílias inocentes"; um membro da Assembleia Legislativa se refere às "lavadeiras e operárias do bairro que caíram numa armadilha preparada para elas [...] muitos estão presos na Conciergerie: todos são pais e mães de famílias numerosas que sofrem porque seus pais estão detidos [...] agiram por impulso, sendo puros de coração".

---

3   LEVY, Darline G.; APPLEWHITE, Harriet B.; JOHNSON, Mary D. *Women in Revolutionary Paris...* op. cit. Ver série de documentos, p. 108-127.

Terror para os açambarcadores

Na primavera de 1792, os deputados girondinos decidiram pedir às mulheres que se sacrificassem e boicotassem o açúcar para forçar a baixa dos preços – elas concordaram em não utilizar o produto. Entretanto, seu apoio aos girondinos declinou, pois eles continuavam com seu programa econômico liberal, recusando-se a controlar os preços e a distribuição equitativa de alimentos. O radical *Enragé* Jacques Roux atraiu a atenção das *sans-culottes* defendendo leis para punir açambarcadores e especuladores, e terror contra os inimigos do povo. Em 1793, as mulheres de Paris enviaram deputações à Sociedade Jacobina, à Comuna de Paris e à Convenção para ameaçar interferir com o recrutamento de *sans-culottes* se essas instituições não protegessem os seus interesses.

Em fevereiro de 1793, as revoltas de subsistência continuaram. Na ata de reunião da Sociedade Jacobina de 22 de fevereiro, vemos que algumas cidadãs da Seção Quatre-Nations pediram aos jacobinos que emprestassem sua sala de reuniões para uma discussão sobre açambarcamento – eles recusaram dizendo que a sala já estava reservada. As espectadoras das galerias gritaram que os jacobinos abrigavam mercadores e açambarcadores que enriqueciam à custa da infelicidade pública. Mas a verdade é que eles eram contra o tabelamento de preços: Dubois-Crancé, presidente da Convenção, declarou que rejeitaria com horror qualquer petição de fixação de preços de alimentos. "C... disse que se as cidadãs usassem a sala, trinta mil mulheres poderiam fomentar a desordem em Paris". Os convencionais temiam o poder incendiário de mulheres revoltadas, e sabiam que *a palavra das militantes podia atrair muitas seguidoras*. Mas o objetivo da iniciativa daquelas mulheres era a proteção das famílias e o bem comum. Elas se reuniram na sala cedida pela *Sociedade Fraternal dos Dois Sexos* sob o nome de *Assembleia das Republicanas* para redigir uma petição a ser apresentada na Convenção no dia 24 de fevereiro: "as mães e esposas dos defensores da Pátria estão [...] assustadas com as manobras dos açambarcadores" e "pedem [...] que o dinheiro seja declarado mercadoria". Enquanto isso, as lavadeiras tinham lido sua petição contra a carestia do sabão, que havia dobrado de preço em um mês; elas queriam a pena de morte para os açambarcadores e agiotas, os únicos responsáveis pela alta do sabão. Elas gritavam: "pão e sabão". Era domingo. Prudhomme relatou em *Révolutions de Paris* nº 190, de 25 de fevereiro de 1793, que a Convenção ouviu as duas petições friamente e adiou as decisões para terça-feira. As peticionárias retrucaram furiosas que elas voltariam na segunda-feira, pois quando seus filhos pediam leite, elas não podiam "adiá-los para depois de amanhã".[4] *As militantes eram mães que precisavam alimentar os filhos.*

Mercadorias a "preços justos"

Os convencionais não levavam as ativistas a sério. Os jornalistas apresentaram as revoltas como uma manifestação feminina à qual se misturaram alguns provocadores – homens vestidos de saias – que "nem tiveram a precaução de fazer a barba". Os revoltosos não eram pilhadores de mercadorias, eles queriam que fossem distribuídas pelos açambarcadores a um preço justo, e a maioria fazia questão de pagar. A violência das mulheres era sobretudo verbal: elas podiam ameaçar enforcar os merceeiros e provocar os guardas com insolência. Em geral eram os homens que arrombavam as portas dos armazéns e começavam a vistoria das mercadorias. Na véspera desses acontecimentos, Tallien disse que havia homens instigando a revolta nos *faubourgs*, e por isso havia mais gente na porta das padarias: "alguém quer uma rebelião e eu tenho provas". Ele tentou conversar com as mulheres sobre o tabelamento do sabão, mas percebeu que "elas não eram patriotas, e sim instrumentos que os aristocratas manipulam".[5] No dia seguinte, o depósito do atacadista Laurent Commard foi invadido por um grupo liderado por mulheres, que levaram o açúcar e café encontrados – várias insistiram em pagar o preço considerado "justo".[6]

Por sua vez, Robespierre, falando aos jacobinos, também atribuiu a responsabilidade pelas revoltas aos "estranhos" e "intrigantes ricos" disfarçados de respeitáveis *sans-culottes* circulando entre cidadãos honestos. Tais conspiradores nunca mencionavam os contrarrevolucionários da Convenção – os girondinos – e acusavam os jacobinos de lucrar com os monopólios! Para ele, os intrigantes queriam confundir o povo, incitá-lo à violência para assustar todos os proprietários – seu objetivo era

---

4   GODINEAU, Dominique. *Citoyennes tricoteuses... op. cit.*, citações seguintes, p. 125.-126

5   *Ata da sessão da Convenção Nacional de 24 de fevereiro, 1793.* In: LEVY, Darline G.; APPLEWHITE, Harriet B.; JOHNSON, Mary D. *Women in Revolutionary Paris... op. cit.*, p. 129-130.

6   *Relatório de perdas e danos cometidos no depósito do Cidadão Commard, 26 de fevereiro, 1793, Seção dos Guardas Franceses.* Arquivos da Prefeitura de Polícia de Paris, AA 153, n°s 78ff. In: LEVY, Darline G.; APPLEWHITE, Harriet B.; JOHNSON, Mary D. *Women in Revolutionary Paris... op. cit.*, p. 133-137.

provar que o sistema de liberdade e igualdade subvertia toda ordem e estabilidade. Assim, Robespierre desqualificou a ação independente dos revoltosos atribuindo-a à conspiração contrarrevolucionária.[7]

Os documentos acima revelam como as rebeliões combinavam antigos rituais, o badalar dos sinos para chamar vizinhos, por exemplo, com as práticas políticas das petições na Comuna, na Convenção, a reivindicação de pena de morte para especuladores e a violência revolucionária da taxação popular. Para elas, o direito à existência precedia o direito de propriedade. As militantes expressavam suas opiniões francamente, não tinham "papas na língua", fosse qual fosse o interlocutor, bem ao espírito *sans-culotte*. Seu poder e ousadia cresciam à medida que as instituições se democratizavam e passavam cada vez mais para o controle das classes populares. As 48 Seções de Paris se declararam em "assembleia permanente" em julho de 1792. Os cidadãos passivos eram admitidos e tinham direito a voto, e as mulheres podiam frequentar as galerias de espectadores.[8] Havia, portanto, um contexto político favorável à cidadania militante das *sans-culottes*.

As mulheres ameaçavam com traição política, quando falavam em atrapalhar o recrutamento – represália muito séria em tempo de guerra. Em meio à revolta de subsistência generalizada em Paris no início de 1792 e outra vez em 1793, essas ativistas começaram a se organizar num grupo feminino, a Assembleia das Republicanas, porque perceberam que assim teriam mais força. As autoridades não sabiam como lidar com elas: ora mostravam simpatia pelas privações que sofriam, ora frieza na hora de recusar as reivindicações, ora questionavam sua independência de decisão procurando "instigadores" estranhos ao grupo. O fato é que elas estavam no centro da crise econômica, na posição de vítimas; e no centro da agitação revolucionária como rebeldes às autoridades e já adversárias políticas dos girondinos, causando também desconforto entre os montanheses.

Nas províncias, a crise econômica era também política: o clube feminino de Besançon agiu como grupo de pressão pelos controles dos preços do mercado, e o de Dijon se uniu ao clube masculino na petição à Assembleia Nacional na questão

---

7 GEORGE, Margaret. "The 'World Historical Defeat' of the Républicaines Révolutionnaires". *Science & Society*, n° 40.4, inverno 1976-1977, p. 410-437.

8 LEVY, Darline G.; APPLEWHITE, Harriet B.; JOHNSON, Mary D. *Women in Revolutionary Paris...* op. cit., p. 106-107.

do uso do açúcar e do café. Em Dijon, as ativistas se rebelaram contra o prefeito que tinha caçoado de sua reivindicação de cereais mais baratos – o incidente resultou num confronto geral que levou ao afastamento do líder municipal e à eleição de outro candidato de compromisso. Em setembro de 1792, membros do clube feminino de Lyon denunciaram açambarcadores e monopolistas e estabeleceram preços de 60 gêneros alimentícios e produtos essenciais, considerando que o preço tinha que ser baseado "na vontade do povo, justiça e igualdade". Ademais, organizaram patrulhas femininas para fiscalizar o cumprimento da tabela. Finalmente, pressionadas pela rebelião e mercados vazios, as autoridades locais e departamentais concordaram em baixar os preços e procurar os agitadores contrarrevolucionários.[9] A visão econômica das ativistas não se separava da política, nem dos princípios da Revolução. As táticas eram o desafio aberto às autoridades, capacidade de atrair seguidores de ambos os sexos (caso da destituição do prefeito) e a disposição para o confronto. Fica a impressão de que estavam no centro dos acontecimentos, próximas ao poder e exercendo na prática – e *con gusto* – seus direitos de cidade.

---

9 AN F73686 (6), *Aviso das cidadãs de Lyon, setembro 1792* e outros docs. In: DESAN, Suzanne. "Constitutional Amazons: Jacobin Women's Clubs in the French Revolution". In: RAGAN JR., Bryant T.; WILLIAMS, Elizabeth A. (ed.). *Re-creating authority in revolutionary France*. New Brunswick/New Jersey: Rutgers University Press, 1992, p. 23.

FIGURA 6. *A Mulher do Sans-Culotte*, Paris — Anônimo © Museu Carnavalet/Roger-Viollet

Há várias versões e títulos para esta imagem, entre eles *A bela sans-culotte armada para a guerra*. A mulher está vestindo as roupas típicas das militantes *sans-culottes:* lenço na cabeça enfeitado com a cocarda nacional tricolor – azul, branco, vermelho –, símbolo de adesão à Revolução, mangas arregaçadas denotando prontidão para agir, avental por cima da saia listrada e tamancos. O decote ousado não era comum nesse grupo social. Quase sempre as mulheres usavam um xale amarrado na frente, preservando a modéstia. Militante *sans-culotte* ou armada para a guerra, sua atitude é de desafio, seu olhar é de provocação. Independente, ela armou-se para enfrentar inimigos, nas revoltas urbanas ou na guerra, porém a espada desembainhada não inibe a sensualidade. Agressiva e sedutora, esta mulher pode ser perigosa.

13
AS CIDADÃS REPUBLICANAS REVOLUCIONÁRIAS

EM PARIS, O ANO DE 1793 marcou o auge da influência política das mulheres das classes populares. Em parte isso se deve ao fato de que as instituições políticas eram cada vez mais lideradas pela *sans-culotterie*: os dirigentes eram os pais, maridos e companheiros das ativistas. Se fosse preciso, as Seções de Paris podiam funcionar como unidades militares e a Guarda Nacional que havia atirado no povo no Campo de Marte, em 1791, agora era controlada pelo povo. As sociedades fraternais se tornaram mais populares e apelaram às mulheres para que tivessem um papel mais ativo, elaborando petições, discutindo questões, defendendo o interesse das viúvas de guerra e dos soldados. Muitos dos oficiais da Comuna de Paris agora também vinham das classes populares, e eram, portanto, mais solidários em relação às dificuldades econômicas e reivindicações femininas nesse sentido.[1]

---

1   LEVY, Darline G.; APPLEWHITE, Harriet B.; JOHNSON, Mary D. *Women in Revolutionary Paris – 1789-1795*. Selected documents translated with notes and commentary by the authors. Urbana e Chicago: University of Illinois Press, 1980, p. 106-107.

Em maio de 1793, Pauline Léon[2] e Claire Lacombe[3] fundaram a *Sociedade das Cidadãs Republicanas Revolucionárias*, que já vinha funcionando informalmente desde fevereiro. Suas reuniões seriam na biblioteca dos Jacobinos, na Rue Saint-Honoré. Quem eram os membros da nova Sociedade? Olwen Hufton alega que não se sabe nada sobre o número de associadas: uma estimativa fala em apenas 67 membros, Godineau relata que mais de 170 compareceram à reunião inaugural, porém apenas cem vinham regularmente às sessões. As líderes declaravam o apoio de milhares e os jacobinos acreditavam que seu programa de ação poderia, de fato, atrair as massas populares.

Segundo Godineau, as informações sobre os membros são raras e incompletas. Conhecemos as profissões de 19 Republicanas, as quais exerciam as atividades comuns entre as parisienses: pequeno comércio, costura, artesanato, prendas do lar, incluindo até o ramo de espetáculos. O nível de instrução variava: as dirigentes do clube eram mais educadas e escreviam bem, enquanto um terço das simples militantes sobre quem existem informações era iletrada. Em geral, estas eram comerciantes de rua ou mulheres de artesãos. As líderes pertenciam à pequena burguesia, mas o clube recrutava e atraía mulheres das camadas mais populares, como as esposas e filhas dos militantes *sans-culottes* e funcionários das Seções de Paris. Só há informações sobre a faixa etária de nove associadas: dois terços tinham entre 25 e 30 anos, e um terço entre 60 e 70 anos. Pode-se supor que, do ponto de vista das obrigações familiares, elas dispunham de tempo para o clube, pois algumas não eram mães, não tinham filhos em baixa idade ou já

---

2   GODINEAU, Dominique. *Citoyennes tricoteuses: les femmes du peuple à Paris pendant la Révolution Française*. Paris: Editions Alinea, Perrin, 2004, p. 375-376. Pauline Léon nasceu em Paris em 1768, fabricante e comerciante de chocolate junto com seus pais; casou em 1793 com o *Enragé* Leclerc, 18 dias depois da proibição dos clubes femininos. Sabia ler e escrever e teve uma educação relativamente cuidada. Participou de várias jornadas revolucionárias. Ela e o marido foram presos pelo Comitê de Segurança Pública em 14 germinal do ano II e libertados em Fructidor – depois disso, seu nome desaparece dos arquivos.

3   *Ibidem*, p. 373-374. Claire Lacombe nasceu em Pamiers de pais comerciantes. Artista de teatro em Marselha, Lyon e Toulon, veio para Paris em julho de 1792, dedicou-se inteiramente à Revolução, vivendo de suas economias. Oradora eloquente, sabia escrever. Ganhou faixa e coroa cívica pela participação na jornada das Tulherias em agosto de 1792. Muito atacada pelos jacobinos. Presa em germinal do ano II, ficou 15 meses na prisão, durante os quais suas amigas tentaram muitas vezes libertá-la. Ao recuperar a liberdade, voltou à vida de atriz e aos seus amores, e nunca mais se envolveu em política. No ano VI voltou a Paris com um companheiro de teatro. Endividou-se. Depois disso, não há mais informações sobre ela.

os haviam criado.⁴ As atas de suas deliberações internas (reuniões da Sociedade) se perderam ou foram destruídas pela polícia ou pelas próprias associadas que temiam seu possível uso pelas autoridades para incriminá-las.⁵

Pauline Léon e Claire Lacombe eram frequentadoras assíduas das galerias da Assembleia Nacional, do clube dos jacobinos, da Sociedade Fraternal dos Patriotas dos Dois Sexos e outras associações populares, além de terem ambas participado armadas da jornada de 10 de agosto de 1792 que levou à queda da monarquia. Pauline Léon militou na Sociedade Fraternal ao lado de Louise Robert, jornalista respeitada, e Varlet, um dos *Enragés*; foi ali que conheceu seu futuro marido, o também *Enragé* Théophile Leclerc. Há certa continuidade de questões tratadas na Sociedade Fraternal e na Sociedade das Republicanas Revolucionárias. A Sociedade Fraternal queria que as tribunas fossem franqueadas ao público e pediu aos deputados jacobinos que suprimissem os lugares reservados, em janeiro de 1792. As Republicanas Revolucionárias chegaram a interditar fisicamente o acesso aos portadores de convites especiais em 1793. Em 15 de maio de 1793, durante o conflito entre girondinos e montanheses, elas montavam guarda na entrada da Convenção rasgando os cartões de acesso dos convidados para a sessão. Théroigne de Méricourt, próxima dos girondinos, insistia em utilizar o seu, e teve que ser salva por Marat das chicotadas aplicadas pelas militantes.

Em fevereiro de 1791, as irmãs da Sociedade Fraternal juraram não se casar com aristocratas, e em 1793 as Republicanas Revolucionárias prometeram povoar a França com pequenos Marats.⁶ Por sinal, muitas outras ativistas fizeram declarações semelhantes, como Marie Martin, que discursou na Assembleia: "aquelas que juraram no altar da Liberdade protegê-la com todo seu poder, só darão sua mão àqueles cujas virtudes cívicas sejam reconhecidas e professem os princípios gloriosos que todo bom patriota deve ter no coração".⁷ Penso que tais afirmações – além

---

4   *Ibidem*, p. 131.
5   HUFTON, Olwen H. *Women and the limits of citizenship in the French Revolution*. Toronto/Buffalo/Londres: University of Toronto Press, 1992, p. 28-29.
6   GUILLON, Claude. "Pauline Léon, une républicaine révolutionnaire". *AHRF*, nº 2, 2006.
7   *Le Patriotisme des Dames Citoyennes - discours prononcé à la Tribune de l'Assemblée Patriotique* - Marie Martin, ano segundo da liberdade. In: *Cahiers de doléances des femmes en 1789 et autres textes*. Préfacé par Paule-Marie Duhet. Paris: C. des Femmes, 1981, p. 96.

de ilustrar situações de confusão entre vida pessoal e vida pública, típicas da ideologia revolucionária – são atos de civismo e proclamações de princípios republicanos: *cidadãs patriotas não se casam com os inimigos*. Era pouco provável que um aristocrata pedisse em casamento uma militante radical, mas se aparecesse algum incauto, a resposta já estava dada de antemão. Na falta da cidadania oficial, as mulheres adotavam práticas que configuravam gestos de cidadania *de facto*, usando a criatividade: anunciavam sua lealdade à pátria em juramentos solenes e públicos, dessa forma inserindo-se no corpo político da nação.

"Juro viver pela República ou morrer por ela!"

O objetivo principal da Sociedade das Republicanas Revolucionárias era defender a pátria e a Revolução, mas as cidadãs estavam livres para armar-se ou não. As revolucionárias anunciaram seus objetivos: instruir-se politicamente, aprendendo a Constituição e as leis da República, participar dos assuntos cívicos e socorrer as vítimas de atos arbitrários, seguindo a linha moderada de outros clubes femininos. Mas, ao apresentaram-se no clube dos jacobinos no dia 12 de maio numa deputação mista com os Cordeliers, foram mais radicais: agora reclamavam a prisão dos girondinos e outros suspeitos, queriam a instalação de tribunais revolucionários nos departamentos e Seções, o aumento do exército revolucionário de Paris para 40 mil homens, distribuição de terras aos soldados e imposto sobre os ricos para os pobres poderem comprar pão. Além disso, desejavam a exclusão dos nobres de todos os empregos públicos, principalmente o de oficiais do exército. Como fica bem claro, *as Republicanas Revolucionárias não tinham uma agenda feminista*; suas propostas se integravam no programa radical da *sans-culotterie* em geral. O regulamento de julho era mais moderado: o artigo XV dos estatutos traz o juramento obrigatório dos novos membros: "Juro viver pela República ou morrer por ela; prometo ser fiel à Regra da Sociedade enquanto ela existir".[8] A preocupação com a virtude republicana estava presente:

> A Sociedade, acreditando que o povo só deveria se unir para honra mútua, apoio, e incentivo à virtude, decreta que receberá em seu meio

---

8   Règlement de la Société des citoyennes républicaines révolutionnaires de Paris (n.p., n.d.), Bibliothèque Historique de la Ville de Paris, 958939. In: LEVY, D.; APPLEWHITE, H.; JOHNSON, M. *Women in Revolutionary Paris... op. cit.*, p. 161-165.

apenas aquelas cidadãs de bons costumes ("bonnes moeurs") – esta é a condição mais essencial para a admissão, e a sua ausência, a principal causa da exclusão.[9]

Olwen Hufton afirma que o objetivo expresso do Sociedade das Republicanas Revolucionárias era o combate ao açambarcamento e à inflação, questões críticas para os *sans-culottes*.[10] Mas a documentação existente mostra que, pelo menos no início, o programa de ação incluía objetivos políticos, sociais e econômicos.

Dentro da preocupação com a moral e os bons costumes, a Sociedade das Revolucionárias Republicanas sugeriu à Convenção que prendesse todas as prostitutas, não como medida de saúde pública, mas para garantir a segurança política, porque temia-se que ajudassem a contrarrevolução. Um programa de reabilitação seria instituído e ministrado em abrigos nacionais onde as antigas prostitutas aprenderiam ofícios apropriados para mulheres – depois de regeneradas, retornariam à sociedade para tornarem-se mães. Olympe de Gouges e alguns clubes femininos também haviam proposto uma regulamentação para aquela atividade, em nome da luta contra a libertinagem. A prostituição foi proibida em 1793 e 1794, e as suspeitas presas em grande número. Depois da morte de Robespierre, o comércio do sexo recobrou seu antigo vigor.[11] Deve-se lembrar que essas mazelas sociais envergonhavam os líderes revolucionários, pois a Revolução queria extirpar o que considerava ranço dos vícios do Antigo Regime. Aos olhos jacobinos, a existência de prostitutas, mendigos e crianças abandonadas equivalia a uma acusação de incompetência. Eram males que podiam solapar as bases da República, pois a moral privada dos indivíduos afetava o bem comum. Assim, as propostas das Republicanas Revolucionárias podiam ser consideradas patrióticas. Todos aqueles que, pela sua própria presença, eram um embaraço à República, eram considerados "perigosos" porque supostamente eram manipulados pelos inimigos. Um relatório de polícia de 19 de setembro de 1793 atesta o que pensava a liderança jacobina a respeito:

---

9   *Ibidem*, p. 163.
10 HUFTON, Olwen H. *Women and the limits of citizenship...* op. cit., p. 2
11 HUNT, Lynn. *The Family Romance of the French Revolution*. Los Angeles: University of California Press, 1992, p. 159-160.

os mendigos formam uma classe excessivamente perigosa; são pagos pelos aristocratas para pedir esmolas aos patriotas; é necessário subtrair esses infelizes dos olhares públicos, pois sua visão é assunto de censura à República na boca dos mal-intencionados.[12]

Finalmente, as militantes queriam a formação de "companhias de amazonas" armadas para lutar contra os inimigos internos, enquanto os homens combatiam nas fronteiras. Note-se aqui a transposição dos papéis masculinos e femininos na família para a arena política. Tradicionalmente, os homens se ocupavam de atividades "externas" ao lar, enquanto as esposas cuidavam das "internas". Godineau ressalta que elas foram as únicas militantes a formularem esta concepção profundamente original – além disso, a nação era a grande família dos cidadãos e as mulheres teoricamente não estavam saindo de seu papel de guardiãs do lar.[13] Elas se apresentavam batendo tambor, bandeira desfraldada com o olho da vigilância, um dos símbolos republicanos, usando o barrete frígio[14] da liberdade na cabeça e algumas vestidas de amazonas. Para proteger a nação e prender os suspeitos, teriam que andar armadas. Não obstante, as Republicanas Revolucionárias nunca formaram um corpo verdadeiramente armado. Dois dias antes de sua supressão, tinham apenas quatro piques, de valor mais simbólico que bélico, o que permite supor que teriam renunciado à pretensão original. Em compensação, não renunciaram ao objetivo de salvar a pátria e se engajar politicamente no movimento revolucionário.[15]

"Tropas de fúrias"

Na primavera de 1793, as Republicanas Revolucionárias se aliaram aos montanheses contra os girondinos. Uma vez instaurada a República, um dos aspectos da luta de poder girava em torno da pressão radical dos *sans-culottes* sobre a Convenção.

---

12 Paris pendant le Terreur – Rapports des Agents Secrets du Ministre de L'Intérieur – publicados por Pierre Caron (autor da Introdução), Tomo I, 27 ago. 1793 – 25 dez. 1793, Paris, Librairie Alphonse Picard et fils, 1910, p. 146.

13 GODINEAU, Dominique. *Citoyennes tricoteuses... op. cit.*, p. 131-132.

14 Na Roma antiga, o barrete frígio era usado por ex-escravos libertos, e foi adotado na Revolução como símbolo da liberdade conquistada.

15 GODINEAU, Dominique. *Citoyennes tricoteuses... op. cit.*, p. 132-133.

Robespierre, Saint-Just, Marat, Danton e Desmoulins tinham um projeto social vizinho ao da *sans-culotterie*, e queriam uma aliança com as massas populares, julgando que seria esse o meio de assegurar a vitória de uma revolução que beneficiasse a todos. O povo era a favor do tabelamento de preços, do controle do abastecimento de gêneros e do Terror, que envolvia a prisão e execução dos inimigos suspeitos. No mês de maio, as Republicanas Revolucionárias passaram a frequentar diariamente os relatórios de polícia por suas atividades – tal interesse maciço e repentino reflete a importância de sua atuação no conflito entre girondinos e montanheses. O observador de polícia Terrasson observou que as Republicanas Revolucionárias eram o elemento motor da oposição antigirondina: "as mulheres [...] querem a demissão dos vinte e dois deputados girondinos. Elas têm a esperança de serem secundadas pelos homens". De fato, as Republicanas concorreram para preparar a insurreição contra os girondinos, fazendo propaganda, discursando, promovendo agitações na Convenção, nos clubes políticos, nas Seções. No dia 2 de junho de 1793, a Convenção ordenou a prisão de 29 deputados girondinos. Gorsas relatou que os membros do Comitê Insurrecional eram apoiados por

> uma tropa de mulheres dizendo-se revolucionárias, tropas de fúrias, ávidas de carnificina – armadas, essas mulheres sem pudor retinham cativos os deputados, um dos quais foi perseguido por cinco ou seis dessas megeras, e teve que saltar de uma janela.

Gorsas as chamou de "bacantes de Marat", "megeras", e denunciou que "elas querem fazer rolar as cabeças e se embebedar de sangue".[16] O fantasma das mulheres armadas até os dentes é repetido por outros girondinos, como Bergoering e Lanjuinais, com uma insistência que ultrapassa a realidade e beira o delírio, na opinião de Godineau. A autora considera que as acusações desses deputados têm o objetivo de assustar os leitores com o aspecto "horrível, anárquico e indecente" dos armamentos femininos, que se resumiam a alguns instrumentos de trabalho ou facas que algumas traziam nos bolsos – o medo masculino desarrazoado estaria no terreno

---

16 GORSAS, *Précis rapide des événements qui ont eu lieu à Paris dans les journées des 30 et 31 mai, preier et 2 juin 1793*. In: LEVY, Darline G.; APPLEWHITE, Harriet B.; JOHNSON, Mary D. *Women in Revolutionary Paris...* op. cit., p. 154-155.

das mentalidades.[17] Entre as parisienses que invadiram a Assembleia Nacional na noite de 5 de outubro de 1789, algumas portavam facas na cintura, o que causou a mesma repulsa entre os deputados e comentários negativos na imprensa.

As Republicanas foram consideradas uma das principais forças do movimento popular naquele verão de 1793, tanto pelos deputados girondinos prescritos como pelos observadores da polícia e autoridades revolucionárias. Aquele foi o período em que as autoridades jacobinas aceitaram com maior indulgência e até incentivaram a participação feminina no movimento popular. O Departamento de Paris e os comissários das seções que dirigiram a insurreição contra os girondinos elogiaram especialmente o zelo, a audácia e a coragem das Republicanas Revolucionárias naquele conflito. Tais declarações vão além das circunstâncias: são uma afirmação do direito e até do dever das mulheres de participarem ativamente da Revolução. "As Republicanas Revolucionárias [...] desprezam as roupas e seus diamantes são as cocardas, seu lugar é embaixo da bandeira tricolor, suas danças são em volta do altar da pátria, todos os seus cantos celebram a liberdade e seus entusiasmos mais vivos são pela República"; elas sentem um "amor imenso" que não pode ficar restrito ao privado: "esposas e mães republicanas, seus lares não conseguem conter a abundância de suas afeições".

Entretanto, as autoridades lhes lembraram que deviam desdenhar do poder das armas e preferir o "império supremo da persuasão" que a natureza lhes havia dado. Os oradores reconheceram nas Republicanas qualidades femininas, por exemplo, o poder que tinham de convencer pela palavra. E concederam que o seu papel na Revolução ia além da maternidade: como militantes, elas podiam desfazer conspirações e defender a pátria em Revolução, pois tinham amor à República e ao gênero humano.[18]

As cidadãs da Seção *Droits de l'Homme* (Direito do Homem) apresentaram às Republicanas Revolucionárias um estandarte contendo a Declaração dos Direitos do homem e do *Cidadão* onde, além de elogiar a coragem das cidadãs, apontam a combinação dos deveres maternos e públicos das patriotas:

> as mulheres têm como primeira obrigação seus deveres de [...] esposas e mães; [...] mas é possível reconciliar o que a natureza exige com o amor

---

17 GODINEAU, Dominique. *Citoyennes tricoteuses... op. cit.*, p. 138-139.
18 Idem. "Beauté, respect et vertu: la séduction est-elle républicaine? (1770-1794)". In: DAUPHIN, Cécile; FARGE, Arlette (dir.). *Séduction et Sociétés*. Paris: Seuil, 2001, p. 115-116.

ao bem público. Depois de cuidar de suas obrigações indispensáveis, [...] as mulheres *citoyennes* das sociedades fraternais se consagram à vigilância e instrução e têm a satisfação doce de serem duplamente úteis [...]; coragem, perseverança, bravas Republicanas.[19]

Aqui vê-se que as Republicanas tinham aliadas entre as militantes das Seções de Paris; também fica clara a preocupação de não dissociar o ativismo político dos deveres maternos, qualidade essencial em todas as mulheres na ideologia revolucionária, e escudo de proteção contra maledicências.

Havia, porém, um limite para essa participação feminina. Em época de crise, notadamente naquele verão de 1793, as mulheres podiam deixar as galerias das Seções e se misturar com os cidadãos e às vezes até votar com eles, mas no final tinham que voltar aos seus lugares – no fundo, não eram consideradas membros plenos da Assembleia Geral. No dia 31 de maio, as Republicanas Revolucionárias pediram para participar do Comitê Insurrecional, e ouviram uma recusa: não se tratava de envolvimento de clubes, mas sim de uma reunião de deputados de 48 Seções, "emanação do Povo Soberano", do qual depreende-se que elas não faziam parte.[20] No dia 2 de junho, na Convenção, elas não estavam no meio dos insurretos, mas num grupo separado, e tiveram que apresentar uma petição separada para se fazerem ouvir. Percebe-se que as ativistas eram coadjuvantes da ação, mas não eram admitidas na estrutura oficial do poder revolucionário.

Juramento à Constituição de 1793

As militantes, porém, encontraram outros modos de demonstrar seu pertencimento ao povo soberano. No dia 24 de junho de 1793, a nova Constituição foi aprovada e submetida a referendo. 100 cidadãs Republicanas Revolucionárias participaram do cortejo oficial de comemoração carregando suas bandeiras, marchando atrás dos líderes do

---

19 "Discours prononcé à la Société des citoyennes républicaines révolutionnaires, par les citoyennes de la Section des Droits de l'homme en lui donnant un guidon sur lequel est la Déclaration des droits de l'homme" (n.p., n.d.). In: LEVY, Darline G.; APPLEWHITE, Harriet B.; JOHNSON, Mary D. *Women in Revolutionary Paris... op. cit.*, p. 176-7.

20 GODINEAU, Dominique. "Masculine and feminine political practice during the French Revolution, 1793 – Year III". In: APPLEWHITE, Harriet B. & LEVY Darline G. (ed.) *Women & politics in the age of the democratic revolution*. Ann Arbor: The University of Michigan Press, 1993.

desfile. As cidadãs não queriam ser excluídas desse processo nacional e, apesar de não terem direito a voto, se uniram aos homens das assembleias primárias na aprovação por aclamação, ou votaram em escrutínio particular quando havia chamada nominal. Depois prestaram juramento à Constituição. No dia 2 de julho, cortejos imensos de parisienses felicitaram a Convenção pela nova Carta. As mulheres eram numerosas e em geral participavam das cerimônias jogando flores, oferecendo coroas cívicas, aceitando cumprimentos do presidente. A presença feminina realçava a unidade da nação em torno do governo republicano. Tomar parte das cerimônias de cidadania não acarretava exercício de direitos políticos, mas tinha uma importância simbólica não desprezível.

Muitos homens gostariam que as mulheres se limitassem a "enfeitar as festas cívicas", mas elas não se contentavam com a passividade. Algumas pediram aos oradores de sua Seção que transmitissem a seguinte mensagem na Convenção: "se a natureza de seu sexo não lhes permite votar, elas não podem ficar insensíveis aos sentimentos republicanos que seus esposos, irmãos e amigos vinham exprimir".[21] Por sua vez, elas aceitavam formalmente a *Declaração dos Direitos do Homem e do Cidadão* e a Constituição. A maioria parecia mais preocupada em anunciar sua vontade republicana do que exigir o direito ao voto. Uma cidadã da Seção do Beaurepaire, entretanto, expressou indignação pela exclusão feminina do sistema político: "como a Constituição repousa sobre os Direitos do Homem, nós reclamamos hoje o seu inteiro exercício".

Os clubes femininos das províncias também se manifestaram nessa ocasião: o de Besançon tomou posição contra o federalismo, assim como os clubes de Bordeaux, neste caso para conseguir sobreviver à queda política dos girondinos e evitar a própria supressão. Segundo o estudo de Suzanne Desan,[22] estas associações femininas, juntamente com as de Damazan, Clermont-Ferrand, Le Mans, Nancy e Beaumont, votaram aceitar a Constituição e enviaram seus endossos à Convenção Nacional no verão de 1793. A aceitação da Carta constitucional, no entanto, levantou a questão dos direitos políticos das mulheres, e vários clubes e indivíduos aproveitaram a ocasião para expressar sua frustração com o estatuto cívico feminino. As sócias dos clubes de Nancy, Le Mans e Beaumont repreenderam a Convenção por negar-lhes o direito

---

21　GODINEAU, Dominique. *Citoyennes tricoteuses...* op. cit., p. 143-145.
22　DESAN, Suzanne. "Constitutional Amazons: Jacobin Women's Clubs in the French Revolution". In: RAGAN JR., Bryant T.; WILLIAMS, Elizabeth A. (es.). *Re-creating authority in revolutionary France*. New Brunswick/New Jersey: Rutgers University Press, 1992, p. 24-25.

ao voto e à ratificação do ato que elas tinham apoiado tão decididamente, sendo que o de Beaumont havia apelado ao direito de voto em fevereiro de 1793. Uma jovem de 22 anos e mãe de quatro filhos, Elisabeth Lafaurie, já em 1791 tinha feito um discurso no clube jacobino masculino de Saint-Sever-Cap, declarando que era injusto negar às mulheres uma voz política "porque elas estão sujeitas às Leis que não puderam aprovar ou recusar, o que é contrário à liberdade".

Poucas foram as vozes que reclamaram a igualdade cívica, porém já mais numerosas aquelas que apontaram a exclusão feminina dos direitos políticos, como atestam os exemplos acima. Impressiona a quantidade de militantes e associações que votaram simbolicamente a aprovação da Constituição de 1793, transformando um ato privado em público. Foi sua maneira de se inscrever no corpo político da nação. Através desta prática de cidadania, as ativistas na verdade estavam exercendo um direito que não lhes cabia por lei.[23]

Em setembro de 1793, as Republicanas estavam próximas das ideias políticas dos *Enragés* – Léclerc, Jacques Roux e Varlet –, grupo de revolucionários extremistas, cuja ação se situou entre fevereiro e setembro de 1793. O povo escutava quem propunha remédios mágicos contra a carestia e a especulação monetária, e apoiou os *Enragés* nos apelos à expulsão dos girondinos, punição aos açambarcadores e agiotas. Jacques Roux, o "padre vermelho", era amigo do povo, e assim se dirigia às mulheres: "A vitória é certa quando as mulheres se misturam aos *sans-culottes*". Roux incentivou as taxações forçadas impostas pelos grupos populares aos comerciantes de velas, sabão e açúcar em fevereiro de 1793: "Acho que os merceeiros estão apenas restituindo ao povo o que vinham cobrando a mais há muito tempo".[24] Por sinal, Marat foi contra a ideia da taxação forçada das mercadorias, dizendo que aqueles que impusessem tais medidas à Convenção deveriam ser perseguidos como perturbadores da tranquilidade pública.[25] Leclerc era adorado pelas revolucionárias e se casou com Pauline Léon depois de um breve romance com Claire Lacombe. Não era menos radical que os outros dois *Enragés*. Em 26 de agosto, um grupo de Revolucionárias leu uma petição, republicada no jornal de Leclerc, para uma assembleia hostil, exigindo

---

23 GODINEAU, Dominique. *Citoyennes tricoteuses... op. cit.*, p. 145.
24 RICHET, Denis. "Enragés". In: FURET, François; OZOUF, Mona (ed.). *Dictionnaire critique de la Révolution Française*. Vol. "Acteurs". Champs: Flammarion, 1992, p. 331-339.
25 *Ibidem*, p. 337.

a execução de "toda a Constituição e nada além da Constituição". Elas queriam a renovação de todas as autoridades constituídas, inclusive as da Convenção – Pauline Léon se apoiava na afirmação de Rousseau de que:

> a prolongação dos poderes é freqüentemente o túmulo da liberdade. Mostrem-nos que esta Constituição, que nós acreditamos aceitar, existe e deve fazer nossa felicidade [...] é necessário que o povo sinta seus benefícios [...] cremos que a ambição reina nos seus comitês; organizem o governo segundo a Constituição [...] Vocês aprovaram um decreto pelo qual os suspeitos serão presos, mas esta lei não é derrisória quando são os próprios suspeitos que as devem executar?[26]

Elas ousavam atacar diretamente os deputados da Convenção, provocando desconforto no governo. Esta petição das Republicanas marcou sua volta à cena política, depois de seu projeto de construção de um obelisco a Marat. Única petição dessa Sociedade que sobreviveu na íntegra, foi considerada muito significativa por Albert Soboul.[27] O programa ali delineado estava próximo dos anseios da *sans-culotterie* em geral, e semelhante ao dos *Enragés* e Cordeliers. Elas defendiam a luta contra o "inimigo interno", contra quem reivindicavam uma série de medidas terroristas, como a destituição dos nobres, organização de tribunais revolucionários, julgamento de aristocratas e de Maria Antonieta.

Os *Enragés* e a Sociedade das Republicanas Revolucionárias atiçavam a cólera popular e acusavam a Convenção de imobilismo. Leclerc se atribuiu o mérito pela queda dos girondinos e queria uma repressão ainda mais sanguinária. Clamou pela execução dos girondinos derrotados dizendo: "Por que [os Srs.] têm medo de algumas gotas de sangue?".[28] Foi expulso dos jacobinos e preso. Varlet exigia o confisco de bens dos agentes da desigualdade econômica, entre eles, os açambarcadores e agiotas. Foi detido e passou dois meses na prisão. Jacques Roux trovejava contra a inércia da Convenção: "A igualdade não passa de um fantasma quando o rico, através

---

26 Petição das Cidadãs Republicanas Revolucionárias. In: *L'ami du Peuple*, par Leclerc, de Lyon, 30 agosto, ano 2 da República, n° XVII. New York Public Library, seção microfichas.

27 SOBOUL, Albert. *Les sans-culottes parisiens...*, p. 150 apud GODINEAU, Dominique. *Citoyennes tricoteuses... op. cit.*, p. 157.

28 RICHET, Denis. "Enragés", *op. cit.*, p. 335.

do monopólio, exerce o direito de vida e morte sobre seu semelhante. Anunciem suas decisões. Os *sans-culottes* farão cumprir vossos decretos com suas piques".[29]

Robespierre denunciou Roux aos jacobinos, que o taxaram de contrarrevolucionário e o responsabilizaram pelas revoltas do sabão em fevereiro de 1793.

As Republicanas e a democracia direta

As ativistas mantinham laços estreitos entre sua Sociedade e o movimento *sans-culotte* parisiense. Elas queriam um executivo sob controle popular e pensavam que só o povo não é corrupto, por isso digno de confiança. Enquanto o dirigente Vincent confiava aos comitês revolucionários a vigilância dos administradores, as Cidadãs Republicanas Revolucionárias queriam atribuir essa função diretamente ao povo soberano de cada Seção. A esse respeito, propunham que os funcionários públicos demissionários apresentassem obrigatoriamente as contas de sua gestão e ficassem detidos até a aprovação das mesmas. Essa era a visão de poder popular da *sans-culotterie*, que favorecia a autonomia das Seções em relação às autoridades constituídas.[30] Ora, tal independência era uma ameaça à hegemonia jacobina. A hostilidade do governo em relação aos princípios da democracia direta e a todos aqueles que a defendiam oferece uma explicação política para a supressão da Sociedade das Republicanas. Patrice Higonnet observa que os *sans-culottes* compreendiam mal a delegação do poder. Seu instinto os levava à ação direta e violenta. A *pique* é o símbolo do militante em marcha, e os canhões das Seções, o signo fetichista de sua soberania.[31]

Naquela ocasião, a ameaça burguesa do federalismo ainda representava um perigo para o governo revolucionário em Paris, que temia a pulverização de sua autoridade. Os deputados girondinos – politicamente moderados – foram chamados de federalistas porque não queriam que a capital ditasse sua vontade aos representantes da França inteira. A estratégia jacobina, ao contrário, era manter a unidade revolucionária, ao preço de compromissos e alianças principalmente com as massas populares urbanas.

---

29   LEFEBVRE, Georges. *La Révolution Française*. Paris: Presses Universitaires de France, 1989, p. 344.
30   GODINEAU, Dominique. *Citoyennes tricoteuses... op. cit.*, p. 159.
31   HIGONNET, Patrice. "Sans-culottes". In: FURET, François; OZOUF, Mona (ed.). *Dictionnaire critique... op. cit.*

A situação era perigosa: a República precisava da energia dos *sans-culottes*, mas o ardor popular nada podia sem um governo que o disciplinasse. Ademais, a cooperação da burguesia era imprescindível, pois era este o grupo social que fornecia os dirigentes; a salvação da Revolução dependia da união do Terceiro Estado.[32] A Convenção simbolizava essa união essencial e era a única autoridade que se impunha a todos os patriotas. A aliança com as massas populares urbanas foi paga ao preço da *Lei do Máximo* em 29 de setembro de 1793,[33] embora os jacobinos fossem partidários da liberdade econômica. E o Terror entrou na ordem do dia. Assim, o governo implementou as principais exigências dos *Enragés*, conservando a sua própria autoridade enquanto neutralizava e afastava os três radicais. Faltava agora tratar das Republicanas Revolucionárias.

Apesar da influência exercida pelos *Enragés* sobre as Republicanas, Dominique Godineau não concorda com a visão comum na historiografia, que vê o clube das militantes femininas simplesmente como uma ramificação do grupo *Enragés*. Estes eram favoráveis ao componente feminino do movimento popular e valorizavam as intervenções das ativistas, o que facilitou a aproximação entre eles. Apesar dessa constatação e dos laços pessoais que uniram Leclerc às duas principais líderes da sociedade feminina, Godineau acha que não se pode reduzir a independência política das Republicanas Revolucionárias por conta do amor ou fascínio exercido por um homem que teria conduzido suas ações e pensado por elas. A autora aponta as ações conjuntas das Republicanas com os militantes secionários, que marcaram toda a atividade externa

---

32 LEFEBVRE, Georges. *La Révolution Française, op. cit.*, p. 345.

33 TULARD, J.; FAYARD, J. F.; FIERRO, A. *Histoire et dictionnaire de la Révolution Française – 1789-1799*. Paris: Ed. Robert Laffont, 1988. Verbete *Maximum* (resumido): a primeira *Lei do Máximo*, votada em 4 de maio de 1793, fixou um preço máximo de venda para o trigo e a farinha, com valor estabelecido por cada administraçao departamental. A segunda *Lei do Máximo*, votada em 29 de setembro de 1793, era mais abrangente: impunha um valor máximo para grande número de gêneros de primeira necessidade, mas também para os salários. Essas leis foram revogadas em 24 de dezembro de 1794. Georges Lefebvre explica, em *La Révolution Française* (p. 351), que tal legislação se inseria no programa da economia dirigida. Furet considera que o parêntese da *Lei do Máximo* e a economia dirigida "deixou uma grande lembrança, [...] pela intenção de proteger os humildes, os pobres e talvez prejudicar os ricos. Não importa que ela estivesse na origem de uma administração em grande parte ineficaz, cara e tirânica. O que conta sobretudo foi haver manifestado a ambição de ultrapassar a própria Revolução, procurando estender o princípio da igualdade às condições reais da vida dos homens" (Verbete "*Maximum*". In: FURET, François; OZOUF, Mona (ed.). *Dictionnaire critique... op. cit.*, Vol. "Institutions et Créations").

do clube, da fundação à extinção. Enquanto Jacques Roux e Varlet agiam apenas na Seção onde residiam, as Republicanas moravam em bairros diferentes e agiam como grupo de mulheres em várias Seções de Paris. Quando elas deixaram de ser bem-vindas no clube dos Jacobinos e dos Cordeliers, continuaram mantendo boas relações e assistência mútua com os militantes secionarios. Outra observação pertinente a esse propósito é a falta de unidade política do próprio clube das Republicanas Revolucionárias, que abrigava várias tendências em seu meio. Sendo a única associação política feminina em Paris, reunia partidárias de Robespierre, dos Cordeliers, de Hébert e dos *Enragés*. A tendência *Enragé* de Claire Lacombe só se impôs à custa da expulsão de alguns membros[34] e provou ser politicamente desastrosa para a organização. Essas divisões internas enfraqueceram o clube, que não resistiu aos primeiros ataques.[35]

---

34 Há um relatório interno das Republicanas Revolucionárias contendo críticas e acusações de três membros do clube contra Claire Lacombe e a direção da Sociedade, e apoiando as políticas de Robespierre. In: LEVY, Darline G.; APPLEWHITE, Harriet B.; JOHNSON, Mary D. *Women in Revolutionary Paris...* op. cit., p. 178-181.

35 GODINEAU, Dominique. *Citoyennes tricoteuses...* op. cit., p. 154-156.

14
A GUERRA DAS COCARDAS

FIGURA 7. Cocarda Nacional. Símbolo da Revolução

A ATITUDE DOS GRANDES CLUBES como os jacobinos e Cordeliers e alguns convencionais em relação às Republicanas Revolucionárias mudou durante o verão de 1793: calorosa em junho, reservada em julho e agosto e abertamente hostil em setembro.[1] A desconfiança em relação a elas foi crescendo à medida que exerciam, junto com outros grupos radicais, uma pressão política maciça sobre as Seções, sociedades populares, o clube jacobino e a Convenção.

A ação vigorosa produziu a legislação desejada em setembro: dia 5, o terror legal entrou na ordem do dia; dia 9, foi criado um exército revolucionário; dia 17, aprovada a *Lei dos Suspeitos*; dia 29/30, a *Lei do Máximo* que estabelecia controles de preços uniformes para gêneros de primeira necessidade; e no dia 21 de setembro, a lei que tornava obrigatório, também para

---

1 GODINEAU, Dominique. *Citoyennes tricoteuses: les femmes du peuple à Paris pendant la Révolution Française*. Paris: Editions Alinea, Perrin, 2004, p. 153.

as mulheres, o uso da cocarda (ou roseta) tricolor. Uma vez aprovadas essas leis, as militantes queriam fiscalizar o seu estrito cumprimento.²

Brigas de rua: republicanas *vs.* mulheres do mercado

Já havia uma lei (3 de abril de 1793) obrigando os patriotas a usarem a cocarda (ou roseta) nacional, mas o preceito legal era vago quanto à inclusão feminina. A questão serviu de pretexto para o enfrentamento entre moderadas e extremistas. Todos os membros da Sociedade das Republicanas Revolucionárias ostentavam suas cocardas tricolores em sinal de inequívoco patriotismo: usá-las significava pertencer ao corpo político da nação – era um distintivo de cidadania. O Clube dos Cordeliers concordava que "as cidadãs que compartilham nossos trabalhos devem igualmente partilhar essa vantagem (uso da cocarda)". A Société Fraternelle de l'Unité, as Republicanas Revolucionárias, as sociedades mistas do Pont-Neuf e a dos Amis-de-la-Patrie, os jacobinos, e mais 28 Seções aderiram à petição pela obrigatoriedade da cocarda para as mulheres. No entanto, aquelas que a usavam expunham-se às críticas de homens e mulheres que repudiavam a presença feminina na política, principalmente nas vertentes mais radicais. Membros femininos da Seção Pont-Neuf se queixaram de maus tratos por parte de outras mulheres nas ruas. Cidadãs da Seção de l'Unité enfrentaram as vendedoras de peixe, as quais não queriam nem ouvir falar em cocardas e diziam: "só as vagabundas (putains) e as jacobinas usam – e as mulheres só devem se ocupar de sua casa e não dos acontecimentos". As rixas se multiplicaram: algumas apanhavam por usar a cocarda (na touca, ou chapéu, ou no peito), outras eram perseguidas por não usá-las. Há um documento manuscrito, de 13 de setembro de 1793, que ilustra a irritação dos observadores de polícia a esse respeito: "As cidadãs do Faubourg Saint-Germain quase todas adotaram a cocarda, e ameaçam aquelas que não as portam, e quando por acaso aparecem cidadãs de outros bairros que vêm tratar de seus afazeres ali, são ameaçadas".

O autor do relatório pensa que, para evitar as brigas, seria útil ordenar o uso ou a dispensa da cocarda.³ As comerciantes do mercado, por sua vez, passaram a arran-

---

2   LEVY, Darline G.; APPLEWHITE, Harriet B.; JOHNSON, Mary D. *Women in Revolutionary Paris – 1789-1795*. Selected documents translated with notes and commentary by the authors. Urbana e Chicago: University of Illinois Press, 1980, p. 146-148.

3   *Rapport 13 septembre, 1793 – L'an 2ème.* – Archives Nationales, Paris.

car os barretes frígios enfeitados com a roseta tricolor da cabeça das militantes que os usavam. A Convenção finalmente cedeu e tornou o seu uso obrigatório, sob pena de prisão. O relatório do observador de polícia Latour-Lamontagne[4] (21 de setembro) alerta para os complôs ocultos na fermentação das mulheres:

> mesma fermentação sobre a questão da cocarda, especialmente entre as comerciantes da Halle. É um pomo de discórdia que os mal-intencionados jogaram entre nós; eles inspiram nas mulheres o desejo de compartilhar os direitos políticos dos homens. Quando elas tiverem a cocarda, dizem eles, vão exigir cartas cívicas, votar nas assembléias, [...] postos administrativos, e desse conflito de interesses e opiniões resultará uma desordem favorável aos nossos projeto. Temos no entanto que fazer justiça às mulheres: em geral elas testemunham o mais profundo respeito pela representação nacional [...] Mas, ouvi algumas delas dizerem que querem que elas usem a cocarda para depois fazê-las partir para as fronteiras, porque não há homens suficientes para defendê-las.

O relatório do mesmo agente Latour-Lamontagne, de 22 de setembro, continua com as mesmas preocupações:

> A cocarda segue dividindo as mulheres, e parece que o decreto da Convenção Nacional não produziu todo o efeito prometido. Os mal-intencionados [...] adulam o amor-próprio das mulheres tentando persuadi-las que têm tantos direitos como os homens ao governo de seu país [...] num Estado em que a lei consagra a igualdade, as mulheres podem aspirar a todos os empregos civis e militares, e que as coisas iriam melhor se os negócios fossem conduzidos por boas republicanas [...]. Tal era o discurso de um muscadin (janota contrarrevolucionário) disfarçado de *sans-culotte* [...] isso mostra que os maldosos usam de todas as manobras para semear a discórdia entre nós.

---

4   2 documentos, 2 relatórios do mesmo agente, datas diferentes: Rapport de Latour-Lamontagne [F7 3688 3]. In: *Paris pendant la Terreur - Rapports des Agents Secrets du Ministre de L'Intérieur* – publicados por Pierre Caron (autor da Introdução), tomo I, 27 ago. 1793 – 25 dez. 1793. Paris: Librairie Alphonse Picard et fils, 1910, p. 154-5 e 165.

Muitos parisienses, homens e mulheres, aceitaram a contragosto o decreto da obrigatoriedade da cocarda feminina, pois temiam que a Convenção em seguida decretasse também o porte do barrete frígio sobre cabelos curtos para as mulheres, o armamento, o voto feminino nas assembleias, e até, por que não, a renovação dos casamentos celebrados no Antigo Regime. Os boatos mais estapafúrdios corriam em Paris.[5] As mulheres do mercado achavam que depois de usar a cocarda teriam que marchar para a fronteira; e o agente de polícia Latour receava a exigência feminina dos direitos políticos e cargos no governo; estava convencido de uma conspiração dos contrarrevolucionários através das agitações políticas femininas. Mais uma vez, aparece o fantasma das mulheres influenciadas por maus elementos: elas não tinham independência de julgamento, eram pretensiosas, tinham aspirações políticas acima de sua capacidade. O caos resultante dessa balbúrdia só aproveitaria aos traidores. Depreende-se que era imprescindível manter o *status quo* feminino – estava em jogo a ordem social e política.

É evidente que o significado da "guerra das cocardas" ultrapassa o nível "jocoso" de brigas de bairro entre mulheres, nas quais os homens não interferiam. A "guerra" estava ligada à situação anômala das cidadãs sem cidadania. Para Albert Soboul, aqueles confrontos se situam no coração das lutas revolucionárias que envolveram a *sans--culotterie*. Dominique Godineau considera o decreto de 21 de setembro "*uma vitória das cidadãs patriotas e uma vitória do movimento popular*" e a "ação vigorosa da *sans-culotterie* transformou uma reivindicação feminina numa reivindicação do movimento popular como um todo", não apenas da militância feminina.[6] Para a historiadora, naquele ambiente revolucionário do verão de 1793, obrigar as mulheres a usar a cocarda tricolor era reconhecer-lhes uma existência política, e talvez abrir caminho para o reconhecimento da igualdade política entre os sexos.

A Convenção, entretanto, não pensava em dar mais nenhum passo nessa direção.[7] Na verdade, quando o decreto foi aprovado, já havia uma reação das autoridades contra as reivindicações das militantes turbulentas. Os membros da Sociedade das Republicanas Revolucionárias vinham sofrendo ataques de jornalistas e deputados e

---

5   GODINEAU, Dominique. *Citoyennes tricoteuses...* op. cit., p. 170.

6   *Ibidem*, p. 166. Grifo meu.

7   *Ibidem*, p. 164-169.

estavam na defensiva. Por esta razão, não foram elas as protagonistas principais do conflito, iniciado pelas ativistas das Seções. Apesar de tantas Seções e clubes políticos, inclusive o dos jacobinos, terem endossado a petição da cocarda, a Convenção só resolveu decretar o seu uso obrigatório para as mulheres depois que 21 agentes de polícia parisienses pediram providências contra a agitação urbana e "a profanação das cores nacionais sobre as vestes" das pessoas que as portavam. Portanto, a explicação de Godineau não me satisfaz inteiramente: parece-me que a razão do decreto não foi distinguir as mulheres com o símbolo da cidadania, mas sim pacificar as ruas de Paris e restabelecer a ordem pública. Os tumultos podiam se alastrar, transformando-se num conflito de maiores proporções, desestabilizando o governo da Convenção. O momento era delicado, o governo tentava impor sua autoridade central perante a *sans-culotterie* adepta da descentralização secionária do poder.

Cocarda sim, direitos políticos não

Se a Convenção tivesse tido a intenção de decretar a cocarda feminina, por que não o fez quando recebeu a petição assinada pelas Seções e sociedades políticas? Tenho a impressão de que os deputados concederam o decreto "como um mal menor", assim como alguém que entrega os anéis para não perder os dedos. A "vitória" das militantes foi efêmera e superficial: poder desfilar nas ruas usando a cocarda – "os anéis". Mas os "dedos" eram os direitos políticos, que eles não tencionavam estender ao sexo feminino, como ficou claro no mês seguinte com o decreto de 30 de outubro de 1793, o qual suprimiu todas as associações políticas femininas na França. Se é que se pode falar em vitória nesse caso, ela cabe à Convenção, que agradou àquelas que queriam usar o símbolo da cidadania, pacificou os conflitos de rua, impediu a profanação das cores nacionais, mas em seguida negou às mulheres os direitos de cidade representados pela cocarda. Sem os direitos cívicos, o símbolo ficou esvaziado de sentido para as mulheres – *elas continuaram a ser cidadãs sem cidadania*. E as inimigas das militantes, obrigadas ao uso da cocarda, viram ali uma oportunidade para destruir politicamente as adversárias.

15
OS ATAQUES ÀS MILITANTES

A HOSTILIDADE CRESCENTE tanto dos montanheses como das outras mulheres acabou derrotando a Sociedade das Republicanas Revolucionárias no mês de outubro de 1793. As militantes não conseguiam superar a oposição das parisienses. As mulheres do mercado estavam fartas do tabelamento de preços, taxações forçadas, busca e apreensão de mercadorias açambarcadas, das quais eram alvos frequentes. Elas consideravam as clubistas uma ameaça direta à sua sobrevivência. Olwen Hufton aponta o fato de que os administradores das Seções, em nome da guerra aos especuladores, preferiam atacar as donas de barracas de alimentos em vez dos grandes atacadistas de trigo. A localização do clube das Republicanas na igreja de Saint Eustache, vizinha ao mercado, gerava grande indignação, pois tornava as comerciantes mais vulneráveis à "bisbilhotice" das ativistas e possíveis denúncias de abusos.[1] Mas Claire Lacombe, acompanhada de uma deputação, continuava sua vigilância: em fim de setembro, pediu que a Comuna procedesse às visitas domiciliares para aplicar o preço "máximo" votado na véspera e impedisse as mercadorias de sair de Paris. As comerciantes não eram as únicas a se oporem às Republicanas Revolucionárias: as antigas criadas da aristocracia se opunham às punições severas para os antigos patrões, as religiosas continuavam leais ao clero refratário e as burguesas se opunham à participação política feminina, concordando com os homens que a maternidade cívica era

---

1 HUFTON, Olwen H. *Women and the limits of citizenship in the French Revolution*. Toronto/Buffalo/Londres: University of Toronto Press, 1992, p. 36.

a melhor maneira de mostrar seu patriotismo – todos esses grupos eram contrários às medidas terroristas defendidas pelas militantes.[2]

Os deputados montanheses começaram a ver as Republicanas como agitadoras perigosas que atrapalhavam o governo convencional. As críticas e hostilidades às Republicanas começaram no outono. Em 16 de setembro, no clube dos jacobinos, Chabot e Bazire, excluídos do Comitê de Sûreté Génerale devido à pressão da Sociedade das Republicanas Revolucionárias e sua presidente, passaram ao ataque. No início, preferiram deixar de lado as razões políticas para ironizar os supostos defeitos da mulher, como a frivolidade – uma forma de diminuir a estatura política da oponente. Depois acusaram Claire Lacombe, presidente das Republicanas, de insultar Robespierre, chamando-o de *Monsieur*, tratamento reservado aos nobres e agora considerado ofensivo, e de alojar em sua casa o contrarrevolucionário (*Enragé*) Leclerc.[3] Ademais, ela teria insuflado as revoltas do açúcar em fevereiro e do sabão em junho. Taschereau a acusou de "se meter" em tudo, e querer destituir todas as autoridades constituídas... N... disse que "a mulher denunciada perante nós *é muito perigosa porque é muito eloqüente* [grifo meu] [...] ela faz ataques fulminantes contra os jacobinos e a Convenção". As mulheres presentes na sessão gritaram das galerias: "Abaixo a nova Corday, vá embora, infeliz, ou nós vamos te estraçalhar", ao que Lacombe respondeu que ia mostrar à primeira que ousasse fazê-lo "o que pode uma mulher livre".

A eloquência de Claire Lacombe

As críticas às Republicanas Revolucionárias já visavam indiretamente a participação política feminina, a que se atribuiu toda a turbulência em Paris. A proposta de pedir ao Comitê de Segurança Pública que mandasse prender todas "as mulheres suspeitas" foi aprovada por unanimidade. Lacombe foi detida por uma noite, mas

---

2   LEVY, Darline G.; APPLEWHITE, Harriet B.; JOHNSON, Mary D. *Women in Revolutionary Paris – 1789-1795*. Selected documents translated with notes and commentary by the authors. Urbana e Chicago: University of Illinois Press, 1980, p. 147-148.

3   Todas as acusações a Lacombe estão nos documentos: *La société des Jacobins: recueil de documents pous l'histoire du Club des Jacobins de Paris*, e *Rapport fait par la Citoyenne Lacombe à la Société des républicaines révolutionnaires* (sic) *de ce qui s'est passé le 16 septembre à la Société des Jacobins concernant celle des Républicaines révolutionnaires séante à S. Eustache; et les dénonciations faites contre la Citoyenne Lacombe personnellement*. In: LEVY, Darline G.; APPLEWHITE, Harriet B.; JOHNSON, Mary D. *Women in Revolutionary Paris... op. cit.*, p. 182-196.

libertada no dia seguinte, pois em sua casa os agentes do Comitê só haviam encontrado papéis patrióticos. A *Feuille du Salut Public*, de 24 de setembro, escreveu: "Vejam a mulher Lacombe, que se tornou uma bacante contrarrevolucionária, amante dos homens e do vinho, testemunho da fraternidade íntima que reinava entre ela, Jacques Roux, Leclerc e companhia...!".[4] Era a mesma linguagem difamatória que o jornal realista *Petit Gautier* usava para falar de Théroigne de Méricourt. A acusação não era política, e sim pessoal e moral. No dia 6 de outubro, a Sociedade dos Homens de 10 de agosto acusou as Republicanas Revolucionárias de falta de civismo e pediu a interdição dos clubes autônomos de mulheres. Jacques Roux escreveu da prisão em defesa da Sociedade das Republicanas, apesar de ter sido renegado por elas anteriormente: "A sociedade das Mulheres Revolucionárias que tantos serviços prestou à Liberdade foi denunciada no seio dos jacobinos por homens que recorreram mil vezes à sua coragem e à sua virtude" e se indigna que "as republicanas mais fervorosas sejam tratadas como intrigantes".

Mas essa defesa de Roux mais comprometia que ajudava, tornando as Republicanas suspeitas. No dia 7 de outubro, Claire Lacombe tomou a palavra diante da Assembleia:

> Esses intrigantes, caluniadores, não encontrando crimes contra nós, ousaram nos comparar às Médicis, à Rainha Elizabeth da Inglaterra, a uma Antonieta, a uma Charlotte Corday! Mas será que nós somos responsáveis por algum crime? Corday pertencia à nossa Sociedade? Ah! Nós somos mais generosas que os homens. Nosso sexo só produziu um monstro, ao passo que há quatro anos nós somos traídas, assassinadas por monstros sem conta produzidos pelo sexo masculino. Nossos direitos são os do povo, e se formos oprimidas, saberemos resistir à opressão.[5]

Claire Lacombe era de fato eloquente, e sabia se defender corajosamente. Tinha algum conhecimento de História e estava bem informada, inclusive utilizando um dos artigos da *Declaração dos Direitos do Homem de do Cidadão* em seu favor: o direito

---

4   ROSA, Annette. *Citoyennes: les femmes et la Révolution Française*. Paris: Messidor, 1988. p. 214.
5   *Ibidem*.

de resistência à opressão. Seria uma adversária política temível se a luta fosse verbal. As Republicanas Revolucionárias usavam elas próprias o barrete vermelho da liberdade em suas reuniões, mas nunca tentaram impô-lo às outras mulheres. Não obstante, as vendedoras do mercado, que as detestavam, as acusaram precisamente desse delito. O barrete era prerrogativa masculina, principalmente da polícia – mas as militantes usavam-no em sinal de seu engajamento ativo na Revolução. A simbologia do barrete era significativa: na Antiguidade romana, era usado pelos escravos libertos. As militantes, através de suas práticas revolucionárias de cidadania, conseguiam "libertar-se" do estado de sujeição em que viviam antes. O barrete era o signo da recém-conquistada liberdade, daí o orgulho com que o portavam. Talvez por essa razão, homens e mulheres conservadores considerassem o uso do adereço pelas mulheres subversivo da "ordem natural das coisas".

Republicanas Revolucionárias agredidas

No dia 28 de outubro de 1793, a Sociedade das Republicanas Revolucionárias foi convidada para a inauguração dos bustos de Marat e Lepeletier pela Seção da Réunion. Elas compareceram com seus barretes vermelhos, uma bandeira e quatro piques. Foram abertamente hostilizadas pelas mulheres do mercado que gritavam insultos das galerias: "abaixo o barrete vermelho, abaixo as jacobinas e a cocarda! São essas vigaristas que fizeram a infelicidade da França!". Ao mesmo tempo, aquelas provocadoras enfurecidas desceram das galerias e invadiram a sala, surrando e arrastando as Republicanas Revolucionárias. Muitas ficaram feridas, algumas inconscientes. Os soldados presentes acalmaram a situação, liberando as agressoras e insistindo em retirar as Republicanas do recinto "para sua segurança". Elas queriam que se lavrasse um auto dos incidentes na sua presença, mas isso só foi feito mais tarde, quando elas concordaram em deixar a sala por uma passagem secreta, sob ameaça dos gritos: "Viva a República! Abaixo as revolucionárias!". As autoridades da Seção não eram simpáticas às Republicanas e viram ali uma oportunidade de culpá-las pela violência. Não há nenhum relato das próprias vítimas sobre a agressão. O auto dos incidentes (procès-verbal) foi publicado no jornal de Prudhomme[6] – tal relato deixa

---

6   PRUDHOMME, Révolutions de Paris, vol. XVII, n° 215 ("Du tridi 23 Brumaire au decadi 30, an deuxième de la République française, une et indivisible"), p. 207-10. In: LEVY, Darline G.; APPLEWHITE, Harriet B.; JOHNSON, Mary D. Women in Revolutionary Paris... op. cit., p. 209-212.

claro que as mulheres do mercado foram as agressoras e as Republicanas as vítimas. No dia seguinte, porém, uma delegação de comerciantes do mercado apresentou queixa na Convenção, pedindo que ela não aderisse à ideia do barrete vermelho para as mulheres e que abolisse a Sociedade das Republicanas Revolucionárias.

Na sessão do dia 29 de outubro na Convenção, o deputado Fabre d'Églantine se fez o porta-voz das preocupações masculinas acerca da escalada de exigências da militância feminina:[7]

> Já houve problemas com a cocarda; vocês decretaram que as mulheres a portariam; hoje pedem o barrete vermelho: mas as coisas não vão parar por aí; em breve vão exigir um cinturão com pistolas, de maneira que isso coincidirá com a manobra dos ajuntamentos do pão, e vocês verão filas de mulheres ir comprar pão como quem marcha para as trincheiras. *Nossos inimigos atacam a paixão mais forte das mulheres, que é a das roupas* [grifo meu]; e com esse pretexto, colocaríamos em suas mãos armas das quais não sabem se servir, mas que os maus elementos usariam muito bem. E esse não é o único germe da divisão desse sexo: ele forma coalizões de mulheres sob o nome de instituições revolucionárias, fraternas etc. Observei que tais sociedades não são compostas de mães de família, moças de família, irmãs ocupadas com irmãos mais novos, mas sim espécies de aventureiras, cavaleiras errantes, jovens emancipadas, granadeiras-fêmeas (aplausos). Peço duas coisas urgentes, *pois as mulheres de barrete vermelho já estão nas ruas* [grifo meu]: peço que decretem que nenhum indivíduo, sob qualquer pretexto, e sob pena de ser perseguido como perturbador do repouso público, poderá forçar outro cidadão a se vestir de maneira diferente de sua vontade. Em seguida, peço que o Comitê de Segurança Geral faça um relatório sobre as sociedades de mulheres. Tais propostas são vivamente aplaudidas. As peticionárias gritam: "Abaixo os barretes vermelhos! Abaixo as sociedades de mulheres! Viva a Convenção! etc". Uma cidadã pediu a palavra: ela passou à tribuna e disse: "eu peço a abolição de todas

---

[7] As citações deste parágrafo estão no documento: ÉGLANTINE, Fabre. *Archives Parlementaires de 1787 a 1860 Recueil complet des débats législatifs & politiques des Chambres françaises*, première série (1787 à 1799) tome LXXVIII, Paris, Librairie Administrative Paul Dupont, 1911. In: LUCAS, Colin (ed. chefe). *The French Revolution Research Collection*. Chicago: University of Chicago, 1992 [The New York Public Library, microficha 9.4/229].

as sociedades de mulheres que se reúnem em clubes, porque foi uma mulher que causou a infelicidade da França" – Esta petição foi enviada ao Comitê de Segurança Geral.

Basire acrescentou que houve protestos contra os eventos da igreja de Saint-Eustache (local da agressão às Republicanas), e o deputado Amar apresentaria um relatório sobre a questão na próxima sessão.

O barrete vermelho era subversivo

Muitos homens viam na apropriação feminina dos símbolos republicanos uma ameaça à sua supremacia: primeiro quiseram a cocarda, agora cobiçavam o barrete vermelho! Fabre d'Églantine expressou todas as angústias masculinas acumuladas naqueles meses do verão de 1793. A ambição das mulheres não tinha limites, elas queriam ter os mesmos direitos e a mesma liberdade que os homens! As mulheres estavam avançando perigosamente no terreno da igualdade e da indiferenciação dos sexos![8] Fabre d'Églantine acenou com o fantasma das mulheres agressivas, armadas e desenfreadas: elas eram perigosas, mas também ridículas, porque não sabiam manejar as armas. O pesadelo das mulheres manipuladas por maus elementos não podia faltar no discurso. Outra ameaça eram aquelas que provocavam intranquilidade pública nas filas do pão.

A redução do barrete frígio a uma questão de vestuário e moda serve para desqualificar as mulheres que o usam como membros do corpo político e colocá-las no terreno da vaidade e frivolidade. Ora, nessa época, a roupa não era neutra, pelo contrário, era uma afirmação pública de convicções políticas. Como não poderia deixar de ser, o barrete frígio era entendido dessa maneira por todos: se fosse só questão de moda, não causaria tanta celeuma. Na cabeça das mulheres, ele tinha um significado perturbador de desafio à ordem social, à ordem da natureza, à hierarquia dos sexos. Interessante notar que na iconografia, ele é atributo da deusa da Liberdade, e isso não incomoda ninguém, pois a deusa está acima das turbulências políticas. Já quando o barrete vai para as cabeças de mulheres reais nas ruas de Paris, passa a ser

---

8   ROSA, Annette. *Citoyennes... op. cit.*, p. 170.

subversivo. Lembra a todos que o sexo feminino também quer "se libertar da escravidão" e conquistar seus direitos.

Églantine considera que as revolucionárias não são respeitáveis, porque não são mães ou moças dedicadas à família – elas são uma aberração, versões femininas de guerreiros masculinos. O deputado associou o ativismo político ao desregramento moral. Na Revolução, as que não eram esposas e mães estavam à margem do padrão moral da República da Virtude. Embora muitas militantes fossem mães, sua atividade política as colocava em outra esfera – de tal modo que sempre pairava sobre elas a suspeita de pouca virtude. O deputado adotou um tom alarmista: as mulheres "de barrete vermelho" já estão nas ruas! Cuidado, o perigo anda à solta! A questão era urgente: elas ameaçavam a definição dos papéis dos gêneros e portanto a boa ordem social.

16
A SUPRESSÃO DA SOCIEDADE DAS CIDADÃS REPUBLICANAS REVOLUCIONÁRIAS

NO DIA SEGUINTE AO PRONUNCIAMENTO de Fabre d'Églantine, 30 de outubro de 1793, Jean-Batiste André Amar, relator do Comitê de Segurança Geral, fez um discurso memorável na Convenção sobre os direitos políticos femininos.[1] Começou estabelecendo uma versão fantasiosa dos acontecimentos da antevéspera na antiga igreja de Saint-Eustache: as Republicanas Revolucionárias teriam querido impor o barrete vermelho e as calças compridas às outras mulheres, infringindo a liberdade alheia da escolha de vestuário, dando origem ao confronto. Amar relatou que o mesmo aconteceu no mercado dos Inocentes: mulheres se dizendo jacobinas, de uma "sociedade supostamente revolucionária", quiseram obrigar as outras a adotar o barrete e as calças compridas. Formou-se um ajuntamento de seis mil mulheres e as cidadãs (comerciantes) disseram que não cederiam aos caprichos de uma centena de mulheres ociosas e suspeitas. Esse movimento só podia ser atribuído a um complô dos inimigos da coisa pública. Amar tampouco hesitou em apontar uma possível conexão política entre os girondinos e as Republicanas Revolucionárias, que, ao contrário, eram próximas dos *Enragées*. A Seção dos Marchés (mercados) anunciou que acreditava que alguns mal-intencionados sob a máscara de um patriotismo exagerado incitavam um movimento secionário e uma

---

1 Todas as citações do documento de Amar nos próximos parágrafos estão em: *Archives Parlementaires de 1787 a 1860. Recueil complet des débats législatifs & politiques des Chambres françaises, première série (1787 à 1799) tome LXXVIII*, Paris, Librairie Administrative Paul Dupont, 1911. In: LUCAS, Colin (ed. chefe). *The French Revolution Research Collection*. Chicago: University of Chicago, 1992 [The New York Public Library, microficha 9.4/230].

espécie de contrarrevolução em Paris. Esta Seção pede que seja proibido constranger qualquer pessoa na sua liberdade indumentária, e que as sociedades populares de mulheres sejam severamente proibidas, pelo menos durante a Revolução.

A resposta do Comitê de Segurança Pública

Amar passou em seguida à questão fundamental do relatório, perguntando primeiro se as mulheres poderiam exercer direitos políticos e ter um papel ativo no governo, e segundo, se poderiam se reunir em sociedades populares. Sua resposta a ambas as perguntas foi negativa. E assim, em vez de proceder a uma investigação dos distúrbios do barrete vermelho e ordenar o fechamento específico da Sociedade das Republicanas Revolucionárias, caso este grupo de militantes fosse pronunciado culpado, Amar ordenou o fechamento de todos os clubes políticos femininos no país, sob qualquer denominação que fosse. E foi além, julgando que o sexo feminino como um todo era incapaz de exercer direitos políticos. O relatório de Jean-Batiste André Amar é o único texto teórico do legislativo sobre os direitos políticos das mulheres.[2] As razões que o fundamentam são relevantes para a compreensão da repressão política delas: "Governar é reger a coisa pública por leis cuja confecção exige conhecimentos extensos [...] uma impassibilidade severa [...] dirigir e retificar a ação das autoridades constituídas". As mulheres em geral não têm essas qualidades. É necessário saber comparar deliberações e resistir à opressão: "as mulheres têm a força moral e física para exercer um e outro desses direitos? A *opinião universal rejeita essa ideia* [grifo meu]". Quanto às associações políticas, seu objetivo é

> revelar as manobras dos inimigos da coisa pública, vigiar os cidadãos como indivíduos e os funcionários públicos [...] esclarecer-se por meio de discussões públicas e profundas sobre o defeito ou reforma das leis políticas. As mulheres podem exercer essas funções úteis e penosas? Não, porque elas seriam obrigadas a sacrificar cuidados mais importantes que a natureza lhes reservou; as funções privadas às quais a mulher está destinada pela natureza se relacionam à ordem geral da sociedade; tal ordem resulta da diferença existente entre o homem e a mulher. Cada sexo foi chamado a um gênero de ocupação que lhe é próprio, sua ação está

---

2 GODINEAU, Dominique. *Citoyennes tricoteuses: les femmes du peuple à Paris pendant la Révolution Française*. Paris: Editions Alinea, Perrin, 2004, p. 176.

circunscrita num círculo que ele não pode ultrapassar [...] o homem é forte, robusto, nascido com grande energia, audácia e coragem [...] só ele tem a inteligência e a capacidade para as meditações profundas e sérias que exigem um grande controle do espírito e longos estudos que a mulher não foi feita para seguir. Qual é o caráter da mulher? A moral e os bons costumes e a natureza determinam suas funções: começar a educação dos homens, preparar o espírito e o coração das crianças de acordo com as virtudes públicas, a mulher se destina naturalmente a fazer amar a virtude. Quando elas cumprirem todos esses deveres, terão bem merecido a pátria; devem elas tomar parte em discussões acaloradas incompatíveis com a doçura e a moderação que são o charme de seu sexo? *Devemos dizer que essa questão está ligada à moral e aos bons costumes, porque sem moral, não há República* [grifo meu]. A honestidade de uma mulher permite que ela se mostre em público, lute com os homens, e discuta [...] questões das quais depende a salvação da República? Em geral, as mulheres são pouco capazes de concepções elevadas [...] Vocês querem que na República francesa elas venham à tribuna [...] *abandonando a sua reserva, fonte de todas as virtudes desse sexo* [grifo meu], e os cuidados de suas famílias? Nós cremos que uma mulher não deve sair de sua família para se imiscuir nos negócios do governo. Há um outro aspecto que torna as associações políticas femininas perigosas: [...] a educação política dos homens está em sua aurora, os princípios ainda não estão desenvolvidos, nós balbuciamos o nome da liberdade [...] as mulheres são menos esclarecidas nos princípios. Sua presença nas sociedades populares daria um papel ativo no governo a pessoas mais expostas a erro e sedução [...] Desde o início da Revolução, as mulheres, mais escravas dos preconceitos nobiliárquicos e religiosos que os homens, têm estado constantemente nas mãos dos padres e inimigos do Estado, e [têm sido] *as primeiras causadoras das turbulências que agitaram a República* [grifo meu] [...] Acrescentemos que as mulheres são dispostas [...] *a uma exaltação que seria funesta* [grifo meu] nos assuntos públicos e os interesses do Estado seriam sacrificados a tudo o que as paixões podem produzir de desvios e desordem [...] Os senhores destruirão essas pretensas sociedades populares de mulheres que a aristocracia gostaria de estabelecer, para que elas enfrentem os homens, dividam-nos, forçando-os a tomar partido em suas querelas, criando problemas.

Uma única voz protestou: o deputado radical Charlier, futuro detrator de Robespierre, alegou que não conhecia nenhum princípio que justificasse subtrair das mulheres o direito de se reunir pacificamente, pois esse direito era comum a todos os seres pensantes. Basire[3] terminou a discussão dizendo que "os inconvenientes das sociedades de mulheres eram demasiado reais", além do que "os senhores se declararam governo revolucionário, e nesta qualidade, podem tomar quaisquer medidas exigidas para a segurança pública". Na sua opinião, a experiência recente tinha provado que essas sociedades perturbavam a tranquilidade pública. E pediu que fossem proibidas, pelo menos durante a Revolução.

O alvo era a mulher politizada

Penso que se o alvo de André Amar e do Comitê de Segurança Pública fosse apenas a Sociedade das Republicanas Revolucionárias, ele poderia simplesmente ter decretado o fechamento daquela associação, atendendo ao pedido das comerciantes do mercado. Mas o alvo era muito mais abrangente, tratava-se da mulher politizada. A ação das Republicanas e outras ativistas há muito incomodava a maioria dos homens, e em particular, os deputados da Convenção. Elas se consideravam cidadãs e parte do Povo Soberano, embora sua agenda não fosse propriamente feminista: a sua única reivindicação de igualdade de direitos foi relativa ao porte de armas.[4] Suas práticas políticas tinham dado visibilidade à questão dos direitos cívicos das mulheres, forçando os líderes revolucionários a se pronunciarem a esse respeito. Uma decisão se impunha, num contexto desfavorável para elas. Os decretos de Brumário de 1793 tinham o objetivo de cercear a mulher politizada e não apenas membros de clubes políticos.

André Amar justificou suas decisões invocando as tradições culturais: "a opinião universal"; a "ordem geral da sociedade"; a natureza, que estabelece funções de acordo com a diferença entre os sexos e "não recebe nenhuma outra lei"; a moral e os bons costumes, que não permitem que a mulher atue na esfera pública; a fraqueza física e

---

3 Bazire, Chabot e Fabre d'Églantine foram os primeiros Convencionais a se voltarem contra as Republicanas Revolucionárias no outono de 1793. Eram montanheses moderados, futuros Indulgentes dantonistas. Em setembro, Bazire e Chabot foram excluídos do Comitê de Segurança Geral por pressão das ativistas. Na primeira oportunidade, contra-atacaram violentamente (GODINEAU, Dominique. *Citoyennes tricoteuses... op. cit.*, p. 166 e 174).

4 Conforme discurso de Pauline Léon citado neste livro.

moral da mulher que não conseguiria "resistir à opressão"; supostas características femininas como a propensão à "exaltação funesta" nos assuntos públicos; a experiência revolucionária que identificava as agitações com a ação feminina; razões políticas como a falta de compreensão dos princípios revolucionários e a tendência de se deixar manipular pelos religiosos e outros inimigos do Estado, os quais agiam contra a Revolução estabelecendo clubes femininos. O argumento dos deveres maternos serviu para reforçar a divisão dos papéis femininos e masculinos, que estão na base da moral: *"sem moral não há República"* (*"point de moral, point de République"*). A mãe que abandona seus filhos para se imiscuir na vida política – esquecendo das "virtudes de seu sexo" – está prejudicando a própria República, a qual depende das qualidades morais de cada cidadão. Para o relator André Amar, a falta de moral na vida privada afeta o bem comum, a felicidade geral – pensamento típico da época, que apagava as fronteiras entre o privado e o público. O convencional se fez porta-voz de todas as angústias masculinas a respeito da mulher politizada, às vezes armada e violenta, que enfrenta os homens nos debates da Assembleia, apagando as diferenças dos papéis sexuais. Eles insistiam na necessidade da diferenciação entre homens e mulheres. A igualdade de direitos equivalia a uma "inversão dos papéis", levando ao caos social, porque era contra a moral. Aos seus olhos, isso seria a ruína da República.

Dominique Godineau considera que a misoginia se exprimiu abertamente na Assembleia naquele dia, mas não porque os montanheses fossem mais "falocráticos" que os girondinos, mas sim porque havia urgência em resolver a questão.[5] Os homens não protestaram contra o decreto, nem na Comuna, nem nas Seções, nem entre os *sans-culottes*. Eles não perceberam que o governo que decide arbitrariamente proibir clubes femininos podia fazer o mesmo com os masculinos. O jornal *Révolutions de Paris* de Prudhomme, observou

> Não é mais permitido às mulheres se organizar em clubes; serão toleradas como espectadoras, silenciosas e modestas, nas sociedades patrióticas; na verdade, as mulheres não podem mais buscar notícias fora de suas casas; vão recebê-las das bocas de seus pais, filhos, irmãos ou maridos.[6]

---

5   GODINEAU, Dominique. *Citoyennes tricoteuses...* op. cit., p. 176.
6   PRUDHOMME. *Révolutions de Paris*, n° XVII *apud* GEORGE, Margaret. "The 'World Historical Defeat' of the Républicaines Révolutionnaires". *Science & Society*, 40.4, inverno 1976-1977, p. 436.

A Convenção não foi tão longe assim, mas o editor insiste em que as mulheres só deveriam receber notícias através dos homens da família – essa ideia de Prudhomme já foi citada neste livro (diálogo pelo jornal com as cidadãs dos clubes de Dijon e Lyon). Já Olwen Hufton atribui o fechamento dos clubes políticos femininos pelo Comitê de Salvação Pública à necessidade de reduzir as tensões nos mercados e à ameaça à ordem pública geradas pelos distúrbios [entre mulheres],[7] não levando em consideração as razões políticas, sociais e de mentalidade discutidas neste texto. Penso que não se pode reduzir a questão ao viés econômico, sob pena de deixar escapar aspectos importantes para a compreensão daquele momento revolucionário crucial para a definição dos direitos políticos femininos.

A proibição dos clubes políticos femininos

O único protesto partiu das próprias Republicanas Revolucionárias, que pediram a palavra na Convenção e disseram: "A Sociedade das Republicanas Revolucionárias, composta em grande parte de mães de família, não existe mais. Uma lei motivada por um relatório falso proíbe que nos reunamos...". Nesse ponto a oradora foi interrompida por gritos de "ordem do dia!", aplausos, vaias e gargalhadas, e as ativistas tiveram que se retirar "precipitadamente".[8] As milhares de mulheres dos clubes femininos no resto da França ficaram em silêncio e encerraram suas atividades, talvez porque não tivessem força para lutar contra a decisão da Convenção, e nem massa crítica de seguidoras dispostas a um protesto em grande escala. Ou por outro motivo mais palpável: a Lei do Máximo e a fiscalização de seu cumprimento agradou sobremaneira as consumidoras, principalmente as esposas e mães de família *sans-culotte*. Elas conheciam todos os regulamentos e as leis econômicas e utilizavam esse saber prático na hora de fazer compras, calculando o preço dos gêneros com referência ao Máximo. Há um caso de um açougueiro que exigiu mais dinheiro pela mercadoria, e a consumidora respondeu que ainda que o valor não o agradasse, "é o que a lei estipula".[9] As *sans-culottes* achavam que o tabelamento de preços e outras medidas foram adotadas para proteger

---

[7] HUFTON, Olwen H. *Women and the limits of citizenship in the French Revolution*. Toronto/Buffalo/Londres: University of Toronto Press, 1992, p. 38.

[8] GEORGE, Margaret. "The 'World Historical Defeat'...", op. cit., p. 436-437.

[9] HUFTON, Olwen H. *Women and the limits of citizenship...* op. cit., p. 39.

especificamente seus interesses.¹⁰ Melhor ainda, as leis vieram acompanhadas da guilhotina para os infratores. Ou seja, os jacobinos adotaram o programa radical da *sans-culotterie* ao mesmo tempo que alijavam suas mais estridentes defensoras, as Republicanas Revolucionárias.

Apesar de não terem oficialmente reivindicado o direito ao voto para as mulheres, as Republicanas Revolucionárias tinham consciência de sua especificidade feminina no movimento revolucionário.¹¹ Elas aplaudiram as leis civis que protegiam as esposas das dilapidações de patrimônio do marido, e a Sra. Dubreuil, secretária do clube, respondeu aos que criticavam a associação que esses homens eram apegados ao "despotismo marital" e republicanos indignos, que queriam manter a mulher num estado de aviltamento. Há, portanto, sinais de que elas se preocupavam em melhorar a condição feminina na sociedade – o tema teria sido tratado nas sessões do clube, mas os registros das reuniões desapareceram, com exceção de um testemunho "relativamente digno de fé" de Pierre Roussel, que teria assistido a uma das sessões com seu convidado inglês, Lord Bedford. Restam as intervenções públicas das Republicanas, de onde as questões feministas estão ausentes.

Pauline Léon e a domesticidade feminina

Com o fechamento dos clubes, os membros da Sociedade das Republicanas Revolucionárias se dispersaram. Pauline Léon foi detida junto com o marido, o *Enragé* Théophile Leclerc, em abril de 1794, e prestou uma declaração da prisão de Luxemburgo professando patriotismo, negando qualquer crime ou afiliação política questionável. O que me pareceu significativo, apesar das circunstâncias do depoimento, foi a afirmação da doutrina da domesticidade e do papel de esposa por parte de Pauline Léon:¹² "Casei-me com um patriota pobre e perseguido e quando ele foi chamado para defender o país [na guerra] aceitei a separação não só com resignação mas com completa devoção".

---

10   *Ibidem*, p. 38-39.
11   GODINEAU, Dominique. *Citoyennes tricoteuses... op. cit.* As informações do parágrafo estão nas p. 176-177.
12   LEÓN, Anne Pauline. Femme Leclerc. Fonte: Archives Nationales, F7 4774 9, Dossier Leclerc. In: LEVY, Darline G.; APPLEWHITE, Harriet B.; JOHNSON, Mary D. *Women in Revolutionary Paris – 1789-1795*. Selected documents translated with notes and commentary by the authors. Urbana e Chicago: University of Illinois Press, 1980, p. 158-160.

Como vemos na iconografia republicana, as esposas sempre são abnegadas e apoiam o marido que parte para a guerra nas fronteiras da França. "Dediquei-me aos cuidados do lar e dei um exemplo de amor conjugal e virtudes domésticas *que são o fundamento do amor à Pátria*" [grifo meu] – na sociedade republicana, a mulher prova seu patriotismo exercendo virtudes domésticas, misturando a esfera privada com a pública. A militante Pauline Léon viajou para La Fère ao encontro do marido para se despedir dele antes da partida para a guerra, devido ao "sentimento irresistível para uma jovem casada de abraçar o marido pela última vez". Ela concorda que o principal na vida da mulher é seu papel na família, e que isso é amar a Pátria, como queriam os líderes republicanos. Por outro lado, afirma que serviu à Pátria – politicamente, como membro da Sociedade das Republicanas Revolucionárias – com desinteresse e fervor. Para as militantes, não havia incompatibilidade entre a vida familiar privada e a atividade política. Foi libertada da prisão pouco tempo depois. Claire Lacombe foi detida na mesma época que Pauline, acusada de hebertismo,[13] ficando presa um ano e meio. Nunca renegou o governo do Ano II nem Robespierre depois de sua queda, e assinava-se "*Lacombe, mulher livre*". Mas, na opinião de suas amigas, a prisão quebrou seu espírito. Apesar da insistência das antigas companheiras, ela abandonou definitivamente a política e deixou Paris. Voltou à vida de atriz, aos seus amores e à obscuridade.[14]

---

13   Hebertistas: partidários de Hébert, político e jornalista radical, julgado demasiado extremo por Robespierre. Acusado de conspiração com os inimigos da França, foi guilhotinado em março de 1794.
14   GEORGE, Margaret. "The 'World Historical Defeat'...", *op. cit.*, p. 437.

17
AS TRICOTEIRAS

OS CLUBES POLÍTICOS EXCLUSIVAMENTE FEMININOS desapareceram, mas muitas mulheres continuaram frequentando sociedades jacobinas masculinas ou mistas, teoricamente sem direito a voz nem voto, até 1795, quando sua presença nas galerias foi proibida. Na prática, como atestam os relatórios de polícia dos meses do Terror, elas continuaram participando ativamente, inclusive como oradoras das sociedades fraternais das Seções, não raro assumindo posturas ultrarradicais:

> Seção do Panthéon: uma deputação da sociedade fraternal desta seção se apresenta e uma oradora tem a palavra; alguns cidadãos protestam, dizendo que uma mulher não tem o direito de falar nem de deliberar nas assembléias de acordo com a lei, mas enfim concordam em que ela fale.[1]

O *Relatório* do observador de polícia Rolin assinala igualmente a atuação feminina:

---

1   3 documentos: *Deuxième rapport de MERCIER* (F7 3688 3) e *ROLIN* (21 dezembro 1793) [F7 3688 3] e citação do *Moniteur, 1ᵉʳ Nivoso*. In: *Paris pendant la Terreur – Rapports des Agents Secrets du Ministre de L'Intérieur –* publicados por Pierre Caron (autor da Introdução), tomo I, 27 ago. 1793 – 25 dez. 1793. Paris: Librairie Alphonse Picard et fils, 1910, p. 315, 323.

> Os cidadãos e cidadãs que compõem a sociedade fraternal desta Seção [do Panthéon] fazem saber à Assembléia Nacional, por uma deputação dos dois sexos, de uma decisão que tomaram de expulsar de todos os cargos no governo os padres casados ou não, mesmo sem batina, todos os procuradores, nobres, advogados, e os togados [pertencentes à nobreza togada]. Uma cidadã era a oradora da deputação; ela reforçou a decisão com um discurso mais que revolucionário, pretendendo que era necessário excluí-los de todas as assembléias.

E em 30 Frimário (20 de dezembro de 1793), uma deputação de "grande número de cidadãs" se apresentou na tribuna da Convenção pedindo a liberdade de seus parentes encarcerados, pelos quais atestava inocência. Robespierre manifestou reservas sobre os motivos dos autores da petição, onde ele via a mão da aristocracia. Não era a primeira vez que Robespierre considerava as mulheres instrumentos de contrarrevolucionários. Enquanto as mulheres tiveram o uso da palavra, foram consideradas uma força no movimento popular – muitos homens temiam o discurso feminino e seu poder de arrastar a multidão.

As mulheres tricotavam ou costuravam nas tribunas, muitas vezes para os soldados do exército, enquanto ouviam os discursos dos deputados e membros dos clubes masculinos. As *tricoteiras* eram as frequentadoras habituais das tribunas – "*habituées des tribunes*". Em geral, essas mulheres eram lavadeiras, criadas domésticas, comerciantes, algumas professoras, parteiras e até donas de prostíbulos. As militantes não recusavam as funções sociais femininas, especialmente a maternidade, mas não julgavam que elas excluíssem a mulher da vida pública. Porém, a realidade das obrigações maternas era um obstáculo à militância assídua. Assim, as ativistas em geral eram mulheres na faixa dos 30 a 40, anos sem filhos pequenos, ou então bastante jovens, ainda sem filhos. Em geral, vinham se instruir e controlar os debates junto com as vizinhas e amigas, sem os maridos. Alguns deles aprovavam essa atividade. Alguns patriotas se orgulhavam do interesse de suas mulheres pela coisa pública. Para o jornal *Mère Duchesne*, a presença feminina nas tribunas era um ato de cidadania, pois era necessário denunciar tudo o que fosse contrário à Constituição e aos direitos da mulher.

Não obstante, as mães não estão ausentes da vida política e das assembleias: não era raro encontrar mulheres com seus bebês nos braços, e outros filhos mais velhos em volta. Nesses casos, os deputados e outros espectadores se queixavam dos gritos das crianças que atrapalhavam a sessão. Outros maridos deploravam as esposas militantes, como no caso da mãe que não perdia as sessões dos jacobinos e, um dia, ao voltar para casa, encontrou seu filho queimado. "Boa jacobina, mãe malvada". Esse incidente foi publicado no jornal *Le Sans-culotte observateur*, que exprimia a moral conservadora da exaltação das virtudes domésticas e dos papéis de gênero bem definidos, aliás, compartilhada com os padrões burgueses.[2] As mulheres eram maioria entre os espectadores que iam assistir às deliberações do Conselho Geral da Comuna, apesar de não serem bem acolhidas pelo procurador Chaumette, que disse a respeito de uma delas: "a cidadã seria talvez mais útil em sua casa do que nas tribunas do Conselho Geral".[3] Outro comentou que as cidadãs ocupavam o lugar dos cidadãos que poderiam contribuir com seu espírito para a coisa pública mais do que elas.

Essas eram as *tricoteiras* que no dizer dos observadores de polícia do Ano III se tornaram "bebedoras de sangue", "mulheres ferozes que assistem todos os dias às execuções" e "fúrias da guilhotina". Algumas mulheres empregavam uma linguagem violenta, dizendo que "tudo iria melhor se houvesse guilhotinas permanentes em todas as encruzilhadas de Paris". Mas Dominique Godineau pensa que com o país em guerra externa, às voltas com a guerra civil, o povo acreditava estar rodeado de inimigos que queriam massacrá-lo.[4] As mulheres acusadas de se alegrar com as execuções pediam a morte dos traidores, dos conspiradores, dos inimigos dos direitos do povo, daqueles que tramavam o fim da Revolução, que para elas representava a esperança de uma vida melhor. A cidadã Boudray expressou esse sentimento em carta aos jacobinos no ano II:

> Se vocês fraquejarem um instante, a coisa pública se perderá. Os patriotas serão degolados e esses homens, por quem tentam nos inspirar compaixão, não se cansarão de derramar o sangue mais puro da

---

[2] MARAND-FOUQUET, Catherine. *La femme au temps de La Révolution*. Paris: Éditions Stock/Laurence Pernoud, 1989, p. 268-9.

[3] GODINEAU, Dominique. *Citoyennes tricoteuses: les femmes du peuple à Paris pendant la Révolution Française*. Paris: Editions Alinea, Perrin, 2004, p. 211.

[4] As citações deste parágrafo estão em GODINEAU, Dominique. *Citoyennes tricoteuses... op. cit.*, p. 227-233.

Revolução. Só haverá felicidade para todos quando nossos inimigos forem arrasados.

Assim, o desejo de defender a Revolução, o instinto de preservação e o medo da traição fazem as mulheres pedirem mais execuções. Há um estudo de D. Arasse que liga a guilhotina à noção de soberania popular, alegando que o seu uso político transforma a multidão em povo soberano. Como as mulheres estavam legalmente excluídas da soberania, pois não votavam nem portavam armas, assistir às execuções lhes daria um sentimento de fazer parte do corpo político e da cidadania. Era também uma maneira de certificar-se de que se fazia justiça contra os inimigos da nação.

A rejeição das revolucionárias

Os líderes revolucionários e a sociedade em geral tiveram dificuldade de aceitar a mulher e a militante num só indivíduo. A mulher tinha que ser doce e tímida, não podia ser desenvolta como as ativistas políticas. Era preciso atribuir características masculinas repulsivas àquela "mulher-homem" que queria "trocar de sexo". Apesar das evidências contrárias, foram chamadas de "feias de dar medo", com os lábios e rostos enegrecidos de tanto gritarem. Chaumette fez um discurso virulento contra as mulheres que se apresentaram na Comuna usando barretes frígios em 27 Brumário de 1793, logo após a proibição dos clubes políticos femininos:[5]

> é horrível, é contrário a todas as leis da natureza uma mulher que quer se tornar homem. [...] a lei ordena que a moral seja respeitada e aqui eu a vejo desprezada [...] Lembrem-se da esposa pretensiosa de um marido tolo, La Roland, que se achava apta a governar a República e que se precipitou na ruína [...] lembrem-se da despudorada Olympe de Gouges, a primeira a estabelecer sociedades de mulheres, que

---

5   *Discurso do Procurador da Comuna de Paris, Chaumette* em PRUDHOMME, *Révolutions de Paris*, n°s 216-49 de *La Convention Nationale* – du primidi, au nonodi, 9 frimaire, l'an deuxieme de la République Française une & indivisible – "Les Tu & les Vous". In: LUCAS, Colin (ed. chefe). *The French Revolution Research Collection*. Chicago: University of Chicago, 1992 [The New York Public Library, microficha n° 9.4/231].

abandonou os cuidados de seu lar para se imiscuir na República, e cuja cabeça caiu sob a faca vingadora das leis.

Os exemplos de Madame Roland e Olympe de Gouges deixam entrever o destino das mulheres politizadas que "se esqueciam das virtudes de seu sexo". Além de sofrerem a pena de morte, as mulheres do povo "freqüentadoras das tribunas" (*habituées des tribunes*) se transformaram no imaginário popular em monstros ferozes, verdadeiras "fúrias da guilhotina". O tema será abordado novamente no capítulo da iconografia (ver Parte II, "Violência feminina" e "Demonização das militantes").

Muito se falou sobre a violência feminina. Convém lembrar aqui um caso em que as mulheres foram vítimas de uma carnificina que chocou os europeus, mesmo os que até então haviam defendido a Revolução Francesa. A imagem abaixo ilustra o acontecimento, conhecido como "Os massacres de setembro", quando homens e mulheres encarcerados nas prisões de Paris foram mortos em setembro de 1792.

Olympe de Gouges se indignou com a brutalidade, e disse no panfleto *La Fierté de l'innocence* (*O orgulho da inocência*) que o sangue, mesmo dos culpados, quando derramado com crueldade e profusão, mancha eternamente as revoluções.

FIGURA 8. *O Massacre de La Salpetrière – jornada de 3 de setembro de 1792.*
Museu do Louvre, Paris. © Outras Imagens.

Esta cena faz parte de uma série de desenhos anônimos, que contém *Massacre à l'abbaye de Saint-Germain-des-Près* e ainda *Massacre des prisonniers de Bicêtre et du Chatelet*.

Depois da queda do rei em agosto de 1792, seus defensores e aliados foram encarcerados junto com os prisioneiros comuns nas prisões de Paris e das províncias. Havia rumores de que, mesmo detidos, eles urdiam um complô contrarrevolucionário em conluio com o exército austro-prussiano que invadia a França. Em 2 de setembro, a cidade de Verdun se rendeu sem combate. A tese da conspiração antipatriótica adquiria credibilidade. Os sinos e os canhões soavam o alarme em Paris. Dizia-se que quando os voluntários partissem para a guerra, os monarquistas se libertariam das cadeias em massa para matar os republicanos.[6] Houve então uma explosão de violência coletiva, incentivada por jornalistas como Marat, que clamava pelo massacre dos inimigos da Revolução. Bandos de degoladores invadiram sete prisões de Paris, assassinando os presos a sangue frio. A carnificina durou de 3 a 7 de setembro, sem que as autoridades revolucionárias interviessem.

A **Figura 8** pretende retratar o massacre na prisão feminina da Salpetrière. A maioria das mulheres dessa casa era acusada de adultério ou prostituição, não crimes políticos. Algumas haviam sido enviadas para a prisão por suas famílias por "má conduta". No dia 3 de setembro, um bando de "justiceiros" arrombou as portas da prisão. 35 mulheres, desde adolescentes até septuagenárias, foram mortas a golpes de sabre ou machadadas. De 52 a 213 foram agredidas e/ou estupradas, e depois libertadas pelos assassinos. Quantas mães haveria entre elas? O relatório daquela semana da Seção Finistère, bairro onde ficava a Salpetrière, não menciona a chacina – as autoridades preferiram "não saber". O assunto virou tabu, as informações são imprecisas. Mas todos comentavam as notícias em Paris. No dia 9 de setembro, Madame Roland escreveu a um amigo: "Se você soubesse dos detalhes horripilantes dessas expedições! Mulheres violentadas e estripadas por aqueles tigres: entranhas arrancadas, amarradas em fitas, a carne humana comida crua".[7]

No grupo das figuras centrais, há um "juiz" lendo um auto de acusação diante das mulheres ajoelhadas em atitude de súplica. Um carrasco golpeia uma mulher caída no chão. À direita, uma fila de prisioneiras espera sua vez no simulacro de julgamento, algumas de mãos postas, uma cobrindo o rosto, outra empurrada por um dos "guardas". À esquerda, outro grupo se aproximando, e uma mulher levanta os braços em pânico diante da cena. Os homens estão todos armados de piques, machados, clavas de madeira, porretes. No primeiro plano do desenho estão os corpos das vítimas, dois dos quais revistados pelos algozes à procura de objetos de valor. Os massacres de setembro horrorizaram a Europa.

---

6   LEFEBVRE, Georges. *La Révolution Française*. Paris: Presses Universitaires de France, 1989, capítulo "La première Terreur (Septembre 1792)".

7   GUTWIRTH, Madelyn. *The twilight of the goddesses: women and representation in the French revolutionary era*. New Jersey: Rutgers University Press, 1992, p. 315-317.

CALENDÁRIO REPUBLICANO*

Os líderes republicanos queriam romper com o passado e construir uma nova sociedade na França. Além das radicais reformas políticas, fiscais e sociais, imaginaram novos métodos para medir o espaço e o tempo. O governo revolucionário instituiu o sistema métrico decimal de pesos e medidas elaborado por matemáticos franceses e substituiu o calendário gregoriano tradicional pelo calendário republicano, com nomenclatura e estrutura diferentes. Cada mês era dividido em 3 períodos de 10 dias, sendo que o último dia da "década" – o *decadi* – era feriado. O dia da proclamação da República – 22 de setembro de 1792 – foi considerado o dia primeiro do Ano I da "era dos franceses". Em nome da racionalidade, mas num espírito anticristão, os domingos foram abolidos. Em seu lugar ficaram o *decadi* e as festas republicanas. Os santos homenageados a cada dia do ano foram trocados por nomes da flora e fauna francesas. O poeta Fabre d'Églantine, inspirado nas estações da natureza e nos ciclos agrícolas do campo francês, concebeu belas designações para os meses e dias do ano.

Mas o povo era apegado aos feriados religiosos e às tradições seculares. Para desespero das autoridades, grande parte da população obstinava-se em seguir o ano gregoriano, agora considerado subversivo e antipatriótico! Jornalistas "se esqueciam" de datar suas publicações "republicanamente". As mulheres dos funcionários públicos eram as primeiras a desobedecer a lei, observando os domingos. Em 1805 (Ano XIII), o matemático e astrônomo Laplace condenou o calendário francês, devido a problemas com a intercalação de anos bissextos, e seu caráter exclusivamente nacional. Ao contrário do sistema métrico decimal, que continua em uso até hoje, o calendario republicano não sobreviveu à Revolução. Foi adotado em 5 de outubro de 1793 (Ano II) e abolido em 1 de janeiro de 1806 (Ano XIV).

Ano II – 1793-94

Vindimiário (22 de setembro-21 de outubro): época da colheita das uvas (1793)
Brumário (22 de outubro-20 de novembro): tempo de brumas e neblinas
Frimário (21 de novembro-20 de dezembro): clima frio
Nevoso (21 de dezembro-19 de janeiro): período da neve (1793-1794)
Pluvioso (20 de janeiro-18 de fevereiro): clima chuvoso (1794)
Ventoso (19 de fevereiro-20 de março): tempo das ventanias
Germinal (21 de março-19 de abril): época da germinação das plantas
Floreal (20 de abril-19 de maio): época da floração
Prairial (20 de maio-18 de junho): tempo dos prados verdes
Messidor (19 de junho-18 de julho): época das colheitas
Termidor (19 de julho-17 de agosto): período do calor
Frutidor (18 de agosto-16 de setembro) tempo das frutas

---

*   N.R: Informações deste quadro nos verbetes "Calendrier" (In: FURET, Francois; OZOUF, Mona. *Dictionnaire Critique de la Révolution Française*. Vol. *Institutions et Créations*. Paris: Flammarion, 1992) e "Chronologie" (In: TULARD, J.; FAYARD, J. F.; FIERRO, A. *Histoire et dictionnaire de la Révolution Française - 1789-1799*. Paris: Editions Robert Laffont, 1988).

18
AS INSURREIÇÕES DE 1795: GERMINAL E PRAIRIAL

EM 10 TERMIDOR DO ANO II (28 de julho de 1794), Robespierre, Saint-Just e outros 20 correligionários foram guilhotinados na Praça da Revolução, atual Place de la Concorde. Era o fim do chamado período do Terror, o mais radical da Revolução Francesa. O governo que se seguiu, conhecido como a Convenção Termidoriana, acabou com a economia dirigida e a preeminência das camadas populares no governo. A burguesia recuperava a liderança política que tivera em 1789.[1]

Fome e suicídio em Paris

O inverno de 1794-1795 foi excepcionalmente rigoroso. A colheita do outono de 1794 tinha sido desastrosa, provocando escassez de trigo, e a resposta do governo termidoriano à crise foi liberar a economia dos controles impostos durante o Terror. Em dezembro de 1794, as Leis do Máximo foram revogadas. O preço do pão voltou a ser um problema social, o que não ocorria desde 1791. George Rudé salienta que, apesar das parcas evidências, pode-se pensar que os salários dos operários parisienses tinham caído aos níveis catastróficos do início de 1789.[2] Na primavera de 1795 – Ano III – havia fome na capital, homens e mulheres desmaiavam de inanição nas ruas. A ração diária de pão por pessoa caiu para 60 g. A insurreição de Germinal começou em

---

1   Ver capítulo IV: "La Réaction Thermidorienne et les Traités de 1795". In: LEFEBVRE, Georges. *La Révolution Française*. Paris: Presses Universitaires de France, 1989.
2   RUDÉ, George. *The Crowd in the French Revolution*. Londres: Oxford University Press/Oxford at the Clarendon Press, p. 143-145.

27 de março na seção de Gravilliers: 600 mulheres acompanhadas de alguns homens se dirigiram à Convenção carregando "A tábua dos direitos do Homem". A causa do levante não foi apenas a fome: as mulheres gritavam contra os deputados moderados – os girondinos termidorianos –, exigindo a libertação dos "patriotas encarcerados desde o 9 Termidor (27 de julho)", data da queda de Robespierre. Havia objetivos políticos a alcançar.[3] As assembleias gerais foram tumultuadas, entre outros motivos, porque as mulheres presentes desciam das tribunas para deliberar e até votar junto com os cidadãos. A revolta de Germinal não teve êxito, e a penúria se agravava. Crianças recém-nascidas eram abandonadas nos orfanatos (*Enfants-de-la-patrie*) e o número de suicídios aumentava. Só entre os dias 9 e 20 de abril, 17 corpos de suicidas foram pescados do rio. Mães desesperadas se jogavam no Sena com os filhos nos braços.[4] O povo estava revoltado com a falta de pão e de liberdade:

> uma cidadã comentava na rua: há oito meses atrás tínhamos pão e hoje não temos mais. Estamos vivendo na escravidão [...] Vejo mulheres que recebem pão de 60 gramas e ficam contentes porque não comeram nada na véspera. Se você apresentar uma petição sobre o assunto na Convenção Nacional, vai preso. As sociedades populares foram fechadas. Fizeram isso para nos mergulhar de novo na escravidão.[5]

No dia 1º de Prairial (20 de maio) de 1795, as mulheres iniciaram a insurreição que marcou o apogeu do movimento feminino de massa:

> De manhã cedo em 1º de Prairial repicaram os sinos no Faubourg Saint-Antoine e no Jardim das Plantas. Mais uma vez, como em outubro de

---

3   GODINEAU, Dominique. *Citoyennes tricoteuses: les femmes du peuple à Paris pendant la Révolution Française*. Paris: Editions Alinea, Perrin, 2004, p. 302.

4   *Ibidem*, p. 306

5   *Homens e mulheres do Pont Neuf lamentam o desaparecimento das sociedades populares no Ano III* – Archives de la Préfecture de Police, Paris, AA 216, Section Pont Neuf, 29 Germinal, Ano III. In: LEVY, Darline G.; APPLEWHITE, Harriet B.; JOHNSON, Mary D. *Women in Revolutionary Paris – 1789-1795*. Selected documents translated with notes and commentary by the authors. Urbana e Chicago: University of Illinois Press, 1980, p. 283.

1789, foram as mulheres que tomaram a iniciativa e trouxeram os seus companheiros para a ação atrás delas.[6]

O mote do protesto era *"Pão e Constituição de 1793!"*.[7] Desde Germinal, os relatórios diários dos observadores de polícia indicam que as mulheres tinham as propostas mais "incendiárias e sediciosas", e agiram como incitadoras ou, literalmente, "bota-fogos" (*"boute-feux"*) do movimento. O Comitê Civil da Seção do Norte escreveu depois de Prairial que "não vamos nos enganar; nos momentos tempestuosos que afligiram a cidade, as mulheres tiveram o papel de bota-fogos".[8] As descrições parecidas se repetem: "as mulheres dizem que os homens são uns trouxas (*jean-foutres*) por se deixarem levar desse jeito" (24 Germinal); duas mulheres foram interpeladas na porta da padaria por terem gritado que "todos os homens eram uns poltrões por não se reunirem para marchar sobre a Convenção" (28 Germinal); "as mulheres [...] atormentam os homens, chamando-os de covardes. [...] Um grande número dentre elas queria deflagrar a insurreição" (7 Floréal).[9]

Na véspera da revolta de Prairial, uma mulher teria distribuído na entrada da Assembleia Geral de Popincourt o panfleto *Insurreição do povo, para obter pão e reconquistar seus direitos*, que foi amplamente disseminado em Paris naqueles dias. No dia seguinte, as mulheres se reuniram em grandes grupos que iniciaram a marcha para a Convenção, arrastando os homens recalcitrantes pelo caminho, entrando nas lojas e casas para convencê-los a aderir ao levante. Alguns foram maltratados e depois se referiram a elas como "as fúrias da guilhotina [...] e suas mãos homicidas". Seguindo o ritual tradicional nas revoltas populares, algumas

---

6   RUDÉ, George. *The Crowd... op. cit.*, p. 152.

7   Essa foi a Constituição mais democrática e igualitária da Revolução. Favorecia os interesses das classes populares, consagrando o sufrágio universal masculino (antes era censitário), voto aberto e público, o direito ao trabalho, à educação e à assistência pública, o direito à insurreição quando o governo viola direitos do povo, concentração de poderes no corpo legislativo, o qual elege o executivo. Estabeleceu um sistema de consultas frequentes ao povo, com projetos de lei submetidos ao referendo das comunas de toda a nação, promovendo uma descentralização das decisões. A Constituição de 1793 nunca foi aplicada, mas teve enorme prestígio junto às massas populares e forças de esquerda.

8   GODINEAU, Dominique. "Political Practice during the French Revolution". In: APPLEWHITE, Harriet B.; LEVY, Darline G. (ed.). *Women & politics in the age of the democratic revolution*. Ann Arbor: The University of Michigan Press, 1993, p. 74.

9   GODINEAU, Dominique. *Citoyennes tricoteuses... op. cit.*, p. 315.

mulheres bateram os tambores para marcar a cadência da marcha e amotinar os parisienses.[10] A presença masculina era essencial, pois os homens tinham as armas, principalmente os canhões.

Godineau ressalta a dinâmica das relações masculinas e femininas: as mulheres aceitam conscientemente o papel de detonadoras da revolta, os homens as seguem com suas armas, e depois as mulheres os sustentam na luta. O aspecto relacional das insurreições populares é significativo: há uma dinâmica e uma reciprocidade específica entre os dois sexos. Esse comportamento pode ser observado em revoltas anteriores, por exemplo, no conflito com os girondinos em maio de 1793: nesse caso não foram elas o estopim da crise, mas um observador de polícia notou o seguinte: "as mulheres têm a esperança de serem secundadas pelos homens" (13 de maio) e "as mulheres iniciarão o movimento [...] e os homens virão apoiá-las", disse um deputado da Convenção no dia 18 de maio de 1793. A marcha para Versalhes em 5 de outubro também se pautou por essa complementaridade dos sexos: as mulheres começaram a marcha, foram seguidas pelos soldados da Guarda Nacional, e em Versalhes eles tomaram a frente, sendo por sua vez acompanhados por elas.[11]

O povo invade a sala da Convenção

Em Prairial, as ativistas desarmadas, acompanhadas por uma dezena de homens, conseguiram entrar na Convenção. Esta jornada foi uma desesperada tentativa das mulheres, as quais foram maioria nesta última ocupação da Convenção. Do lado de dentro, os soldados tentavam repeli-los com armas na mão, o que gerou gritos de que as mulheres estavam sendo massacradas. Nesse momento, os homens do *faubourg* Saint-Antoine e outros entraram na sala da sessão. O *Moniteur* relata: "às três horas e trinta e três minutos, uma multidão de mulheres e homens armados de fuzis, piques e sabres entrou na Convenção" reclamando "Pão e Constituição de 1793".[12]

O deputado Féraud tentou impedir sua passagem – foi morto e decapitado, aparentemente com a participação de algumas mulheres. Mais tarde, sua cabeça foi exibida na ponta de uma lança na sala da Convenção. As reivindicações dos insurgentes

---

10   Ibidem, p. 320.

11   Ibidem, p. 316-317.

12   Ibidem, p. 323-324.

eram, entre outras, a libertação dos patriotas presos, a prisão dos deputados hostis, o retorno dos deputados Montanheses detidos na revolta de Germinal, melhor controle do abastecimento na capital, novas eleições e "Pão e Constituição de 93". O fim da escassez estava ligado, para a maioria dos manifestantes, ao fim da "tirania" e à recuperação dos direitos de soberania do povo.

As militantes *sans-culottes* queriam punir os aristocratas, os moderados, os comerciantes e os traidores na Convenção. Exigiam a volta do Terror.[13] No dia 2 de Prairial, alguns batalhões da Guarda se rebelaram e apontaram seus canhões para a Convenção. As mulheres não aparecem nos relatos do levante desse dia, pois não puderam participar das reuniões nem das lutas dos guardas. No dia seguinte, elas apelavam aos transeuntes para que atacassem a Convenção, tentaram se apoderar dos canhões, fizeram tocar os sinos para a Comuna e insuflaram a revolta, num último esforço revolucionário. No entanto, não foram chamadas para a assembleia geral da Seção, que decidiu nomear uma nova Municipalidade. Prevaleceu o já tradicional limite da participação feminina nas insurreições: as mulheres desaparecem dos documentos assim que o povo soberano se estrutura em assembleia.

Seguiu-se uma repressão brutal. As militantes ainda tentaram socorrer seus companheiros, mas desta vez foi em vão. Há relatos de mulheres gritando nas ruas, "como fúrias incitando os homens": "É preciso ajudar nossos irmãos do Faubourg Antoine". O governo intimou o *faubourg* a entregar o líder Tinel e os canhões de três Seções. As cidadãs eram partidárias da resistência, agrupadas em todas as esquinas. Um relatório de polícia observa: "as mulheres estão reunidas em cada rua e fazem grande barulho. O pão é a causa material da sua insurreição; mas a Constituição de 1793 é a alma".[14] Em 23 de maio de 1795, esfomeado e exausto, o *faubourg* Saint-Antoine se rendeu sem combate.

Nesse momento começava o chamado Terror Branco: uma comissão militar pronunciou 36 condenações à morte, inclusive dos seis deputados montanheses que estiveram ao lado dos revoltosos, 1.200 prisões e 1.700 ordens de desarmamento; nas províncias, terroristas foram executados; jacobinos foram destituídos, agredidos e

---

13   Ibidem, p. 326.
14   RUDÉ, George. *The Crowd... op. cit.*, p. 154-155.

tiveram que fugir. Os patriotas "eram caçados como perdizes".[15] Dentre as 148 parisienses presas pela polícia, a maioria foi condenada a dois meses de prisão. As mães de família com filhos pequenos estavam ausentes da multidão. Tanto nos relatos masculinos como nas deposições femininas, o dia 1 de Prairial teve características de uma jornada das mulheres.[16] Nas fontes policiais, elas aparecem como "bota-fogos" capazes de cometer atos violentos, apesar de a maioria ter se limitado à violência verbal. Como de costume, as mulheres se dirigiram à mais alta instância do poder nacional; ocuparam as tribunas para impedir os deputados de falar, uma tática já testada com sucesso durante a crise dos girondinos. Não se sabe ao certo o número de mulheres na revolta, mas um relatório fala em duas mil, o que é indicação de que muitas haviam se desiludido com as manifestações populares.

As "bota-fogos" silenciadas

A multidão de Prairial foi a mais violenta e sombria de todas as jornadas femininas da Revolução: em 1789 havia esperança e fervor, em 1795 havia desespero e esgotamento. A religião católica reemergia após a campanha de descristianização, e diante de tantas desgraças, muitas mulheres retornavam para o consolo da igreja. Sinal dos tempos, a polícia apontou duas filas perigosas em Paris: [a fila das mulheres] na missa e [a fila das mulheres] nas padarias (*une à la messe, l'autre à la boulangerie*).[17]

Os decretos contra a militância feminina foram significativos: no dia 1 de Prairial, proibiu-se a presença de mulheres nas tribunas da assembleia; no dia 4, votou-se a interdição de assistirem a qualquer assembleia política. Sobraram apenas as ruas como locais de encontros políticos femininos. Os deputados, entretanto, acharam que o risco ainda era grande. Assim, no dia 4, a Convenção aprovou por unanimidade uma lei ordenando que as mulheres se recolhessem aos seus domicílios: "uma hora depois do anúncio deste decreto, aquelas que forem encontradas nas

---

15   LEFEBVRE, Georges. *La Révolution Française*, op. cit., p. 442-443.
16   GODINEAU, Dominique. *Citoyennes tricoteuses...* op. cit., p. 332.
17   As informações deste parágrafo estão em HUFTON, Olwen H. *Women and the limits of citizenship in the French Revolution*. Toronto/Buffalo/Londres: University of Toronto Press, 1992, p. 46-50.

ruas em ajuntamentos (*attroupements*) de mais de cinco mulheres serão dispersadas pela força das armas e colocadas em estado de detenção".[18]

As leis de repressão dirigidas especificamente às mulheres dão a medida do temor que o movimento de massa feminino causava nos governantes da Convenção termidoriana e da preocupação que tiveram em silenciá-lo. Os relatórios de polícia após a derrota do movimento dão conta da ordem e do silêncio que reinavam em Paris. Em 9 de Prairial: "Submissão completa às leis da Convenção. Respeito dos homens, silêncio das mulheres"; em 10 de Prairial: "as mulheres voltaram aos seus lares, e se tornaram mudas sobre os acontecimentos políticos"; em 20 de Prairial: "não se ouvem mais os gritos sediciosos e os clamores enlouquecidos daquelas fúrias da guilhotina".[19]

Godineau chama a atenção para o fato de que as medidas não eram resultado apenas da misoginia dos convencionais: visavam um dos componentes mais ativos do movimento popular, e não as mulheres enquanto sexo feminino.[20] Ao contrário, a repressão revela o papel importante das insurgentes de Germinal e Prairial: as militantes eram adversárias políticas corajosas que cobravam dos deputados promessas não cumpridas. Os políticos queriam tirar das ruas de Paris a multidão feminina *porque era feminina e popular*. Além disso, a classe burguesa termidoriana tentava impor a ideologia doméstica às francesas de todas as classes. Reduzidas ao silêncio, não tendo onde se reunir, as mulheres não poderiam mais incitar os homens ao levante.

O legado das ativistas

Essas rebeliões marcaram o apogeu e a derrota do ativismo feminino e do próprio movimento popular.[21] O que restou de toda aquela experiência revolucionária? Os historiadores estão divididos quanto ao legado da militância feminina. Os atos de cidadania por elas praticados foram varridos do mapa até meados do século XIX, e o exercício pleno dos direitos políticos que as patriotas haviam imaginado só se materializou substancialmente no século XX. As francesas só acederam aos direitos cívicos após a Segunda Guerra Mundial. Catherine Marand-Fouquet acha que as ativistas não

---

18 GODINEAU, Dominique. *Citoyennes tricoteuses... op. cit.*, p. 330-331.
19 *Ibidem*, p. 345.
20 *Ibidem*, p. 331.
21 HUFTON, Olwen H. *Women and the limits of citizenship... op. cit.*, p. 48-50.

deixaram sequer o germe de uma emancipação futura – e portanto não houve nenhuma continuidade entre a Revolução e as feministas contemporâneas.[22]

Entretanto, aqueles seis primeiros anos da Revolução ficaram na história das lutas pela cidadania e serviram de inspiração para as futuras gerações. Applewhite salienta que a Sociedade das Republicanas Revolucionárias foi o protótipo dos clubes políticos de mulheres que surgiram na revolução de 1848.[23] As suas duas presidentes, Claire Lacombe e Pauline Léon, foram elogiadas por defenderem os interesses das mulheres do povo de sua época. Outro aspecto digno de nota é que depois da Revolução Francesa, qualquer política de guerra tinha que atender às necessidades particulares das mulheres: pensões para as viúvas ou esposas de mutilados de guerra, uniformes e provisões para maridos e filhos no exército, oficinas de trabalho para as mães e esposas de combatentes. A Revolução acentuou o papel das mulheres como barômetros das crises sociais. Elas tinham se acostumado a ir às galerias das assembleias gritar e exigir providências se suas reivindicações não fossem atendidas.

As leis contra a participação política feminina não apagaram a imagem que tinham de si próprias, de pessoas conscientes e conhecedoras de seus direitos. Tal atitude se construiu ao longo da Revolução, quando parecia que as mulheres tinham conquistado uma medida de liberdade. Naqueles anos, pressionadas por questões de subsistência, alentadas pelos ideais da *Declaração dos Direitos do Homem e do Cidadão*, elas descobriram sua força política. Eram capazes de resistir à opressão, lutar por justiça social e intervir de forma dramática no curso da própria Revolução.

---

22 MARAND-FOUQUET, Catherine. *La femme au temps de La Révolution*. Paris: Éditions Stock/Laurence Pernoud, 1989, p. 376-377.

23 As informações sobre o legado das revolucionárias estão In: LEVY, Darline G.; APPLEWHITE, Harriet B.; JOHNSON, Mary D. *Women in Revolutionary Paris... op. cit.*, p. 310-311.

PARTE II
Representações femininas

19
REVOLUÇÃO E ICONOGRAFIA

21 DE SETEMBRO DE 1792: a monarquia é abolida na França, e o rei – preso no Templo – deixa de representar a nação. Novo regime político, novos símbolos. A República não podia sobreviver sem massas politicamente educadas, e para isso era preciso criar uma tradição e um repertório de símbolos republicanos, como o barrete vermelho, Marianne, a deusa da Liberdade, a bandeira tricolor, entre muitos outros.[1] A intenção política do uso e propagação dos novos símbolos era ensinar e convencer a nação a abraçar os valores republicanos ancorados na moral e nos bons costumes. Para Pierre Bourdieu, o poder simbólico é um poder de construção da realidade, e os símbolos são instrumentos por excelência de integração social, enquanto instrumentos de conhecimento e comunicação.[2] Raquel Stoiani pondera que as representações não derivam necessariamente da realidade concreta que as originou: "seu significado é produto de uma série de interesses e manipulações".[3] Mas, nesse particular, observam-se influências cruzadas: situações reais levam às representações, as quais, no caminho inverso, podem inspirar novas realidades. "A metáfora é essa estratégia do discurso através da qual a linguagem se despe de sua

---

1   HUNT, Lynn. *Política, cultura e classe na Revolução Francesa* (trad.). São Paulo: Companhia das Letras, 2007, p. 112.
2   BOURDIEU, Pierre. *O poder simbólico*. Lisboa: Difel, 1989, p. 9-10.
3   STOIANI, Raquel. *Da espada à águia: construção simbólica do poder e legitimação política de Napoleão Bonaparte*. São Paulo: Humanitas, 2005, p. 21.

função descritiva direta para aceder ao nível mítico onde sua função de descoberta é libertada".[4]

Esse pensamento de Paul Ricoeur me chamou a atenção porque pode ser aplicado também ao exercício da leitura de imagens: é preciso ultrapassar a função descritiva mais superficial para entrar no nível mítico, onde acontecem as descobertas. Sim, é ali que se poderá desvendar outros significados e mensagens que, afinal, são o objetivo da representação. A imagem, portanto, pode representar ideias políticas, valores morais ou crítica social que se quer propagar ou inculcar na mente do público. Não obstante, a eficácia das representações depende da existência de uma psicologia coletiva propícia à aceitação de tais ideias, ou, inversamente, partindo da disseminação intensa das representações para a construção de um novo imaginário social.

O objetivo desta Parte II é apresentar e discutir as representações iconográficas femininas durante a Revolução Francesa. As informações oferecidas pelas imagens ora confirmam as ideias expostas na Parte I, ora apontam ambiguidades, ora contradizem ou relativizam teses reconhecidas. Trata-se de uma arte moral: quase todas as gravuras emitem algum tipo de julgamento em relação ao sujeito representado, o que nos leva ao campo das percepções diferentes da virtude feminina na visão dos contemporâneos. Os gêneros artísticos privilegiados neste estudo são as alegorias, as caricaturas e as aquarelas de Lesueur, a meio caminho entre a caricatura e crônica dos acontecimentos da Revolução.[5] A seguir, exemplos dos três tipos de representação supracitados.

---

4   RICOEUR, Paul. *La Métaphore Vive*, p. 311 *apud* DE BAECQUE, Antoine. *Le Corps de l'Histoire, metaphores et politique (1770-1800)*. Paris: Calmann-Lévy, 1993, p. 11.

5   CARBONNIÈRES, Philippe de. *Lesueur - Gouaches Révolutionnaires - Collections du Musée Carnavalet*. Paris: Paris-Musées, 2005, p. 21.

Gêneros artísticos

FIGURA 9a. *ALEGORIA da Liberdade* © Museu Carnavalet/Roger-Viollet

Alegoria da Liberdade, desenho atribuído a Le Clerc, gravado por Carrée. Esta jovem Liberdade, com barrete frígio na cabeça, acaba de abater a hidra da tirania com sua clava poderosa. Pose heroica, mas semblante tranquilo de quem se sabe vitoriosa, a deusa ergue a coroa de louros. A moça é feminina, porém quando necessário, tem uma força hercúlea para derrotar o monstro de várias cabeças. Alusão à Revolução vencedora, que nada teme. A hidra e a clava são símbolos do segundo trabalho de Hércules, herói da mitologia grega.

FIGURA 9b. CRÔNICA EM IMAGENS © Museu Carnavalet/Roger-Viollet

As cidadãs de Paris, esposas de artistas e de comerciantes fazem a doação de suas jóias à *Convenção Nacional*. Aquarela da série de Lesueur. As explicações desta imagem estão no Caderno de Imagens a seguir, figura 28.

FIGURA 9c. CARICATURA *Um clube de mulheres em 1793* © Museu Carnavalet/Roger-Viollet

Um clube de mulheres em 1793, Pordet. Na interpretação do artista, esta seria uma cena de reunião num dos mais de 50 clubes femininos que se formaram na França entre 1789 e 1793. Trata-se de mulheres do povo que apoiam a Revolução, como mostram as rosetas tricolores (ou cocardas) nas toucas. A oradora tenta inutilmente acalmar quatro participantes exaltadas. Na desordem, todas gesticulam e falam ao mesmo tempo. Naquela época, as mulheres usavam cabelos presos em toucas, fitas, lenços, chapéus. O cabelo comprido desgrenhado nas costas denota loucura, descontrole, falta de modéstia – mais um passo e as ativistas serão associadas às bruxas. A caricatura desqualifica as participantes pelo excesso, pretensão e tolice. A mensagem do autor é clara: tais mulheres, incapazes de discussões ponderadas e sérias, são uma ameaça na arena política.

Os líderes revolucionários se aperceberam do potencial de transformação do poder dos símbolos e, substituindo a religião pela política, recrutaram "apóstolos" ou "propagadores" para colocá-lo em prática. Na Revolução Francesa, fez-se uso intenso da propaganda visual para facilitar a ruptura com os valores do Antigo Regime, e edificar uma nova ordem social. Nesse novo sentido político, a propaganda fazia parte de um ambicioso programa de instrução pública para regenerar o povo francês.[6] Através de concursos, a República contratou artistas que foram incumbidos da disseminação visual dos ideais republicanos. Deste modo, eles tiveram o papel de "instituidores da nação", pois seus pincéis e cinzéis estavam a serviço de uma missão gloriosa, como disse Vergniaud: "A Assembléia Nacional incentivará, com todas as suas forças, as artes, as quais, por meio de tão belo uso, poderão encorajar as grandes ações e contribuir desta maneira para a felicidade do gênero humano".[7]

No início da Revolução, havia grande idealismo entre os artistas que ficavam liberados do "jugo" da Academia. A nação lhes concedeu prêmios de incentivo, prometeu vastos trabalhos nacionais e, sobretudo, lhes confiou uma missão inédita, conforme se depreende da exortação de Vergniaud.[8] Entretanto, o termo "propaganda" pode ser considerado um tanto redutor e anacrônico quando se trata da empresa cultural da Revolução Francesa – a historiadora da arte Annie Jourdan prefere falar em "estratégias da regeneração" ou "vontade pedagógica". Segundo ela, os quadros, esboços, modelos, croquis realizados por ocasião dos concursos do Ano II testemunham as expectativas, representações e prioridades do primeiro republicanismo que a França conheceu. A esse título, eles merecem mais que a etiqueta de "propagandistas", pois deram origem à tradição iconográfica da República francesa.[9]

O idealismo jacobino preferiu a abstração, a alegoria e a imaginação à mera descrição factual, gostava do que era elevado e grandioso, como o projeto da regeneração do homem.[10] A alegoria é um modo de expressão que consiste em representar ideias e qualidades abstratas sob forma figurada. Na Revolução, as alegorias "personificavam" as

---

6 HUNT, Lynn. "Engraving the Republic: Prints and Propaganda in the French Revolution". *History Today*, n° 30, out. 1980, p. 12.

7 JOURDAIN, Annie. "Les concours de l'An II – En quête d'un art républicain". In: *La Révolution à l'oeuvre: perspectives actuelles dans l'histoire de la Révolution Française*. Rennes: Presses Universitaires de Rennes, 2005, p. 265.

8 *Idem. Les Monuments de la Révolution 1770-1804: une histoire de représentation*. Paris: Champion, p. 22, nota n° 28.

9 *Ibidem*, p. 278 e p. 13-14, nota n° 13.

10 HIGONNET, Patrice. *Goodness beyond Virtue*. Cambridge (Mass)/Londres: Harvard University Press, 1998, p. 215.

virtudes cívicas. Assim, a alegoria saiu da cultura de elite para falar ao povo.[11] Não obstante, a compreensão das alegorias depende de um conhecimento erudito dos códigos de interpretação, o que não estava ao alcance de todos. Por essa razão, houve a preocupação do governo revolucionário em fornecer textos, por vezes bastante extensos, com a interpretação correta das imagens. Da fé sensualista no poder das imagens resultou uma enorme produção de pinturas, esculturas, gravuras e cartazes, além dos festivais, canções, medalhas, fitas, discursos, jornais, louça de mesa e até cartas de baralho ornamentados com os símbolos da República. Os meios mais variados foram empregados para difundir o ideário da Revolução.[12] O deputado Abbé Grégoire estava convencido disso quando defendeu a necessidade de imagens no novo selo da República em seu *Relatório sobre os Selos da República* (1796) (*Rapport sur les sceaux de la République*):

> Quando se constrói um governo novo, tudo deve ser republicanizado. O legislador que não reconheça a importância da linguagem dos signos seria irresponsável; ele não deveria perder nenhuma oportunidade de impressionar os sentidos para despertar idéias republicanas. Logo a alma é penetrada pelos objetos reproduzidos constantemente diante de seus olhos; e essa coleção de princípios, fatos, emblemas, reforça incessantemente para o cidadão os seus direitos e deveres, formando, por assim dizer, o molde republicano que lhe dá o caráter nacional e a postura de um homem livre.[13]

Não é necessário percorrer todo conjunto de imagens alegóricas para constatar a preponderância da figura feminina. Há várias explicações possíveis para essa escolha: a mais óbvia é a de que os substantivos abstratos que representam são do gênero feminino em francês, *La Liberté*, *La République*, *La Nation*, *La Patrie*. Entretanto, essa explicação é insuficiente. Desde Cesare Ripa no século XVI,[14] a tradição iconográfica já utilizava figuras femininas para representar qualidades abstratas. Essa coleção de imagens, organizada e

---

11   LANDES, Joan B. *Visualizing the Nation: gender representation and revolution in eighteenth-century France*. Ithaca: Cornell University Press, 2001, p. 53-54.

12   HUNT, Lynn. "Engraving the Republic...", *op. cit.*, p. 12.

13   LANDES, Joan B. *Visualizing the Nation... op. cit.*, p. 28.

14   RIPA, Cesare. *Iconologia*. Roma, 1593.

reapresentada por Gravelot e Cochin no tratado *Iconologie par Figures*,[15] foi uma das fontes de inspiração dos artistas franceses da Revolução. A Antiguidade estava na moda, e nada mais apropriado que figuras da mitologia clássica para corporificar as virtudes republicanas.[16] Indo mais além, essas representações têm múltiplos significados ligados aos papéis da mulher na sociedade. Poderiam servir de modelos de comportamento para as mulheres da época. As matronas romanas, as mães espartanas ou os rostos virginais das "Liberdades" inspiravam valores eternos, mas dentro da austeridade da República. Além disso, era útil aproveitar o fervor religioso de grande parte da população e sugerir a identificação das deusas pagãs com a Virgem Maria e santas católicas das procissões. A dignidade e seriedade das alegorias femininas de certa forma representavam o ideal burguês de esposa austera, elevada e principalmente silenciosa. Dessa forma, enquanto as mulheres de carne e osso eram excluídas da vida pública, as deusas podiam ser exaltadas porque eram abstratas, coletivas, estavam acima das turbulências revolucionárias[17] ("*au dessus de la melée*"). Elas não votavam, não faziam petições à Assembleia nem protestavam nas ruas. Em outras palavras, não exerciam nenhum poder.

Outra razão para as alegorias femininas foi o que Lynn Hunt e Antoine de Baecque[18] chamaram de "a crise política da representação". Com a destituição do rei, quem iria representar a soberania política? Quem substituiria a pessoa, o retrato e a coroa como centro afetivo da vida política nacional? A Convenção Nacional escolheu a deusa da Liberdade para o selo oficial, e o símbolo permaneceu. A figura de uma jovem mulher, envolta em túnica romana, substituiu o retrato do rei no selo.[19] Não era uma ideia nova: já na década de 1770, a deusa da Liberdade tinha começado a aparecer nas pinturas francesas. A divindade era o oposto da imagem paternal do rei: jovem, frágil, pura em suas vestes brancas. O rei era humano, tinha alegrias e tristezas; o humor da [deusa da] República era estável. A estabilidade era um va-

---

15 GRAVELOT, H. F.; COCHIN, C. N. *Iconologie par figures ou Traité complet des allégories, emblèmes etc. à l'usage des artistes en 350 figures*, edições do XVIII em 1765 e 1791, edição atual: Genève, Minkoff Reprint, 1972.

16 LANDES, Joan B. *Visualizing the Nation... op. cit.*, p. 17

17 Ideia de Lynn Hunt em MELZER, Sara E.; RABINE, Leslie W. (ed.). *Rebel daughters: women and the French Revolution*. Nova York/Oxford: Oxford University Press, 1992, p. 205.

18 DE BAECQUE, Antoine. "The allegorical image of France, 1750-1800: a political crisis of representation". *Representations*, n° 147, ed. especial, verão 1994, p. 111-143.

19 HUNT, Lynn. "Engraving the Republic...", *op. cit.*, p. 15.

lor importante em meio às paixões revolucionárias. Isso se reflete na posição quase sempre estática das diferentes "Liberdades": a pedagogia alegórica da Revolução preferia a segurança tranquila, que correspondia à visão de um regime confiante em seus poderes, nem ameaçador, nem ameaçado, triunfante enfim.[20] Enquanto a Revolução real lutava contra conspirações internas e perigos externos, o espelho alegórico representava a paz e a segurança dos vencedores. Na coleção *Iconologie* de 1791, só 11 entre 62 figuras estavam em movimento.[21] As deusas eram serenas e majestosas, não tinham pressa nem paixão. Por essa razão, a imagem romântica de uma *Liberdade Guiando o Povo* (Delacroix em 1830), onde a Liberdade é uma mulher do povo liderando revoltosos numa barricada, teria sido inapropriada para a época (ver comentários sobre esta obra, figura 51, última da série). Como vemos, a substituição do corpo sagrado do rei pela imagem da deusa da Liberdade não é sem importância, e reflete a mudança do ideário político e social naquele contexto instável.

Não obstante, as tradições e hábitos antigos custam a morrer. Ao lado da deusa da Liberdade com um rosto anônimo, distante e fria no pedestal, desenvolveu-se uma outra Liberdade mais popular e mais próxima do povo. Esta outra podia socorrer e consolar os aflitos, como outrora fizera o rei: "a Liberdade altiva veio despertar nossos espíritos abatidos; ela fez brilhar sua chama entre nós e o doce calor que em nossas almas penetrou fez germinar a semente das virtudes".[22] Há uma tentativa de humanizar e corporificar o ideal da Liberdade, a ponto de lhe darem um nome católico comum entre os franceses, significando o ideal ao alcance de todos. Assim, Marianne, a Liberdade-República, com o tempo virou personagem símbolo da França. A figura feminina foi preferida à dos líderes revolucionários vivos, envolvidos nas disputas políticas. Enquanto Mirabeau, Lafayette e muitos outros

---

20   DE BAECQUE, Antoine. "The allegorical image of France...", *op. cit.*
21   Gravelot e Cochin, *Iconologie*, 1791 – maior coleção de figuras alegóricas do período em DE BAECQUE, Antoine. "The allegorical image of France...", *op. cit.*, p. 127.
22   HOLLIER, Claude. "Discours sur les bienfaits de la constitution française envers les femmes...". In: LUCAS, Colin (ed.-chefe). *The French Revolution Research Collection*. University of Chicago, 1992 – Coleção de documentos microfilmados ou em microfichas sobre a Revolução, Section 9.4 – Women and the Family, Microficha 9.4/40, The New York Public Library.

desapontaram seus seguidores e desapareceram da cena histórica, a Liberdade perdurou, graças à sua abstração e impessoalidade.[23]

Ao mesmo tempo em que se tentava humanizar a deusa, havia um movimento para "sacralizar", por assim dizer, os símbolos da Revolução. *A Declaração dos Direitos do Homem e do Cidadão*, os hinos patrióticos, sermões cívicos e juramentos constitucionais passaram a ser tratados com uma veneração quase religiosa.[24] Fiz alguns comentários sobre o assunto na figura 5, "O Pudor". A respeito dessa transferência de sacralidade da antiga religião para objetos cívicos, vale a pena lembrar Tocqueville, que já havia percebido tal característica da Revolução:

> Como ela parecia tender à regeneração do gênero humano mais ainda que à reforma da França, ela acendeu uma paixão [...] inspirou o proselitismo e fez nascer a propaganda. Assim, ela pode se dar aquele ar de revolução religiosa que tanto assustou os contemporâneos; mais que isso, tornou-se ela própria uma espécie de religião nova, religião imperfeita, é verdade, sem Deus, sem culto e sem outra vida, mas que não obstante, como o islamismo, inundou toda a terra com seus soldados, seus apóstolos e seus mártires.[25]

Lynn Hunt observou que no início da Revolução havia muitas gravuras mostrando cenas de multidões patrióticas, sugerindo o engajamento da nação inteira na fundação do novo Estado. Muitas imagens incluíam as mulheres. Utilizei várias gravuras ou aquarelas com esse tema, para analisar em que medida o povo teria ou não sido heroicizado. De 1789 a 1792, as cenas de violência coletiva eram bem recebidas, mas depois disso, tornaram-se um tanto assustadoras – era preciso restabelecer a tranquilidade. Com a proclamação da República em setembro de 1792, os rostos serenos das deusas alegóricas paulatinamente substituíram as multidões agitadas.[26]

Entretanto, no contrafluxo da iconografia encomendada pelo governo, havia uma produção de caricaturas contrarrevolucionárias, ou, pelo menos, detratoras das

---

23 HUNT, Lynn. "Hercules and the radical image in the French Revolution". *Representations*, n° 2, primavera 1983, p. 98.

24 LANDES, Joan B. *Visualizing the Nation... op. cit.*, p. 55.

25 TOCQUEVILLE, Alexis de. *L'ancien régime et la Révolution*. Paris: Gallimard, 1967, p. 71.

26 HUNT, Lynn. "Engraving the Republic...", *op. cit.*, p. 14.

mulheres que representavam os valores republicanos. Estas são apresentadas como Medusas assustadoras (figura 45) ou tricoteiras malvadas (figuras 42 e 43). As caricaturas ilustravam o humor do momento e o conflito, enquanto a alegoria, corporificando ideias abstratas, os atenuava e apagava. As caricaturas eram veículos ágeis e tiveram um papel na propaganda política. Produzidas e distribuídas no mercado rapidamente, no calor da hora, também faziam a história, segundo Joan Landes. Tanto a caricatura quanto a alegoria são sensíveis à opinião pública e ajudam a criar o que Baecque chama de imaginação popular ou imaginário político. Da mesma forma que as caricaturas, os documentários (imagens descritivas dos fatos) do período são representações altamente codificadas e estilizadas dos acontecimentos que retratam. Ambas possuem uma função comemorativa, mostrando personagens históricas do ponto de vista de classes ou grupos sociais específicos, por exemplo, as mulheres do ponto de vista dos homens. Ambas, portanto, constroem seus materiais tanto quanto os registram.[27] Michel Vovelle observa que a qualidade artística desses trabalhos varia muito:

> embora a caricatura tome emprestadas uma parte de suas figuras da cultura popular (inversão carnavalesca, ênfase no corpo e suas funções naturais), e se dirija mais a essa camada de público que a um círculo de iniciados, ela não deixa de ser o trabalho de artistas que não são ingênuos e pertencem a um aparato organizado de produção, apoiados por um discurso não raro bastante elaborado.[28]

Por sua vez, os artistas foram inventando um universo de símbolos e figuras junto com o desenrolar dos acontecimentos, não havia nada pré-estabelecido. Por exemplo, a ideia da árvore da liberdade veio dos camponeses que queriam se declarar livres dos impostos que pagavam aos senhores nobres. Autoridades do governo gostaram da ideia e inventaram a cerimônia da plantação da árvore para celebrar a Revolução. Até maio de 1792, 60.000 árvores da liberdade tinham sido plantadas na França.[29]

---

27 Citação de S. Levine *apud* LANDES, Joan. *Visualizing the Nation...* op. cit., p. 181.
28 Citação de Michel Vovelle *apud* LANDES, Joan. *Visualizing the Nation...* op. cit., p. 53.
29 HUNT, Lynn. "Engraving the Republic...", *op. cit.*, p. 12.

Incluí no Caderno de Imagens algumas aquarelas do artista Lesueur. Esses trabalhos fazem parte de uma série de 64 pinturas cuja finalidade precisa ainda não foi estabelecida. Talvez tenham sido criadas para posterior gravação e distribuição, ou encomendadas por um particular, ou quiçá se destinassem a servir de cenário para um teatro em miniatura. O aspecto didático das imagens fala em favor de um projeto de difusão. O Museu Carnavalet as classifica como "crônica em imagens da Revolução Francesa". De fato, a coleção é um registro de fatos e personagens interpretados pelo artista, o qual criou uma imagem idealizada da Revolução, atenuando pelo traço e pela cor qualquer sinal de violência. Há algumas características em comum entre as imagens populares e a coleção Lesueur: o formato em série e uma ingenuidade aparente no estilo. As pinturas de Lesueur são, no entanto, de qualidade muito superior aos desenhos ditos populares da mesma época.

Um aspecto relevante é que, enquanto as imagens desse artista são, *grosso modo*, contemporâneas dos fatos retratados, o mesmo não ocorre com as etiquetas explicativas. Isso fica bem claro pelo uso dos verbos no imperfeito, denotando tempo passado, e pelos erros históricos grosseiros de datas, nomenclatura e ortografia. Philippe de Carbonnières, diretor do Museu, acha que tais erros são incompatíveis com um pintor educado ilustrando precisamente a Revolução – portanto, as etiquetas não apenas são posteriores à execução das pinturas, mas elaboradas por outras pessoas mais jovens, que talvez nem tivessem nascido na época evocada. Lesueur vinha de família burguesa razoavelmente abastada, e há razões para se supor que politicamente tenha sido um moderado, próximo dos girondinos: gostava da Revolução, mas temia os excessos da *sans-culotterie*, e condenou claramente o Terror. De maneira geral, apresentou as mulheres numa luz favorável, especialmente em cenas de devoção, filantropia, maternidade, sacrifício, papéis essencialmente femininos e apreciados pela sociedade da época.[30]

As caricaturas populares oferecem exemplos opostos: as mulheres no espaço público se transformam em criaturas ridículas ou perversas, deixam de ser humanas e se transformam em monstros. Nesse caso, não faz diferença se são republicanas ou monarquistas, radicais ou conservadoras. As últimas caricaturas da série "Demonização das militantes" são virulentas na satirização das mulheres.

---

30 Informações sobre o pintor Lesueur em CARBONNIÈRES, Philippe de. *Lesueur... op. cit.*, p. 38-55.

O que primeiro me chamou a atenção na iconografia do período revolucionário foi a visibilidade das mulheres no espaço público, ao contrário do que ocorria anteriormente. Graças à nova produção arquivística da época, é possível hoje encontrar vestígios das imagens femininas que povoaram aquele universo visual.[31] Um ponto relevante é que grande parte – e talvez a totalidade das imagens aqui utilizadas seja criação de artistas masculinos. Entre 51 imagens, há 20 de pintores e desenhistas identificados, 6 desenhos onde constam apenas os nomes dos gravadores (chez Basset, chez Denis etc.) e 18 trabalhos anônimos. Mesmo no caso improvável de metade dos anônimos – 9 – e de a totalidade dos desconhecidos cujas obras foram reproduzidas pelos gravadores – 6 – serem de autoria feminina, haveria apenas 15 trabalhos de artistas mulheres, comparados com 34 de artistas masculinos, ou seja, 36 vs. 15. Com base nesta constatação numérica, entendemos que as imagens deste estudo (Partes I e II) mostram a visão masculina dos comportamentos femininos na esfera pública e privada.

As razões para a menor produção das artistas fogem ao âmbito deste livro, porém quero assinalar que a maioria das mulheres artistas eram gravadoras e não pintoras. Se no início da Revolução o sentimento igualitário permitiu que elas tivessem maior participação nas artes, já em 1793 estava claro que persistia a antiga exclusão feminina das melhores escolas de arte e dos gêneros artísticos mais prestigiosos.

Visto que existem milhares de gravuras da época revolucionária, selecionei uma amostragem representativa das tensões sociais, imaginário político e ideias de gênero do fim do século XVIII na França. A ordem de apresentação das figuras é: mães, deusas, família, cidadãs, mulheres-soldados, militantes. Indicarei a procedência de cada imagem, autor e data sempre que possível, lembrando que grande parte dos desenhos é anônima. A pesquisa detalhada dos artistas e colecionadores, sua motivação, assim como a circulação dessa produção fogem ao alcance do presente trabalho.

---

31 LAPIED, Martine. "La visibilité des femmes dans la Révolution française". In: LAPIED, Martine; PEYRARD Christine (dir.). *La Révolution Française au Carrefour des Recherches*. Prefácio de Michel Vovelle. Michel Aix-en Provence: Publications de l'Université de Provence, 2003, p. 303-304.

20
CADERNO DE IMAGENS

As mães como símbolos da nação

FIGURA 10. *Nova Praça da Bastilha* – Coleção De Vinck n8 1711.
Paris, Biblioteca Nacional da França – BnF, Paris.

Na pintura *Nova Praça da Bastilha* (**Figura 10**), celebrando 1789, nota-se o início da crise de representação. O rei está muito menor que os personagens à sua volta, principalmente a mulher, proporcionalmente maior que os mesmos personagens. À medida que o rei perdia prestígio e autoridade, os símbolos da monarquia foram aos poucos sendo substituídos. A efígie do monarca começou a ser preterida pela figura materna, novo símbolo da nação. Assim mesmo, os dizeres proclamam Luís XVI "restaurador da liberdade", e ele é retratado pisando sobre a hidra da tirania. De fato, depois da Marcha de outubro, quando o rei e sua família voltaram para Paris escoltados pelas mulheres e pela Guarda Nacional, houve um ressurgimento do prestígio do monarca. É uma época de transição. Aqui vemos um rei que "encolheu", junto com sua autoridade, e uma mulher que "cresceu" na medida da exaltação da maternidade. A mãe está na base do pedestal, na base da sociedade. Há uma incongruência entre o tamanho do rei e os dizeres "restaurador da liberdade". Se o monarca fosse um herói restaurador, teria outra estatura física e uma postura mais altaneira. A pátria é representada pela mãe que gera e amamenta futuros cidadãos soldados que irão defendê-la quando crescerem. É a mulher cumprindo seu papel na nova sociedade; percebe-se a importância social do aleitamento materno, colocado no centro do desenho, para onde convergem os olhares. Os meninos (só filhos homens) já estão se preparando para seu papel de soldados tocando tambor e usando chapéu e farda militar, são os novos heróis da nação. A legenda inscrita na parte mais inferior da imagem diz: "Assim, o tempo que passou terminou; devolvamos a César o que é de César e à Nação o que é da Nação". O religioso e o nobre estão devolvendo à Nação o que lhe tinham usurpado. Vejamos: à esquerda do pedestal há um religioso devolvendo com a mão esquerda uma moeda, e no texto da mão direita há uma explicação: são os "dízimos [ilegível], anatas, benefícios" que a Igreja recebia. À direita do pedestal está a nobreza, que segura um texto: "fim do regime feudal"; a figura tem os atributos da condecoração no peito, a espada, o brasão, o chapéu de plumas, o culote. A roupa do nobre não é a da época, parece um traje do Renascimento italiano, com gola de renda do século XVI, o chapéu do XVII que lembra o dos mosqueteiros de Luís XIII. A mistura faz o personagem ficar ridículo, como se fosse um jogral da corte. O nobre era agora uma figura de carnaval. Há uma visão idílica da reconstrução social, todos cooperam voluntariamente. A mãe está no centro, é a peça chave da reconstrução. Há uma ruptura com o passado, isto é, com o nobre, o religioso e até o rei nanico, e a inauguração de uma nova era: a mãe enorme e seus quatro filhos vigorosos. Essa família é o futuro da nação.

FIGURA 11. *A Pátria instrui seus filhos, recebe a todos em seu seio, e a Razão os ilumina*, circa 1793. Paris, Biblioteca Nacional da França – BnF

Aqui entramos no terreno das alegorias, com a primeira delas, *A Pátria instrui seus filhos, recebe a todos em seu seio, e a Razão os ilumina* (**Figura 11**). O ambiente é da Roma clássica. A mãe Pátria ensina ao menino com ares de Cupido os preceitos máximos da nação. Há uma identificação proposital da personagem principal com a Virgem Maria ou Sant'Ana, e também a Razão. A mãe Pátria aponta para a Tábua contendo "Os Direitos do Homem e Constituição dos Franceses", a qual, não por acaso, tem o formato das Tábuas da Lei com os 10 Mandamentos. A criança saúda o ensinamento com entusiasmo porque está sendo esclarecida pela Razão. À esquerda, na sombra, vê-se os símbolos da Revolução: os fasces, representando a união, o galo gaulês, a nação, o nível maçônico da igualdade, uma pique, símbolo do povo armado, com o barrete frígio da liberdade espetado na ponta. Do lado direito, a deusa Diana da caça e da fertilidade, com múltiplas tetas simbolizando fertilidade, no pedestal que diz "Natureza": a mulher está próxima da natureza pois dá à luz, nutre e regenera – e este é seu papel na sociedade. No alto da colina, um templo redondo romano dedicado à Razão e os dizeres em forma hierárquica: o mais alto "adore o eterno", depois "ame seus irmãos" e, por último, "estime sua pátria". Há dois sóis, um no céu, outro no peito da Virgem, representando o esclarecimento, a iluminação das trevas da ignorância, num espírito iluminista. Durante a Revolução, a hierarquia dos dizeres se inverteu: o culto ao ser supremo, "ao eterno", foi efêmero e ficou restrito aos líderes revolucionários, não teve ressonância real entre a população; em compensação, o amor à pátria subiu para o primeiro lugar, e os irmãos ficaram onde estavam, em segundo lugar.

Esta alegoria promove a maternidade cívica, exaltando o papel educador da mãe republicana. É ela que vai formar os futuros patriotas, ensinando-lhes os mais elevados princípios morais e políticos, contidos na *Declaração dos Direitos do Homem e do Cidadão* e na Constituição dos Franceses (como está escrito nas Tábuas da Lei). A mãe nutriz é a ligação entre a Nação e as futuras gerações. A mãe Pátria também é endeusada, na medida em que poderia ser uma deusa romana ou a Virgem Maria – sua missão era quase sagrada. Há uma mistura de símbolos: o galo gaulês, os da Antiguidade clássica, como os fasces, que na Roma antiga representavam o poder triplo de punição dos lictores, as cintas para prender, as varas para bater, e o machado para decapitar, se necessário; a deusa Diana, o amuleto da Pátria, que se parece à Medusa pendurada no peito da deusa Palas Atena, o barrete frígio ostentado pelos escravos libertos em Roma; um símbolo maçônico, o nível da igualdade; símbolos revolucionários: a pique, a Declaração dos Direitos do Homem; símbolos católicos: a sabedoria divina nos raios de sol, que representam também a palavra de Deus. Tocqueville concordaria com esta representação da Revolução, que sacraliza os símbolos políticos leigos e se "dá ares de uma religião nova".

FIGURA 12. *Professora republicana* — Gravador L'Epicier, circa 1793, Coleção De Vinck n8 1711. Paris, Biblioteca Nacional da França — BnF

A **Figura 12** é a de uma mestra maternal, mas também poderia ser a de uma mãe educadora, que lê para seu aluno-filho a *Declaração dos Direitos do Homem e do Cidadão*. O menino é o futuro cidadão já usando o barrete frígio da liberdade, aprendendo os princípios republicanos. A lição é importante, e tanto a mestra como o aluno estão completamente absortos no texto fundamental da nação. Para sua idade, a criança está bastante interessada, como convém a um cidadão sério. A figura materna também é a Pátria que acolhe seus filhos e os nutre com espírito público e seu amor, simbolizado pelo seio que amamenta. A mestra tem perfil romano, acentuado pelo manto na cabeça, evocando tanto as mães da Antiguidade romana constantemente lembradas na Revolução, como também as santas católicas, Sant'Ana – padroeira das professoras – e a Virgem Maria. As joias são um toque de feminilidade, indicando a diferenciação dos sexos, cara aos revolucionários franceses. A mestra maternal ou mãe educadora cumprem exatamente a função que se espera das boas cidadãs: estão em casa cuidando do filho com desvelo. Na filosofia rousseauniana, é o papel que a natureza reservou às mulheres. A Revolução acrescentou uma dimensão cívica à maternidade, e fica subentendido que qualquer coisa que as afaste de sua missão fundamental prejudica a família e a sociedade.

A seguir, veremos uma imagem da Fonte da Regeneração, erigida para o festival de 10 de agosto de 1793, que marcou o paroxismo da campanha do aleitamento materno.

Dessiné par Monnet.

La Fontaine de

Sur les débris de la

FIGURA 13. *A Fonte da Regeneração sobre os escombros da Bastilha, em 10 de agosto de 1793* — gravura de Isidore Helman, desenho de Charles Monnet — Paris
© Museu Carnavalet/Roger-Viollet

A Fonte da Regeneração sobre os escombros da Bastilha em 10 de agosto de 1793 (**Figura 13**) foi uma das estações erigidas na Festa da Unidade e Indivisibilidade, planejada pelo pintor e deputado Jacques-Louis David e pelo compositor Gossec. Todos os símbolos são significativos: o local escolhido para o festival era onde outrora se erguia a Bastilha; em vez da odiada masmorra onde definhavam as vítimas do regime monárquico, agora havia uma fonte da regeneração, pois a República tinha o projeto de instilar a virtude nos franceses. A divindade homenageada é a egípcia Hathor entronada num pedestal gigantesco.[1] O veículo da transformação é o leite materno, que para os efeitos do festival era água. Dos seios de Hathor, deusa da maternidade, amamentação, amor feminino, natureza e fertilidade, jorra o leite prodigioso, considerando a enormidade da tarefa de regenerar a sociedade. Na imagem veem-se os guardas com suas piques separando as autoridades dos espectadores. Só os dignatários presentes bebiam do "leite" de Hathor, o povo ficava olhando de longe. Os espectadores eram casais, grande número de mulheres, muitas mães com seus filhos pequenos, e à esquerda se vê uma que amamenta o bebê sentada embaixo da saliência da pedra. O entusiasmo geral simboliza a alegria da nação livre, a vitória sobre a tirania e o povo unido em torno de seus líderes. Trata-se de uma gravura propagandística de Monnet-Helmann.

---

1 GUTWIRTH, Madelyn. *The twilight of the goddesses: women and representation in the French revolutionary era*. New Jersey: Rutgers University Press, 1992, p. 364-365.

FIGURA 14. Projeto de medalha: A Regeneração — Augustin Dupré (1748-1833)
© Museu Carnavalet/Roger-Viollet

A **Figura 14** é uma outra interpretação da Fonte da Regeneração no festival de 10 de agosto de 1793. A deusa da maternidade está protegida por dois mastins, assim como as mães francesas precisavam da proteção do Estado. Nesta imagem se vê melhor os líderes revolucionários simbolicamente aparando o leite de Hathor em cálices.

FIGURA 15. *A Natureza — chez Basset, Nature, circa 1794.* © Museu Carnavalet/Roger-Viollet

A alegoria *Natureza* (**Figura 15**) mostra uma figura feminina majestática aleitando duas crianças de etnias diferentes. Os atributos da personagem são os da abundância, dádivas da deusa grega da agricultura Deméter ou da romana Ceres: folhas de louros e espigas de trigo, frutas, legumes, feixes de cereais e uma videira ao fundo. A montanha pode simbolizar o partido radical dos Montanheses da Convenção Nacional.[2] Olhar vago, a Natureza não olha para os bebês: alimenta-os com a naturalidade da mãe que acolhe as crianças sem distinguir a cor da pele. Na ordem natural, brancos e negros são irmãos de leite – é a civilização que os separa. A Mãe-Pátria não faz diferença entre seus filhos-cidadãos, abrigando a todos em seu regaço. A alegoria da República muitas vezes traz uma coroa de louros na cabeça, e dessa forma, a imagem também evoca a República plácida e triunfante, que traz a regeneração da terra e da espécie humana. Esta República ou Mãe-Pátria proclama ideais universais. A deusa regenera o povo francês pondo em prática um conceito radical de igualdade que derruba a barreira racial. Há ainda o aspecto político: em nome dos direitos dos indivíduos à liberdade, a escravidão foi abolida em 4 de fevereiro de 1794, e na primavera mais de 300 clubes jacobinos felicitaram a Convenção pela medida.[3] Muitos políticos proeminentes já haviam condenado o sistema escravagista. Condorcet declarou em 1792 que não apenas o tráfico negreiro, mas a própria escravidão, eram crimes antinaturais. Brissot foi um dos membros fundadores da Sociedade dos Amigos dos Negros em 1788, e percebeu logo no início da Revolução que os princípios da *Declaração dos Direitos do Homem e do Cidadão* eram incompatíveis com a escravidão. Na França havia menos de cinco mil indivíduos negros, mas nas colônias do Caribe os escravos eram a maioria da população, e estavam na base da produção do açúcar, café e algodão. Os escravos negros de Santo Domingo, futuro Haiti, interpretaram a Revolução Francesa a seu modo: os "escravos brancos" da França tinham se rebelado e matado seus senhores para retomar suas terras e se governarem sozinhos. Considerando-se igualmente justificados, eles se insurgiram contra os senhores brancos em 1791.[4] Penso que a alegoria *Natureza*, de

---

2   LANDES, Joan B. *Visualizing the Nation: gender representation and revolution in eighteenth-century France*. Ithaca: Cornell University Press, 2001, p. 103-105.

3   HIGONNET, Patrice. *Goodness beyond Virtue*. Cambridge (Mass)/Londres: Harvard University Press, 1998, p. 98-100.

4   *Slavery and the Haitian Revolution*. Disponível em: <http://chnm.gmu.edu/revolution/chap8a.html>. Acesso em 29 set. 2009.

circa 1794, mesmo ano da abolição, exalta a liberdade de todos e a fraternidade entre brancos e negros – e indiretamente festeja a Convenção, simbolizada pela "montanha" à esquerda. Era interessante naquele momento frisar a importância política da igualdade de direitos para os cidadãos negros. Talvez a abolição contentasse os ex-escravos e freasse o ímpeto de independência da colônia de Santo Domingo? Tal não ocorreu, mesmo porque em 1802 Napoleão reinstituiu a escravidão nas colônias. Em 1804, o Haiti venceu a guerra de independência, separando-se da França. A pintura, entretanto, lembra um marco importante da política jacobina, e a cena do aleitamento materno representa perfeitamente os princípios revolucionários da Liberdade, Igualdade e Fraternidade. Havia, de fato, uma dimensão política na maternidade republicana.

FIGURA 16. *A Liberdade apoiada pela Razão protege a Inocência e coroa a Virtude*, François Bemier — Coleção Hennin, 12177, Paris, Biblioteca Nacional da França — BnF

Figura 16. Temos aqui quatro conceitos abstratos representados por mulheres vestidas à maneira das deusas da Antiguidade greco-romana. A Liberdade está sentada num pedestal no centro da imagem: ela é majestosa e serena, como convém a uma rainha, coroada com o barrete frígio, símbolo da Revolução. À esquerda, uma divindade alada, a Virtude, que também pode ser a deusa da Vitória, recebe a coroa de louros dos vencedores. Tanto a Virtude-Vitória como a Razão portam o símbolo maçônico do olho da vigilância, com os raios do esclarecimento por trás. A Virtude e a Inocência dependem da Liberdade, que por sua vez precisa do apoio da Razão, acompanhada do leão. A força moral da Razão consegue subjugar a força física do animal. Entre outros significados, o leão é símbolo de força e bravura, mas aqui ele é manso e obediente à Razão. À menor ameaça, entretanto, avançará implacável contra os inimigos, assim como a República faz com seus detratores. Há uma coreografia de movimentos delicados entre as quatro alegorias, as quais estão enterligadas numa dependência mútua. Penso que se trata de uma alusão às virtudes republicanas: se um elo se rompe, a corrente perde sua força, rompe-se o equilíbrio. A unidade e esforço de todos são necessários para a vitória da Revolução.

FIGURA 17. *A Igualdade* – Gravador Deny, Paris © Museu Carnavalet/Roger-Viollet

A alegoria *A Igualdade* (**Figura 17**) apresenta uma variedade de símbolos: o barrete frígio enfeitado com a cocarda da Liberdade e da República, o nível da igualdade pendurado numa fita tricolor, símbolo da França, as Tábuas da Lei com a *Declaração dos Direitos do Homem e do Cidadão* – referência religiosa às Tábuas da Lei que continham os 10 Mandamentos. A deusa Diana com múltiplas tetas remete à ideia de fertilidade, abundância na colheita e regeneração social – ideia associada ao papel da mulher na sociedade. A pose da figura sentada lembra as representações de Justiça com a balança, além de simbolizar a estabilidade e a paz. Há aqui algumas contradições: chama a atenção o fato de uma mulher representar a Igualdade, pois ela não era considerada igual ao homem, do ponto de vista social, cívico, legal, intelectual e biológico, como já procurei demonstrar neste trabalho. A Revolução tentou corrigir tal situação em parte, promulgando as leis civis que deram mais direitos à mulher na família. A figura da Justiça, implícita no nível de carpinteiro (símbolo maçon da Igualdade), onde estariam as balanças, tampouco combina com o sexo feminino, considerado sensível demais, exaltado demais para tomar decisões sobre o bem alheio ou o bem público. Em compensação, a cocarda e o barrete frígio simbolizam o patriotismo revolucionário da Igualdade, muito prezada pela *sans-culotterie*. As militantes populares usavam a cocarda, defendiam a *Declaração dos Direitos* e a Igualdade fervorosamente, mas quando puseram na cabeça o barrete frígio, atributo masculino, foram acusadas de querer subverter a ordem dos gêneros. A alegoria impessoal podia usar o barrete, mas não as mulheres de carne e osso.

FIGURA 18. *O Pudor.* Gravador Basset, Paris © Museu Carnavalet/Roger-Viollet

Esta gravura *O Pudor* (**Figura 18**) é um bom exemplo do uso que a Revolução fez da iconografia católica. Vemos aqui uma Virgem Maria ao estilo renascentista, com o véu transparente florentino. A túnica e o lírio são símbolos de pureza; a tartaruga sujeita com o pé representa a existência material, e talvez a sexualidade feminina.[5] Os olhos baixos denotam recato e discrição, atributos da mulher honesta. As atitudes cristãs em relação à sexualidade feminina coincidiam com a dos jacobinos inspirados em Rousseau. No projeto da regeneração moral da sociedade, o pudor da mulher era uma qualidade importante, pois as mulheres formavam a moral e os bons costumes na próxima geração. Estavam na base da República da Virtude. A Virgem era um modelo de comportamento feminino a ser imitado, pois encarnava a devoção materna, o sacrifício e a resignação. Por que não aproveitar a tradição da antiga religião para incentivar esses valores nas mães republicanas? Ao mesmo tempo, havia grande contraste entre Maria e as deusas da Liberdade. Em vez da clava, o lírio da pureza, em vez de confiança desafiadora, a humildade. A Liberdade é *ela própria* heroína, enquanto a Virgem é a *mãe* do Herói, como seria desejável para as mães republicanas. A Virgem aceita seu destino e obedece, a Liberdade não se conforma, luta por uma causa e vence. As duas "libertam", mas por caminhos diferentes. São modelos contraditórios reveladores das tensões revolucionárias. Isso não passou despercebido pelas mulheres mais religiosas e contrarrevolucionárias. Para elas, o culto às deusas era terreno demais, um simulacro vazio da fé. No ano II, o *Moniteur*, na tentativa de sacralizar os símbolos revolucionários em substituição aos santos do cristianismo, aconselhava as parturientes a rezar para a Constituição a fim de aliviar as dores do parto.[6] Mas nesse momento crucial, as mulheres rezavam para a Virgem Maria, que era conhecida, afetuosa e há séculos oferecia consolo e compaixão às devotas. As divindades antigas eram geladas, sem vida, sem humanidade – para não falar da Constituição – e nunca poderiam competir com a mãe de Jesus Cristo.

---

5   LANDES, Joan B. *Visualizing the Nation... op. cit.*, p. 105-106.
6   HUFTON, Olwen H. *Women and the limits of citizenship in the French Revolution*. Toronto/Buffalo/Londres: University of Toronto Press, 1992, p. 108-110.

LA FRANCE RÉPUBLICAINE.

Ouvrant son Sein à tous les Français.

FIGURA 19. *A França Republicana abrindo seu seio a todos os Franceses.* De Louis-Simon Boizot, 1792. Coleção De Vinck 6074, Paris, BnF

A mãe que amamenta seus filhos se tornou uma das imagens mais poderosas da França Republicana. Nesta *França Republicana abrindo seu seio a todos os franceses* (Figura 19), o nível maçônico (triângulo de carpinteiro) indica igualdade de acesso à mãe nutriz que a todos recebe.[7] A alegoria exibe os mesmos atributos da Igualdade: o nível da igualdade, a roseta tricolor nacional (ou cocarda) no barrete frígio e o sol do esclarecimento. O galo gaulês na cabeça da figura representa o país e a nação, como no Antigo Regime, mas também o Estado protetor ou o povo vigilante. Depois de 1792, o galo velava pela República. Durante o Terror, os cataventos senhoriais eram abatidos, mas os galos dos telhados das igrejas, apesar de serem símbolos fortemente cristãos (S. Pedro e Jesus), foram poupados, pois viram nele uma figura benéfica protetora dos cidadãos. E o galo permanecia bem gaulês, ligado ao povo. No século XVII, Père Ménestrier, polígrafo e teórico incansável na área dos símbolos e emblemas, explicava que os gauleses, livres e orgulhosos, haviam escolhido o galo como símbolo não pelo jogo de palavras gallus/Gallus, mas porque a ave era por excelência a figura da coragem e da vitória.[8] Para os homens das Luzes e os da Revolução, os gauleses eram os ancestrais dos servos e vilões, ao passo que os invasores francos seriam os antepassados dos nobres. A Revolução libertou os antigos servos, e o galo canta a libertação do povo.

O rosto da mulher é virginal, mas a pose é ousada. Madelyn Gutwirth enxerga aqui um símbolo sexual democrático, e diz que "os emblemas da Liberdade ali são uma piada: ela está reduzida aos seus seios. E a figuração deixou de significar a caridade universal para ser apenas o erotismo masculino".[9] Há uma ambiguidade nesta imagem, a qual reflete as atitudes dos líderes republicanos a esse respeito. Se por um lado julgaram imoral o uso do apelo sexual para fins políticos, porque lembrava o mundo do Antigo Regime, alguns homens aconselharam as mulheres do clube de Ruffec a fazerem exatamente isso: "usem a força irresistível de suas insinuações para abrandar o coração de pedra que o doce nome da

---

[7] MELZER, Sara E.; RABINE, Leslie W. (ed.). *Rebel daughters: women and the French Revolution*. Nova York/Oxford: Oxford University Press, 1992, p. 62.

[8] PASTOUREAU, Michel. *Les emblèmes de la France*. Paris: Editions Bonneton, 1998, verbete *coq*, p. 62-83.

[9] GUTWIRTH, Madelyn. *The twilight of the goddesses... op. cit.*, p. 365-366.

Liberdade não consegue mover".[10] Para Joan Landes, o corpo sedutor da França Republicana convida ao abraço de seus admiradores masculinos.[11] Eros seria a ligação entre a paixão privada e o dever público. É possível, porém acho que não podemos esquecer o título, o qual sugere que a República é mãe generosa e acolhe todos os franceses como filhos. Ela oferece a todos sua proteção; em tempos conflituosos, ali está um porto seguro. Talvez seja um apelo à unidade, em nome da qual a República está disposta a esquecer as dissensões políticas. Além disso, a imagem também reforça a ideologia da maternidade republicana, que era um conceito inovador, pois revestia os cuidados maternos ancestrais de uma dimensão política nova. Em todo caso, não é o tipo de postura feminina que a ideologia da domesticidade promovia para as mulheres do mundo real.

---

10   DESAN, Suzanne. "Constitutional Amazons: Jacobin Women's Clubs in the French Revolution". In: RAGAN JR., Bryant T.; WILLIAMS, Elizabeth A. (ed.). *Re-creating authority in revolutionary France*. New Brunswick/New Jersey: Rutgers University Press, 1992, p. 25-26.

11   LANDES, Joan B. *Visualizing the Nation... op. cit.*, p. 152-154.

FIGURA 20. *Alegoria da Liberdade,* Pierre-Nicolas Beauvallet, 1795.
© Museu da Revolução Francesa/Domaine de Vizille, MRF 1988.79

Esta *Liberdade* (**Figura 20**) também é ousada e contraditória. O penteado faz lembrar o da Afrodite de Cnido, de Praxíteles, século IV A.C. A imagem mostra dois atributos masculinos, a clava de Hércules e o barrete da liberdade, e dois atributos femininos, o espelho e a túnica transparente. Não são usuais as representações da Liberdade em movimento, principalmente no caso desta figura, que caminha sem olhar para onde vai, alheia ao entorno, enquanto se admira no espelho. A atitude denota vaidade e sensualidade, qualidades criticadas e apreciadas em doses iguais pelos revolucionários franceses. Esta Liberdade é uma personagem dividida entre o dever e a autocontemplação. Há um olho da vigilância em cima do espelho, o que é bastante intrigante. Estaria o olho vigiando a personagem? Seria a voz da consciência, chamando-a ao dever? Ou representa a Revolução vigiando as mulheres, para que mantenham sua virtude? A deusa segura com a mão direita ao mesmo tempo a clava e a ponta da túnica, deixando entrever a perna e os pés. Sob eles, a serpente ou hidra jaz derrotada, e pode-se pensar que depois dessa vitória da força, simbolizada pela clava de Hércules, é possível haver abundância, representada pela cornucópia. Depois de aniquilar o passado – o Antigo Regime –, a Liberdade traz a renovação, a regeneração, a procriação – na República – simbolizadas pelos atributos femininos. A alegoria é ambígua, parece transmitir valores não republicanos, como a imodéstia, o narcisismo e certa alienação da realidade.' Por outro lado, essas fraquezas tornam a personagem mais humana, alguém que não está no pedestal, mas andando descalça na terra. Esta Liberdade é menos deusa e mais mulher.

VIRTUOSAS E PERIGOSAS 257

FIGURA 21. *Uma jovem havia prometido ao seu amante de se casar com ele quando retornasse da guerra, mesmo que estivesse ferido, e parece disposta a cumprir sua promessa.* Aquarela de Lesueur. © Museu Carnavalet/Roger-Viollet

Depois dos Festivais celebrando o aleitamento materno, temos aqui algumas cenas de família: *Uma jovem havia prometido ao seu amante...* (**Figura 21**). Trata-se do retorno do soldado ferido na guerra. Com a perna atingida, talvez esteja incapacitado, mas encontra a noiva à sua espera com um ramo de louro, reservado aos vitoriosos. O tradicional gesto das mãos entrelaçadas entre os noivos significa doação e compromisso mútuo. A noiva mantém sua promessa de casar-se com o soldado, por mais ferido que estivesse. O cão é o símbolo tradicional da fidelidade na arte.[12] A constância da noiva é um prêmio ao patriota ferido na guerra. A moça está vestida de branco, cor da pureza, cor das republicanas. A virtude cívica leva à felicidade na vida privada. O casal tem qualidades republicanas: ele arriscou a vida e sacrificou sua saúde pela nação, voltou para procurar a noiva, revelando honestidade, amor e devoção. Ela esperou pacientemente, pois sabia que o noivo estava lutando pela França. Recebeu o noivo como um herói vencedor e cumpriu a promessa feita no passado: ela também se sacrificou pela nação demonstrando espírito público. Os dois se comportam bem na vida privada, o que faz deles bons cidadãos, de acordo com a definição de virtude revolucionária. Os republicanos são frequentemente retratados com uma mulher apaixonada ao seu lado. Segundo a ideologia republicana, os patriotas são viris, corajosos e virtuosos; é natural que as mulheres se apaixonem por eles. A opção política influencia a vida privada. As mulheres reais, por sua vez, declararam várias vezes no início da Revolução que só se casariam com os patriotas que cumprissem a Constituição, conforme mencionei anteriormente.

---

12 CARBONNIÈRES, Philippe de. *Lesueur: Gouaches Révolutionnaires – Collections du Musée Carnavalet*. Paris: Paris-Musées, 2005.

Famille allant à la guinguette.

FIGURA 22. *Família indo para a guinguette (restaurante popular com música)*
Aquarela de Lesueur. © Museu Carnavalet/Roger-Viollet

Figura 22. Vemos uma família de *sans-culottes* indo a um restaurante popular, chamado *guinguette*, onde também há música e dança. A aquarela foi pintada entre 1792 e 1795. Como grupo social, a *sans-culotterie* é heterogênea, a família retratada não é nem de pequenos patrões, nem de desempregados. O homem poderia ser um artesão-marceneiro, gesseiro ou padeiro, e sua mulher costureira ou lavadeira. Eles estão "endomingados": A mulher sorridente usa um bonito vestido e sapatos, o marido usa uma écharpe combinando com a camisa, e trocou a pique pelo bastão, para o caso de alguma briga na *guinguette*.[13] A família está bem provida de alimentos, levando pão, legumes. O menino trouxe sua corneta, preparando-se desde cedo para o papel futuro de soldado. A menina leva a boneca, também se preparando para a maternidade quando crescer. O menino é mais independente, anda sozinho e ajuda a levar o pão. Ele presta atenção nos pais. A menina parece mais nova que o irmão e é conduzida pelo braço pela mãe, que a segura com firmeza, olha para sua boneca e vem saltitando pela rua – as meninas têm que ser controladas mais de perto. O casal troca um olhar de ternura. Todos parecem felizes: estão sorridentes, bem alimentados, bem vestidos e aproveitando um momento de lazer. As crianças vivem uma infância despreocupada. O homem republicano é bom marido e bom pai, sua mulher é apaixonada por ele. Cada um desempenha exatamente o papel que se espera para seu sexo e idade, vivem de acordo com a moral republicana. Inclusive se nota que o homem está ligeiramente inclinado para o lado da mulher, demonstrando carinho, que ela aceita discretamente, como Rousseau preconizava na Carta a d'Alembert. Não há sinal algum de rebeldia, nem uma pálida alusão a reivindicações de qualquer natureza: na nova sociedade republicana, há abundância, paz e harmonia familiar. Os republicanos são felizes porque honestos na vida privada e bons cidadãos na vida pública. A lealdade à República traz a felicidade na vida familiar e vice-versa. Parece-me que esta família de Lesueur é um tanto idealizada: é assim que a burguesia desejava ver os *sans-culottes* – limpos, arrumados, felizes e, acima de tudo, pacíficos. Um espelho de si própria.

---

13 *Ibidem*, p. 208.

VIRTUOSAS E PERIGOSAS 261

FIGURA 23. *Partida para a fronteira de um cidadão voluntário, acompanhado de sua mulher, seus filhos, e um parente, seu primo serralheiro que leva o embornal. Aquarela de Lesueur.*
© Museu Carnavalet/Roger-Viollet

Aqui há duas cenas bem diferentes retratando a partida de voluntários para a guerra. A primeira pintura é a *Partida para as fronteiras de um cidadão voluntário*, de Lesueur (**Figura 23**) mostrando o voluntário da família *sans-culotte*.

Em 20 de abril de 1792, a França declarou guerra ao Imperador da Áustria, ao qual se aliará em breve o Imperador da Prússia. Depois das primeiras derrotas francesas, em 11 de julho a Assembleia proclamou "a Pátria em perigo", apelando ao alistamento geral. O engajamento dos voluntários se cercou de solenidade e de um clima de patriotismo fervoroso. Carbonnières acha que Lesueur pintou a aquarela nesse contexto.[14] A Figura 23 mostra a partida de um soldado *sans-culotte*. O voluntário compensava a falta de experiência com o entusiasmo para combater "os opressores a soldo dos tiranos". No Antigo Regime, o miliciano convocado partia triste e obrigado, mas a Revolução operou uma mudança de mentalidades: os voluntários estavam dispostos a defender a liberdade com seu sangue, daí o voluntário e sua família comemorarem a partida com otimismo. O soldado está cantando e levantando o braço com o sabre e o chapéu num gesto de vencedor. Sua roupa, principalmente a calça listrada, é a dos *sans-culottes*. Só o redingote azul, o sabre e o fuzil são os do regulamento: o uniforme completo demorava para chegar e os soldados combatiam com farda improvisada. A mulher do voluntário está de braço dado com ele e ajuda a carregar o fuzil: o republicano sempre tem ao seu lado uma esposa apaixonada. Há uma parente ao fundo levantando uma taça de bebida, celebrando ou desejando boa sorte. O primo serralheiro, *sans-culotte* de barrete e avental, leva uma garrafa e o embornal com provisões para o militar. O menino entusiasmado dança, levantando o barrete da Liberdade, e olha com orgulho para o pai. A família em geral acompanha o voluntário até a primeira etapa, onde a despedida era mais dolorosa.

---

14   *Ibidem*, p. 100-102.

FIGURA 24. *Partida do voluntário* — Watteau de Lille, *1792*. © Museu Carnavalet/Roger-Viollet

O quadro a óleo (**Figura 24**) mostra a despedida de um voluntário da burguesia abastada. A cena de adeus é carregada de emoção: o oficial se despede da mulher com um abraço amoroso. O filho pequeno estende os braços para o pai, o casal mais velho – talvez sogros, ou pais – também o envolvem com carinho. No ambiente, tudo denota riqueza: o tapete bordado, as roupas de seda da esposa, o móvel de *marqueterie* enfeitado com escultura de mármore, o vestíbulo com porta trabalhada. Na parede, há um retrato de algum ancestral em uniforme, apontando a tradição militar da família. O clima da despedida é triste, todos têm o semblante preocupado, o voluntário está deixando para trás pessoas queridas, mas parte decidido para a guerra em defesa da Pátria. Não há muito tempo a perder, o soldado na porta espera para acompanhar o voluntário.

Os dois trabalhos são da mesma época, mas os voluntários têm atitudes diversas, talvez porque o burguês tivesse mais consciência dos perigos. A sensibilidade é diferente nos dois grupos, mas ambos aceitam a partida do membro da família. Os soldados têm o mesmo ardor patriótico e a mesma determinação, e expressam tal sentimento deixando suas famílias por uma causa maior. Acho que a diferença entre as duas cenas é decorrente das concepções e escolhas artísticas de cada pintor, e não das classes sociais.

FIGURA 25. *A heroína de Milhier (L'héroine de Milhier)* — Aquarela de Lesueur
© Museu Carnavalet/Roger-Viollet.

Figura 25. "Na Vendéia, bandidos vieram pilhar a casa desta mulher e fazer-lhe violência. Eles a encontraram rodeada de suas crianças, com duas pistolas, uma apontada na direção deles, e outra apontada para o barril de pólvora sobre o qual ela se sentava e ela os desafiou a avançar! A intrépida decisão os assustou tanto que eles fugiram e não mais voltaram."

Esta pintura retrata uma cena que supostamente se passou na Vendeia. Entretanto, o historiador Claude Langlois demonstrou que episódio deve ter acontecido em outra região. Michel Vovelle acha que o lugar talvez fosse Chémillé e não Milhier, e lança dúvida sobre a veracidade do ato: "traços de heroísmo anônimos, talvez inventados".[15] O artista Lesueur, seguindo o exemplo da propaganda oficial, preferiu inscrevê-lo na guerra civil do Oeste. Durante a guerra, os patriotas republicanos, os *"bleus"*, confundiam os combatentes da Vendeia, os *"blancs"* e os chouans, chamando a todos pelo termo pejorativo de *"brigands"*, ou bandidos. Era difícil diferenciar os insurgentes dos bandidos, pois os vendeianos muitas vezes não usavam uniformes. Nesta aquarela, há uma patriota ameaçada por um bando de "blancs". A heroína de Milhier viu sua casa invadida pelos "bandidos" ou revoltosos da Vendeia e ameaçou dar um tiro no barril de pólvora, explodindo a casa e matando todos, inclusive sua família. Lesueur retratou a mulher com duas pistolas e três crianças pequenas, uma delas no berço. A cena é dramática, as crianças maiores, um menino e uma menina se agarram à cintura da mãe, apavorados. Os três homens mal-enjambrados têm uma expressão feroz e parecem ter as piores intenções. Usam uma ou outra peça de uniforme esfarrapado, dando realmente a impressão de *"brigands"*. O primeiro abaixou o sabre e tenta se proteger com a mão, atemorizado. A firmeza e a coragem da mulher de Milhier assustaram os invasores, que fugiram. O episódio de Milhier pode ser autêntico, ainda que tivesse acontecido em outro lugar. Foi bastante explorado pela propaganda revolucionária e reproduzido por vários outros artistas além de Lesueur. Carbonnières considera que a aquarela de Lesueur estaria "bem próxima da realidade", mas ressalta que seria fácil produzir episódios semelhantes de camponesas da Vendeia se defendendo contra os "bleus", soldados republicanos.[16] As atrocidades aconteceram em ambos os lados da guerra civil. A

---

15 VOVELLE, Michel. "Les femmes dans la Révolution" (cap. 7). In: *La Révolution Française: Images et Récit*. 5 vols. Paris: CNRS, 1988, p. 271.

16 CARBONNIÈRES, Philippe de. *Lesueur... op. cit.*, p. 155-157.

pedagogia revolucionária gostava de usar o exemplo das heroínas individuais, principalmente quando eram mártires.

Ao mesmo tempo em que se celebravam os casos individuais de heroísmo feminino, havia um outro tipo de participação revolucionária para as mulheres: a cidadania cerimonial (Figura 26), incentivada e elogiada pelas autoridades da Revolução.

FIGURA 26. *Plantação de uma árvore da Liberdade.* Aquarela de Lesueur
© Museu Carnavalet/Roger-Viollet

Figura 26. "Com o entusiasmo desta Liberdade que acreditávamos ter conquistado, imaginamos plantar árvores para perpetuar sua memória, o que se fez em cada seção com grande pompa. Os Guardas Nacionais acompanhavam o Prefeito, e uma música brilhante tornava esta festa interessante".

Aqui temos um bom exemplo de cidadania cerimonial, em que a participação feminina se limita aos aspectos formais da cidadania, desfilando, cantando, entregando prêmios. A cena acima mostra uma plantação de árvore da

Liberdade, que em geral é um carvalho, porque pertencia à tradição gaulesa; além disso, a árvore simbolizava a regeneração no contexto de homenagem à natureza. O poeta e político François de Neufchâteau codificou o cerimonial da plantação: o espírito deveria ser o do consenso e da fraternidade, com participação dos dois sexos. O clero constitucional se encarregava de benzer a árvore – nesta gravura, ele está ausente. A árvore era plantada nas encruzilhadas ou nas praças e simbolizava a liberdade e a igualdade – tornou-se um poderoso símbolo político: de acordo com dois decretos Diretoriais de 1796, quem a mutilasse ou arrancasse era um "inimigo declarado da República" e cometia um crime contra a Revolução.[17] No grupo masculino à esquerda vemos o prefeito com a pá na mão e as plumas no chapéu, acompanhado de outros oficiais e da Guarda Nacional. Eles têm a circunspecção de seus cargos e autoridade – a parte que cabe aos homens é a administração, a lei e a força. No grupo da direita estão duas jovens mulheres e a menina integrantes do coro: vestidas de branco, cor da pureza, coroa de flores nos cabelos e faixa tricolor em sinal de patriotismo, elas cantam com entusiasmo, como se depreende pelo gestual. Os músicos tocam em segundo plano – todos usam a cocarda no chapéu. As crianças brincam e "ajudam" a plantar a árvore, próximas do grupo acolhedor das mulheres, na ordem natural das relações sociais. Os *sans-culottes*, com seus barretes frígios da liberdade, suas calças listradas e casacos coloridos fazem o trabalho pesado da plantação com um sorriso nos lábios, como o personagem de paletó bege. Um deles amarra uma cocarda num galho da árvore. A presença de mulheres e crianças dá vida à festa e simboliza a união da nação em torno do símbolo popular da Revolução. A mensagem da aquarela é que o povo unido apoiava os dirigentes revolucionários, e havia harmonia entre os cidadãos contentes com o novo regime político. Cada um desempenhava seu papel com gosto. Cantar hinos à pátria era considerada uma boa forma de participação feminina nos atos cívicos: elas enfeitavam a festa com sua beleza, alegravam a cerimônia da qual tomavam parte perifericamente, e não ameaçavam as autoridades com reivindicações políticas. Não há data na imagem, mas o texto explicativo deve ser posterior à cena retratada, como é o caso em muitas aquarelas desta série. Os dizeres parecem ter sido escritos

---

17 *Ibidem*, p. 85-86.

depois de 1790, quando aquele primeiro fervor revolucionário já havia passado, e o clima entre os cidadãos era mais pessimista. Vejamos: "o entusiasmo daquela liberdade que *acreditávamos haver conquistado*" – fica-se com a impressão de que não acreditam mais haver conquistado a liberdade.

FIGURA 27. *"Na Vendeia os bandidos querem derrubar a árvore da Liberdade, mas as moças, por meio de súplicas e lágrimas, os impedem"* © Museu Carnavalet/Roger-Viollet

Figura 27. Os primeiros símbolos revolucionários foram inventados pelo povo. Esse é o caso da árvore da liberdade, enfeitada com o barrete frígio e a bandeira tricolor de listas horizontais do início da Revolução. As jovens heroínas arriscam a vida para defender os ideais da República que a árvore representa. Uma delas tenta convencer os agressores e a outra se abraça ao tronco da árvore. Era preciso coragem para enfrentar homens de maus bofes armados até os dentes. E neste caso, conforme a legenda, elas foram suficientemente eloquentes para demover os bandidos ("*brigands*") de seu intento. Os "bandidos" eram os rebeldes contrarrevolucionários da Vendeia, região do oeste da França que se rebelou contra a Revolução e o governo de Paris, levando o país a uma guerra civil. Quem arrancasse ou mutilasse uma árvore da liberdade era considerado inimigo da Revolução. Tanto a heroína de Milhier da **Figura 25** como estas defensoras da árvore simbólica figuraram nas páginas da *Coletânea de ações heróicas e cívicas* ("*Recueil des actions héroiques et civiques*"), que reunia relatos de patriotismo de cidadãos de toda a nação, que assim passaram à posteridade. Por ordem da Convenção, em janeiro de 1794 essas histórias eram lidas em todas as escolas e festas patrióticas. Lesueur gosta de retratar as mulheres de forma simpática, em cenas de heroísmo, cidadania e filantropia, como veremos na próxima imagem.[18]

---

18   *Ibidem*, p. 158-159.

FIGURA 28. *As cidadãs de Paris, esposas de artistas e de comerciantes, fazem a doação de suas joias à Convenção Nacional.* Aquarela de Lesueur © Museu Carnavalet/Roger-Viollet

O texto é posterior à realização da aquarela (**Figura 28**), como acontece em muitas obras dessa coleção. A doação ocorreu em 7 de setembro de 1789, à época da Assembleia Nacional em Versalhes e não da Convenção, que se reuniu só três anos depois. Entre as esposas dos artistas havia uma comerciante, a cidadã Corne de Cerf. Mais uma vez Lesueur atesta seu interesse pelo sexo feminino, retratando cenas em que as mulheres têm o papel principal. Em geral ele as apresenta numa luz favorável, e desta vez elogia seu espírito público e desprendimento. A dívida nacional era imensa e vários grupos de mulheres doaram seus bens e pertences à nação. Nesta aquarela vemos o momento em que o grupo de mulheres de artistas foi à Assembleia Nacional oferecer suas joias à pátria. A iniciativa partiu de 130 esposas e filhas de artistas que escolheram 11 dentre elas para representá-las. No meio do grupo estão Madame David, Vien, Fragonard, Lagrenée, Vernet, Gérard, lideradas por Madame Moitte, a qual propôs que se criasse uma caixa especialmente para receber tais doações patrióticas. Alguns deputados seguiram o exemplo e doaram as fivelas de prata de seus sapatos. As cidadãs foram homenageadas com as honras da sessão, e voltaram a Paris acompanhadas por uma multidão exuberante. A maioria delas morava no Louvre, que na época servia de moradia e estúdio dos artistas e suas famílias.[19] Essas mulheres queriam mostrar que eram cidadãs patriotas dispostas a sacrificar os símbolos da vaidade feminina pelo bem comum. Não queriam mais ser identificadas como fúteis e inconsequentes, como supostamente o eram as aristocratas do Antigo Regime. Por isso, o gesto tem o significado importante de ruptura e recomeço. As damas queriam ser lembradas por suas qualidades morais e não pela beleza ou elegância, dentro do espírito revolucionário. A ação filantrópica era uma forma de integrar-se à cidadania. A autora anônima do panfleto "Do destino atual das mulheres" ("*Du sort actuel des femmes*") considerou que a exaltação do gesto das beneméritas beirou o exagero – e ponderou que, se aquelas damas demonstraram espírito cívico, foi porque seus maridos eram mais razoáveis que as leis francesas, permitindo mais liberdade às suas esposas. Mais independentes, elas tinham mais energia. Se houvesse mais igualdade entre os esposos, outras sairiam de sua apatia para

---

19   *Ibidem*, p. 79-80.

doar joias como as romanas.[20] Na França revolucionária, a virtude pessoal era também qualidade cívica, da qual se prestava contas à nação, mas era a primeira vez que um grupo de mulheres se apresentava na Assembleia para um ato público de filantropia. O acontecimento um tanto teatral de fato chamou a atenção, foi celebrado e incentivado por aqueles que gostavam da "cidadania filantrópica" para as mulheres. O jornalista Prudhomme, antifeminista radical, criticou a excessiva desenvoltura feminina: escreveu no seu jornal que elas deveriam ter ficado em casa e enviado as joias por intermédio dos maridos.

Os vestidos das mulheres eram os habituais para cerimônias patrióticas: modelo simples, todo branco, cingido por uma fita tricolor na cintura, ou seja, o único enfeite era o símbolo patriótico. Para cidadãs sérias, era o suficiente. A simplicidade denotava o despojamento da aparência e da alma. O clérigo que preside a sessão as abençoa. Alguns deputados parecem prestar atenção no oferecimento das mulheres, mas outros conversam, dois leem, e alguns exibem um sorriso condescendente ou mesmo irônico. Pelas expressões dos rostos, parece que julgaram o gesto feminino enternecedor, mas ingênuo e talvez de pouca utilidade. Para as mulheres, entretanto, simbolizou o pertencimento à nação e a prática da cidadania consciente. Além de Lesueur, vários outros artistas registraram a cena para a posteridade.

---

20 Ver Capítulo I – As mulheres escrevem ao Rei. *Cahiers de doléances des femmes en 1789 et autres textes* (*Cartas de Queixas*). Prefácio de Paule-Marie Duhet. Paris: C. des Femmes, 1981, p. 122.

VIRTUOSAS E PERIGOSAS 273

FIGURA 29. "*As vendedoras do mercado (Dames de la Halle) parabenizando suas Majestades pelo início da Constituição*". Gravura anônima. Coleção De Vinck, 4306. Biblioteca Nacional da França — BnF

Figura 29. Como foi explicado no capítulo anterior, as mulheres do mercado, e principalmente as peixeiras, tinham o privilégio de poder visitar a família real em ocasiões especiais desde o tempo de Luís XIV. Essas comerciantes usavam o canal de comunicação privilegiado com o rei sempre que possível. Nesta cena, vieram cumprimentar os soberanos em nome do povo pelo início da Constituição, em 7 de agosto de 1789, antes, portanto, da Marcha a Versalhes.

A cena mostra a deputação de oito mulheres vestidas à maneira popular, com suas toucas brancas. De acordo com sua tradição, elas cantam ou recitam versos para a família real, como também fizeram para os deputados dos Estados Gerais (ver análise do documento na Parte 1, Capítulo 5: "Antecedentes sociais e políticos da Marcha"). Trazem flores, e uma delas oferece um buquê ao rei, que está de pé ao lado da rainha e do filho sentado no colo da mãe. O príncipe deve ser o Duque da Normandia, o segundo filho do casal, porque o primeiro delfim já havia falecido. Maria Antonieta parece receber a homenagem de bom grado, com seu braço aberto e mão estendida. Apesar da aparência informal do encontro, a visita era bastante codificada. Havia o ritual dos versos cantados, das flores, posição das pessoas na sala – as visitantes não podiam se sentar na presença do rei. Achei esta imagem interessante porque foi a única que encontrei das comerciantes em sua "missão ritual' de falar com o rei em nome do povo antes da Marcha a Versalhes.[21] Em compensação, há uma iconografia variada das jornadas de outubro, com esse mesmo grupo social feminino.

Chamou-me a atenção a qualidade desigual do desenho: há basicamente dois tipos de rosto na figura, um para a família real e outro para as visitantes. O rosto do rei, da rainha, da mulher atrás da sua poltrona e do príncipe são iguais, só muda o penteado. Da mesma forma, as *Dames de la Halle* têm rostos iguais. Porém, o desenho do ambiente é de alta qualidade: a perspectiva das salas, as colunas, os relevos em cima dos portais, o panejamento da cortina e da manta na banqueta. Penso que a arquitetura foi realizada por um profissional e os toscos "retratos em série" por alguém menos capacitado. Teriam eles desenhado com base em relatos de segunda mão e por isso simplificaram os rostos? As feições padronizadas nos permitem supor que o importante era mostrar "as *sans--culottes*" e "a família real' como grupo e não como indivíduos, para revelar a dinâmica do relacionamento entre eles no palácio, daí o cuidado com o desenho da arquitetura. O

---

21 MARAND-FOUQUET, Catherine. *La femme au temps de La Révolution*. Paris: Éditions Stock/Laurence Pernoud, 1989, legenda fig. 18.

artista popular queria enfatizar a importância social das mulheres do mercado – o público a quem se dirigia talvez não notasse o subterfúgio da repetição facial. Seja como for, é interessante notar o convívio amistoso e respeitoso, num contraste brutal com as cenas de desafio e violência das mesmas protagonistas nas jornadas de outubro.

As mulheres-soldados

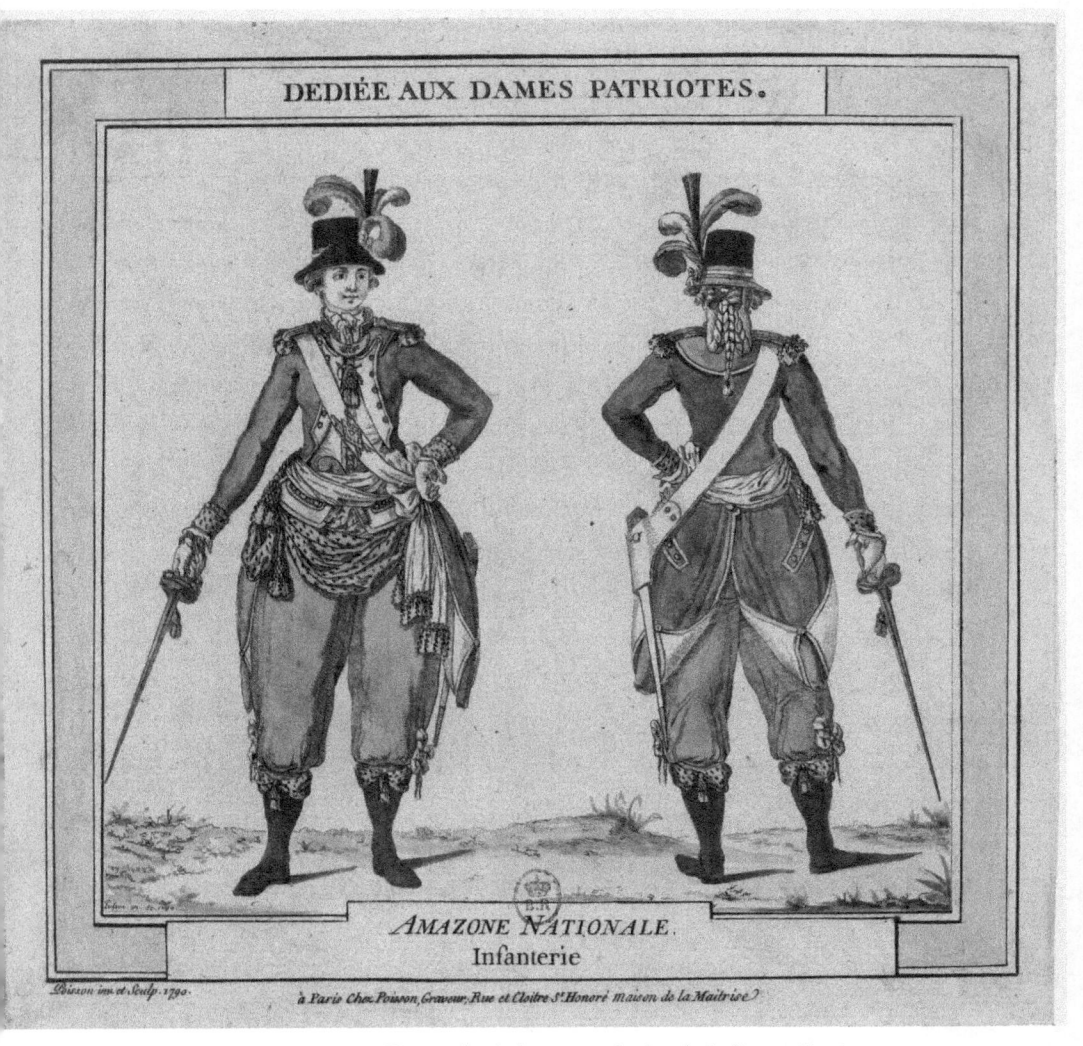

FIGURA 30. *Amazona Nacional – Infantaria – Dedicada às Damas Patriotas.* Gravura e desenho de Poisson. Paris, Biblioteca Nacional da França – BnF

Figura 30. Agora passamos à série das mulheres-soldados, com quatro imagens bem diferentes entre si. Michel Vovelle teceu os seguintes comentários a respeito da Amazona Nacional:[22]

> Mas a imagem da amazona recebeu direito de cidade: em 6 de março de 1792, as parisienses pediram para se armar com piques. Propôs-se então, no estilo das gravuras de moda, a silhueta de uma jovem francesa indo exercitar-se com o traje apropriado... o qual encontramos também numa versão mais espartana na gravura do Ano II que evoca a "Parisiense que se tornou livre".

Segundo Vovelle, esta foi a primeira imagem de mulher-soldado que apareceu logo depois da petição de Pauline Léon para formação de uma milícia feminina na Assembleia Nacional em março de 1792. Parece realmente um desenho de revista de moda – vemos ali uma sugestão de uniforme feminino para as "amazonas nacionais". O artista Poisson não questiona o conceito da mulher-soldado, age como se fosse ponto pacífico, o que pode significar que elas eram mais numerosas e mais bem aceitas do que se pensa. O figurino é uma homenagem às soldadas patriotas, como diz o título "Dedicada às damas patriotas". Isto dito, Poisson passou a desenhar um uniforme com algumas características militares masculinas, como o casaco com *épaulettes*, botas, chapéu de plumas, sendo que o chapéu e as botas têm um formato feminino. As armas são menores e mais leves que as masculinas: o florete e a carabina. Na visão de costas, o cabelo da soldada está trançado num penteado sofisticado. Da cintura para baixo, a roupa se torna extravagante, com xales, borlas, proteção para os culotes largos. A roupa chama a atenção pela imponência, à altura da missão, mas também pela quantidade de adereços, enfeites e detalhes que não seriam práticos para exercícios militares. Ou seja, temos aqui uma indumentária só para desfile e opereta, não para a guerra. A farda apela para a vaidade feminina e atrai os olhares masculinos, bem ao espírito do Antigo Regime. As mulheres querem formar uma milícia? Então que vão, mas bonitas, sem perder a feminilidade. Vestidas assim, teriam que pedir ajuda para se locomover na frente de batalha, preservando a ordem social e os papéis sexuais tradicionais.

---

22 VOVELLE, Michel. *La Révolution Française...* op. cit., cap. 7.

VIRTUOSAS E PERIGOSAS   277

FIGURA 31. *As francesas se tornam livres.* No seu cinto tricolor se lê: Libertas Hastata Victrix! 14 Juillet (A Liberdade quando armada com sua lança é vitoriosa! — 14 de julho) e na ponta da lança a inscrição: Liberté ou la Mort (a Liberdade ou a Morte).
Coleção Geral de Caricaturas sobre a Revolução Francesa de 1789. Gravador Villeneuve, Coleção De Vinck 1656, Biblioteca Nacional da França — BnF

Figura 31. "E nós também, nós sabemos combater e vencer. Nós sabemos manejar outras armas além da agulha e do fuso. Ó Belona! companheira de Marte, com teu exemplo, não deveriam todas as mulheres marchar de frente e com passo igual ao dos homens? Deusa da força e da coragem! Pelo menos tu não tens que enrubescer por causa das FRANCESAS"

Extrato de uma Oração das Amazonas a Belona

A postura e o olhar da "francesa libertada" transmitem orgulho, confiança e força. A amazona acredita nas palavras "Liberdade ou Morte" gravadas na lança, e está disposta a colocar em prática os princípios revolucionários. Ela tem largos horizontes: almeja a glória de combater e vencer, quer mostrar seu valor. Em março de 1792, Pauline Léon e 300 companheiras fizeram uma petição para formar uma milícia defensiva contra os inimigos internos da nação. A Assembleia não concordou (ver Parte 1, capítulo 10: "O direito às armas"). Por conseguinte, suas armas foram mais simbólicas – desfilavam pelas ruas com algumas piques. A amazona da gravura faz causa comum com as outras francesas, supondo que todas elas também queiram mostrar *do que são capazes as mulheres livres*. Libertadas? Sim, da tirania política, da corrupção dos costumes, da frivolidade e leviandade que as escravizavam no passado recente. Acima de tudo, não precisavam escolher entre a domesticidade do casamento, a vida libertina ou o convento – havia novos caminhos. Com a Revolução, as *mulheres livres* podiam se engajar na defesa da pátria. No chão veem-se *correntes e algemas* partidas, uma alusão à antiga *escravidão* das mulheres. Na ótica da personagem, a libertação aconteceu com a tomada da Bastilha em 14 de julho de 1789, conforme os dizeres do cinto tricolor transcritos acima. O canhão e munição evocam o marco histórico. O vestido e o chapéu realçados pelas cores francesas obedecem o figurino de sobriedade patriótica republicana. A mão na cintura revela a determinação de quem já decidiu abraçar uma causa. Não há nada nesta imagem que lembre a doçura da maternidade. A mulher retratada poderia ser Pauline Léon ou Claire Lacombe: sua atitude e seu discurso – na lança, no cinto, na roupa, nos gestos – eram os daquelas militantes. A energia da "francesa livre" evoca as Republicanas Revolucionárias e outros membros de clubes políticos femininos. Porém, essas amazonas urbanas não se alistaram no exército, em vez disso, tomaram parte ativa no movimento popular. Mais que às guerreiras, o termo amazona ficou associado às ativistas que frequentavam as assembleias e participaram das jornadas revolucionárias.[23]

---

23   ROSA, Annette. *Citoyennes: les femmes et la Révolution Française*. Paris: Messidor, 1988, p. 193.

VIRTUOSAS E PERIGOSAS **279**

FIGURA 32. *Mulher que combateu no exército* – Aquarela de Lesueur
© Museu Carnavalet/Roger-Viollet

"Mulher que combateu ao lado de seu marido na Vendéia onde sofreu ferimentos; seu marido foi morto, e ela continuou a lutar e foi ferida novamente; seu sexo tendo sido descoberto, ela foi dispensada com uma pensão; ela queria conservar o traje masculino, mas foi obrigada a tirá-lo".

Figura 32. Esta mulher lutou na guerra civil da Vendeia, apesar de ser mãe de dois filhos pequenos e aparentar estar grávida do terceiro, como sua roupa deixa transparecer. Eis aqui um bom exemplo de mulher-soldado leal à Revolução e à família ao mesmo tempo. Esta é uma das heroínas que lutaram disfarçadas junto com os maridos. As mulheres foram à guerra para não se afastar dos maridos e noivos e por dedicação à causa republicana. A personagem usa chapéu masculino com a cocarda, casaco de uniforme, outra cocarda no peito, calça listrada de *sans-culottes*, numa espécie de uniforme improvisado. Esses trajes estão mais próximos da realidade que os anteriores. Lesueur a retrata com benevolência, porque apesar de ter combatido em trajes masculinos, vê-se que é boa mãe, cuida dos filhos, inclusive já ensina o mais velho a usar as cores nacionais. E sobretudo não abandonou sua feminilidade, qualidade essencial numa mulher republicana. Ela fez por merecer a pensão do exército. Evidentemente, a mulher-soldado tinha orgulho do uniforme e não queria deixar de usá-lo, mas foi obrigada a isso. O olhar da personagem denota conformidade, aceitação de seu papel materno na nova vida civil. As mulheres aquiescentes que desempenham o papel que a sociedade lhes designa, sem querer "sair de seu sexo", são recompensadas e homenageadas, como aconteceu com várias mulheres-soldados de histórias parecidas com a desta *sans-culotte* guerreira.

FIGURA 33. *Mulher em uniforme militar – Senhorita de Méricourt*
© Museu Carnavalet/ Roger-Viollet

Figura 33. A mulher-soldado anônima se transformou em Théroigne de Mèricourt com o subtítulo acrescentado a lápis na etiqueta explicativa acima. Sempre que se falava em amazonas combativas, o nome de Théroigne era lembrado, tanto pelo fascínio como pela repulsa que causava nas pessoas. Nesta representação, a Senhorita Méricourt não se parece nada com as amazonas de opereta. Aqui está uma mulher que sabe usar armas: séria, determinada, aponta o revólver para alguém – dando a impressão de boa pontaria – e segura firme na espada com a outra mão. Suas roupas e plumas com as cores nacionais (bleu-blanc--rouge) revelam uma patriota adepta da Revolução. A feminista fundou o clube das mulheres armadas. Participou da tomada do Palácio das Tulherias de armas na mão em 10 de agosto de 1792 e foi condecorada por bravura. Entretanto, politicamente era próxima dos moderados girondinos. Tinha fama de mulher de muitos amantes. O poeta Baudelaire se referiu a ela como bacante devassa, amante de homens e de sangue. Théroigne foi acusada injustamente de atentar contra a vida de Maria Antonieta no ataque ao Palácio de Versalhes durante a Marcha de outubro de 1789. Por essa razão, e também por suspeita de que estaria tramando uma revolta em Liège (atual Bélgica) contra o imperador da Áustria, Théroigne de Méricourt foi raptada por agentes do monarca e mantida durante vários meses nas prisões austríacas. Nada ficou provado contra ela. Em 1794, já de volta à França, foi internada como louca na prisão La Salpetrière, onde morreu em 1817. A título de referência do local, ver figura 8, Parte I, "O massacre de La Salpetrière em 1792".

A seguir veremos quatro exemplos da iconografia da participação feminina nas jornadas revolucionárias, começando com a partida das mulheres para a emblemática Marcha para Versalhes em 5 de outubro de 1789.

A Marcha a Versalhes

FIGURA 34. *A Versalhes, a Versalhes, em 5 de outubro de 1789.* Anônimo, Coleção Hennin 10450, Paris, Biblioteca Nacional da França – BnF

Figura 34. Rabiscado à mão e mal escrito: "Épocas da Revolução, procissão de Passy a Versalhes" e "Marcha de Paris; de acordo com as seguidoras das mulheres parisienses do mercado e outras que se encontraram com elas na saída [do grupo] na segunda feira às 3 da tarde, para trazer de volta com elas o pão e o rei".

O título da pintura anônima é significativo: a repetição da exclamação "A Versalhes, a Versalhes" reflete o "grito de guerra" da massa rebelada. A pintura mostra uma multidão de mulheres armadas, no que seria o início da Marcha. Trata-se de um "flash" da ação popular, cheio de drama e movimento. Os toscos dizeres rabiscados na página devem ser de outra pessoa que julgou necessário esclarecer o público quanto à natureza do grande evento e seus participantes. O que me pareceu mais interessante ali é a informação de que as mulheres tinham dois objetivos, supõe-se que já antes da manifestação: trazer pão e o rei para Paris. Mas não sabemos a data desta obra, provavelmente realizada logo após o acontecimento.

Depois do ataque ao Hôtel de Ville, as mulheres do povo, vindas dos *faubourgs* e do mercado central, atenderam rapidamente ao chamado dos sinos e dos tambores para a reunião na praça Luís XV. Se prestarmos atenção, notaremos a presença de dois homens misturados às mulheres. De fato, muitos homens se juntaram à multidão feminina, escoltada também pelos Guardas Nacionais atrás do cortejo. Mas o grupo era constituído principalmente por peixeiras e outras feirantes do mercado, artesãs, esposas de artesãos e pequenas comerciantes – a estimativa é de sete mil mulheres. Vemos uma líder à direita dando ordens ou instruções para as que vêm atrás, nessa fase de organização da Marcha.

Se traçarmos uma linha horizontal no meio da figura, vemos na parte inferior os corpos inclinados para a frente indicando o ímpeto do movimento físico, mas também o entusiasmo e a obstinação dos participantes. Ainda na parte inferior, o grupo principal no centro da figura: na falta de bestas de carga, três mulheres e talvez um homem se atrelam ao canhão, e a posição dos corpos denota o tremendo esforço para mover a peça de artilharia pesada (a peça era de navio, feita para não escorregar com facilidade). O homem é o único que está de frente para o espectador, olhando para o lado. Uma mulher de vestido amarelo puxa a peça com uma mão e segura a pique com a outra. À esquerda da cena, atrás do canhão, outra participante ajuda a empurrá-lo, enquanto dá o braço com energia a uma mulher que parece estar entrando na Marcha a contragosto. Isso fica evidente pela posição do corpo e direção do olhar, opostos aos do resto do grupo. O vestido, o chapéu e a atitude lhe dão ares de burguesa.

Atrás dela há um personagem que deve ser um homem jovem, com barrete frígio e camisa masculina, brandindo um sabre com força – é a única arma em posição de ataque na pintura. Seria um burguês disfarçado de *sans-culotte*? Seu braço está enlaçando a cintura da mulher burguesa, e sua mão está visível à esquerda do vestido – o gesto talvez signifique que ela era uma libertina sem motivação política, apenas acompanhando seu galante. Tal possibilidade não justifica, entretanto, a acusação de que as integrantes da Marcha eram prostitutas. Na parte superior da figura vemos uma profusão de armas brancas: piques e lanças, bastões de madeira, machados, um garfo e um sabre curvo ao longe. Há uma ordem na confusão aparente: todas as armas se inclinam para trás, em posição de marcha.

A maioria das mulheres distinguíveis na figura parecem ter entre os 40 e 50 anos. Isso fica bem claro nas que estão na primeira linha de visão do espectador. Este exemplo parece confirmar que as mães de crianças pequenas não se arriscavam em rebeliões. A vontade de marchar, a determinação dos rostos, o gestual decidido, o grito "A Versalhes" falam em favor da espontaneidade da Marcha, e não de manipulação de terceiros, aspecto que discuti no item "Repercussões da Marcha" na Parte I. A organização geral é uma indicação de que aquelas mulheres não eram novatas no planejamento de manifestações de grande porte.

Havia dois canhões sem munição, segundo o testemunho do Guarda Nacional Maillard,[24] o qual liderou a Marcha a pedido das mulheres. Maillard, porém, era uma testemunha suspeita, pois seu objetivo no inquérito era eximir-se de toda culpa pelo episódio. Por que o sacrifício de arrastar os canhões desarmados por 14 quilômetros debaixo de chuva? Hufton[25] acha que as armas eram simbólicas, pois as mulheres dificilmente saberiam atirar com a arma pesada. Tal impedimento provavelmente era verdadeiro, mas não podemos nos esquecer de que elas contavam com os Guardas Nacionais na retaguarda. Loustalot escreveu no jornal

---

24 MAILLARD, Stanislas. *Procédure criminelle instruite au Châtelet de Paris, 1790*. In: LEVY, Darline G.; APPLEWHITE, Harriet B.; JOHNSON, Mary D. *Women in Revolutionary Paris – 1789-1795*. Selected documents translated with notes and commentary by the authors. Urbana e Chicago: University of Illinois Press, 1980, p. 36-42.

25 HUFTON, Olwen H. *Women and the limits of citizenship... op. cit.*, p. 14.

Révolutions de Paris: "algumas carregam pólvora e balas; algumas conduzem os cavalos, outras sentadas sobre os canhões têm nas mãos a temível mecha e outros instrumentos de morte. Elas (quatro mil) partiram dos Champs-Élysées escoltadas por quatrocentos ou quinhentos homens armados de tudo o que lhes caiu nas mãos".[26] A pintura mostra grande número de mulheres armadas. A intenção de intimidação é explícita, e a questão da munição dos canhões não foi suficientemente esclarecida. Mas o simbolismo dessa artilharia – o povo levantado e armado – foi poderoso, e contribuiu para assustar a cúpula do poder, que decretou a lei marcial ainda no mês de outubro.[27] Por outro lado, o que está bem claro na figura é a união, o senso de propósito, a vontade inabalável, a organização do grupo e a cooperação entre homens e mulheres integrantes da Marcha.

---

26 LOUSTALOT apud DUHET, Paule-Marie. *Les Femmes et la Révolution – 1789-1794*. Paris: Gallimard, 1971, p. 48.

27 APPLEWHITE, Harriet B. & LEVY Darline G. "Responses to the political activism of women of the people in revolutionary Paris, 1789-1793. In: HARRIS, Barbara J.; MCNAMARA, JoAnn K. (ed.). *Women and the structure of society*. Selected research from the Fifth Berkshire Conference on the History of Women. Duke Press Policy Studies, 1984, p. 224.

FIGURA 35. *O 4º Acontecimento de 5 de outubro de 1789: as mulheres parisienses participam da sessão da Assembleia Nacional entre os Deputados (4e Evenément du 5 Octobre 1789: les femmes Parisiennes siégeant à l'Assemblée Nationale parmi les Députés).* Gravura de Jean--François Janinet (1752-1814) © Museu Carnavalet/Roger-Viollet

Figura 35. Como o título indica, esta imagem do "4º Acontecimento" devia fazer parte de uma série sobre os acontecimentos da Revolução. Não se sabe se a gravura pertencia a uma coleção encadernada, nem quando foi publicada. O título é neutro e não denota animosidade em relação ao "acontecimento", que é a invasão da Assembleia Nacional pelas mulheres de Paris.[28] Mais que isso, a expressão "[as mulheres] participam da sessão" é benevolente em relação à ação inédita e perturbadora daquelas manifestantes. Enquanto o *Journal de Paris* se alarmou com as facas e adagas penduradas da cintura de algumas delas, a imagem não transmite indícios de violência e sedição.[29] É como se fosse absolutamente corriqueiro que um grupo de populares impusesse a própria presença no recinto, fazendo exigências e ditando regras aos representantes da nação. A figura mostra o lado farsesco da inversão de papéis, sem criticar a ação. O único sinal de protesto e talvez indignação está entre os espectadores bem vestidos da galeria: os homens de redingote e as mulheres enchapeladas se movimentam e gesticulam entre si.

No lugar de Mounier, Presidente da Assembleia, há uma mulher discursando; várias outras falam com os deputados em volta da mesa, interrompendo seu trabalho; uma delas quer transitar num espaço estreito e quase derruba a cadeira de um dos integrantes da mesa. Enquanto isso, um deputado lhe dirige a palavra, de pé com o braço estendido, como se a advertisse. O representante é a maior figura de autoridade na cena: ele está num patamar mais elevado, ladeado por um clérigo e outros deputados, sua fala é solene e seu poder se apoia nos livros sobre a mesa. À direita, duas mulheres conversam com dois deputados, uma delas sentada familiarmente sobre a mureta. No grupo central, as mulheres se comportam como se estivessem no mercado ou numa reunião de bairro, conversando e andando com naturalidade. Uma delas é dramática: ajoelhada, levanta os braços como se implorasse alguma coisa. Não é o gestual da reivindicação agressiva. Em meio à desordem que denota quebra do protocolo e inversão de papéis entre o povo e seus representantes, a imagem, entretanto, não acusa o tom de hostilidade e desafio presentes em vários documentos da época, discutidos no livro e em relatos

---

28 As referências às ideias de Joan Landes nesta análise estão em LANDES, Joan B. *Imaging the French Revolution*. Disponível em: <http://chnm.gmu.edu/revolution/imaging/essays/landes2.html>.

29 APPLEWHITE, Harriet B. & LEVY Darline G. "Responses to the political activism...", *op. cit.*, p. 221-222.

historiográficos.³⁰ Landes pensa que a imagem deste 4º acontecimento preparou o caminho da aceitação dos protestos das "mulheres de outubro" e sua incorporação na narrativa comemorativa da Revolução.

FIGURA 36. *Jornada memorável de Versalhes na 2ª feira, 5 de outubro de 1789.* Anônimo. Coleção De Vinck 2994, Paris, Biblioteca Nacional da França – BnF

"Jornada memorável de Versalhes, na 2ª feira, 5 de outubro de 1789. Nossas modernas amazonas, gloriosas de suas vitórias, voltaram a cavalo sobre os canhões, com vários Senhores da Guarda Nacional, segurando ramos de álamo ao barulho dos gritos repetidos de Viva a Nação, Viva o Rei."

---

30   Ibidem, p. 215-231; e também em HUFTON, Olwen H. *Women and the limits of citizenship...* op. cit., p. 3-18.

A pintura e o texto são anônimos. O retorno de Versalhes para Paris na verdade ocorreu no dia 6 de outubro e não no dia 5, como está na legenda. Os dizeres da imagem, traduzidos acima, elogia as heroínas de outubro e as considera amazonas vitoriosas. O autor tem uma visão favorável do cortejo da volta a Paris, e descreve a cena das mulheres que "voltaram a cavalo sobre os canhões" sem emitir julgamento, assim como a camaradagem entre elas e os Guardas Nacionais. Os gritos de "Viva a Nação, Viva o Rei" refletem o sucesso da insurreição. Elas foram a Versalhes, lutaram por seus objetivos e venceram. Obtiveram dos deputados e do rei promessas de normalização do abastecimento de pão, e trouxeram o monarca e a família real de volta à capital.

Mas as palavras e a imagem são contraditórias: a pintura sugere uma crítica à moralidade das "heroínas de outubro". O clima é de festa, vários personagens agitam galhos de álamo (*peupliers*), simbolizando a árvore da liberdade. Um homem acompanha a carroça dançando. O soldado aproveita a ocasião para intimidades com uma das mulheres, por sinal, bastante receptiva – ela se expõe indevidamente em público e escapa ao figurino da discrição preferido pela sociedade revolucionária. A outra *sans-culotte* está montada no canhão. Já havia, no início da Revolução, um repúdio às mulheres que se "comportavam como homens", rivalizando com eles e pior, ameaçando-os com instrumentos de morte. A mulher montada à maneira masculina no canhão fálico está usurpando o símbolo da violência e da força viril, "saindo de seu sexo", o que configura uma aberração. Essa imagem deixou uma impressão duradoura no imaginário dos contemporâneos, que produziram inúmeras versões do retorno de Versalhes – e não só na França –, sempre com mulheres montadas nos canhões. A transgressão sexual e política vinham juntas: depois de subverter a hierarquia na Assembleia Nacional, as mulheres queriam subverter também as relações sociais tradicionais entre os sexos. Em compensação, há um casal de espectadores olhando a passagem do cortejo. A burguesa não participa nem se manifesta, como se espera de uma mulher recatada, que sabe seu lugar na ordem social. Não sabemos o que chegou primeiro ao público, se os relatos jornalísticos ou as gravuras, pois as imagens são anônimas e sem data. Mas os críticos da Marcha a Versalhes aproveitaram descrições como esta para dizer que a multidão era constituída de prostitutas, "fúrias" e viragos (termo do XVIII para

FIGURA 37. *Jornada do 1 Prairial do Ano III* – Gravura de Isidore Helman, desenho de Charles Monnet. Coleção Hennin, i2071, Paris, Biblioteca Nacional da França – BnF

lésbicas) desqualificadas que exerciam sua sexualidade em público, tema discutido no item "Repercussões da marcha", na Parte I.

Figura 37. O desenho é do artista Monnet, que captou o momento da violência da multidão enfurecida naquele último levante popular da Revolução. Joan Landes acha que a gravura de artistas reconhecidos se destinava a um público de colecionadores republicanos moderados.

O governo termidoriano não tinha simpatia pelos *sans-culottes*. As autoridades temiam a sublevação de pessoas que não só exigiam pão como a restauração de seus direitos, expressos na Constituição de 1793, nunca aplicada. No centro do desenho vemos a cabeça do deputado Féraud na ponta de uma pique, agitada na frente dos representantes e do conjunto da massa popular na sala da Convenção.

O inverno terrível de 1794-95 trouxe a fome, e houve casos de mães de família pulando no rio Sena com seus filhos. As mulheres faziam ameaças nas filas das padarias: "marcaremos os deputados com ferro em brasa e iremos à Convenção colocar a pistola na garganta deles e liquidá-los".[31] Mas algumas mulheres não se limitaram à violência verbal, e há indícios de que duas delas teriam participado da decapitação do deputado Féraud, que se opôs à entrada do povo armado na Convenção. Quando a ração de pão caiu para 4 onças por dia, homens e mulheres se revoltaram, primeiro em Germinal (27 de março) e, pela última vez, em Prairial (20 de maio). As mulheres foram as principais instigadoras das revoltas de Germinal e Prairial e a questão da subsistência, o motivo premente. Mas o grito da insurreição era "Pão e Constituição de 1793", deixando claro o peso das razões políticas na reivindicação popular, como foi discutido no Capítulo 18 da Parte I, "As insurreições de Germinal e Prairial".

Na imagem, vemos o presidente da sessão Boissy d'Anglas em sua poltrona, tocando o sino para restabelecer a ordem naquele pandemônio, enquanto é acossado por revoltosos que gesticulam à sua volta. Grupos de *sans-culottes* empunham sabres e piques, ocupando o recinto. À esquerda, num patamar elevado, está um casal jovem consternado, ele segurando o chapéu na mão, provavelmente em sinal de respeito pela morte do deputado Féraud. No canto inferior esquerdo da imagem, outro casal se retira apressadamente, o homem cobre o rosto, horrorizado

---

31   HUFTON, Olwen H. *Women and the limits of citizenship... op. cit.*, p. 42-50.

com o que vê. Há também um casal de *sans-culottes* abraçado logo abaixo, observando o drama. Na parte inferior à direita da imagem há uma mulher com os braços na cintura, inclinada para a frente num gesto de desafio. Salta à vista a presença maciça de mulheres na multidão que lotou todos os espaços da sala imponente, inclusive as galerias e o balcão das bandeiras. Demonstração de que as ativistas não tinham se retirado da arena política quando os clubes femininos foram proibidos em outubro de 1793. A perspectiva do desenho ilustra bem a magnitude do acontecimento. Tumulto, braços estendidos, chapéus abanando e demonstração de força: as massas populares estavam celebrando a última e efêmera vitória do movimento popular na Revolução.

O número das parisienses ao lado de seus companheiros atesta a consciência política das militantes. Ao mesmo tempo, a experiência da revolta de Prairial marcou fortemente a visão das autoridades, que associaram as mulheres à violência das insurreições e à multidão desenfreada.[32] Essa foi a última intervenção feminina na política nacional até meados do século XIX.

---

32   LANDES, Joan. *Imaging the French Revolution, op. cit.*

A violência feminina

FIGURA 38. *A disciplina patriótica ou o fanatismo corrigido.* Anônimo.
© Museu Carnavalet/Roger-Viollet

Figura 38. "Fato ocorrido na Semana Santa de 1791 com as vendedoras do mercado (*Dames de la Halle*). Segundo um levantamento preciso, constatou-se 621 nádegas chicoteadas; total de 310 ânus e meio, porque a Tesoureira dos Miramionnes só tinha uma nádega". Em julho de 1790, o rei aprovou a Constituição Civil do Clero, elaborada pela Assembleia Nacional. A nova Carta promovia uma reforma radical na organização da Igreja na França, por exemplo, redistribuindo mais equitativamente as rendas da Igreja entre o alto e baixo clero, tornando coletivo o poder episcopal, desobrigando a Igreja francesa de toda submissão a bispos ou metropolitanos estrangeiros, e em última análise, até de Roma. Todos os eleitores poderiam votar nas eleições para bispos e padres, que passaram a ser assalariados do Estado, e como tais, tinham que jurar fidelidade à Constituição.³³ Alguns prestaram o juramento, outros se negaram. Em março de 1791, o Papa Pio VI condenou publicamente a Constituição Civil do Clero, criando um dilema de consciência para os eclesiásticos e aprofundando a divisão entre padres "jurados' e "não jurados", ou constitucionais e refratários. Michelet diz que os bispos estimularam o ódio aos padres jurados, amigos da Revolução. Os fiéis se dividiram entre os que assistiam a missa e aceitavam sacramentos dos padres constitucionais ou refratários. O rei Luís XVI celebrou sua Páscoa naquela Semana Santa com o Cardeal de Montmorency, refratário.

Começaram a aparecer caricaturas ridicularizando padres e freiras que recusavam o juramento à Constituição Civil do Clero. As mulheres do mercado, entre outros grupos favoráveis à Revolução, começaram a perseguir freiras nas ruas, chegando mesmo a aplicar-lhes surras na porta das igrejas. O chicoteamento era cruel e a exposição pública das partes íntimas, uma suprema humilhação. Nem as freiras mais velhas escapavam da punição, que acontecia com mais frequência quando as religiosas fechavam suas capelas aos padres constitucionais, ou quando se dirigiam para a missa de padres refratários. Os católicos seguidores dos padres "não jurados" passaram a ser chamados de fanáticos, e supostamente precisavam ser corrigidos pela "disciplina patriótica", ou seja, o chicote, como está implícito na legenda da imagem. Esta cena poderia ser a de um grupo de religiosas a caminho da missa de um padre refratário. Há vários relatos de agressão nessas circunstâncias. Aqui, há uma freira esperando o grupo no que parece ser uma porta lateral de capela ou convento. No centro, uma freira já idosa, suplicando pelo fim do açoite, apanha de duas mulheres enquanto uma terceira, de mãos na cintura, dirige a ação. À esquerda, um grupo de homens assiste sem interferir, sendo que o de redingote verde aplaude a cena. À direita, duas mulheres do mercado se preparam para bater em outras freiras mais jovens que tentam fugir. Os dizeres da legenda são satíricos, o aspecto "carnavalesco" da humilhação é mais marcante nesta imagem que o da violência. Na visão do artista anônimo, a cena era cômica, e presume-se que ele fosse partidário da "disciplina patriótica" para as antagonistas das leis republicanas.

---

33 FURET, François. Verbete "Constituição Civil do Clero". In: FURET, François; OZOUF, Mona (ed.). *Dictionnaire critique de la Révolution Française*. Vol. "Instituions et Créations". Paris: Flammarion, 1992, p. 212-214.

Clubes políticos femininos

A seguir apresentarei duas imagens de militância feminina em clubes políticos, na visão de dois artistas: Lesueur e Chérieux.

FIGURA 39. *Clube patriótico de mulheres.* Aquarela de Lesueur. © Museu Carnavalet/Roger-Viollet

"Mulheres bem patriotas tinham formado um clube no qual não eram admitidas outras; elas tinham sua presidente e secretárias; reuniam-se duas vezes por semana, a presidente fazia a leitura das sessões da Convenção Nacional, e elas aprovavam ou criticavam os decretos; essas senhoras, animadas pelo zelo da beneficência, faziam uma coleta entre elas que era distribuída às famílias dos bons patriotas que precisavam de auxílio".

Figura 39. Vemos aqui a sessão de um clube político, onde as mulheres praticam a cidadania. A legenda explica que tratava-se de uma organização formal, com presidente, secretárias e provavelmente atas das reuniões. Os objetivos da associação eram a benemerência e a instrução política. A presidente do clube lê um número do jornal *Moniteur*, fundado por Panckouke em 24 de novembro de 1789, que publicava as sessões da Assembleia Nacional, suas leis e decretos. Os membros do clube ouvem em silêncio antes de se pronunciar. A imagem mostra uma reunião bem organizada; as participantes são tranquilas, bem compostas, e a única que se levantou o fez para doar dinheiro. O único sinal de desordem na sala é a sineta quebrada no chão, aos pés da presidente, o que não combina com o clima ordeiro da sessão. Talvez Lesueur tenha considerado a imagem perfeita demais, em se tratando de mulheres, e acrescentou um toque de desalinho à cena. Carbonnières acha que o detalhe sugere a impossibilidade de "ordem num galinheiro", ou o artista se curvou à misoginia dos contemporâneos.[34] Se compararmos o aspecto destas personagens com o das mulheres da **Figura 34** -, estas não parecem pertencer à *sans-culotterie*, mas sim à pequena burguesia: são roupas mais elaboradas, toucas com fitas, duas usam chapéus de aba larga. Mas a principal diferença é a atitude reservada, gestos contidos – três estão de braços cruzados – e o silêncio. Contudo, o interesse patriótico é grande, uma delas usa fita com as cores nacionais, o grupo coleta dinheiro para os "patriotas necessitados" e elas se reúnem duas vezes por semana, o que denota engajamento pela causa.

Lesueur apresenta uma imagem favorável das mulheres: elas não são ridículas, nem descabeladas, nem histéricas. Enfim, eis aí o modelo de cidadania que se esperava das mulheres, ocupadas principalmente com atividades beneficentes, apoiando o esforço dos patriotas à distância. Sua ação política está limitada à leitura e discussão das deliberações da Convenção. É a "cidadania filantrópica".

O próximo desenho, *Clube das mulheres patriotas numa igreja* (**Figura 40**) mostra uma concepção oposta à de Lesueur.

---

34 CARBONNIÈRES, Philippe de. *Lesueur...* op. cit., p. 98-99.

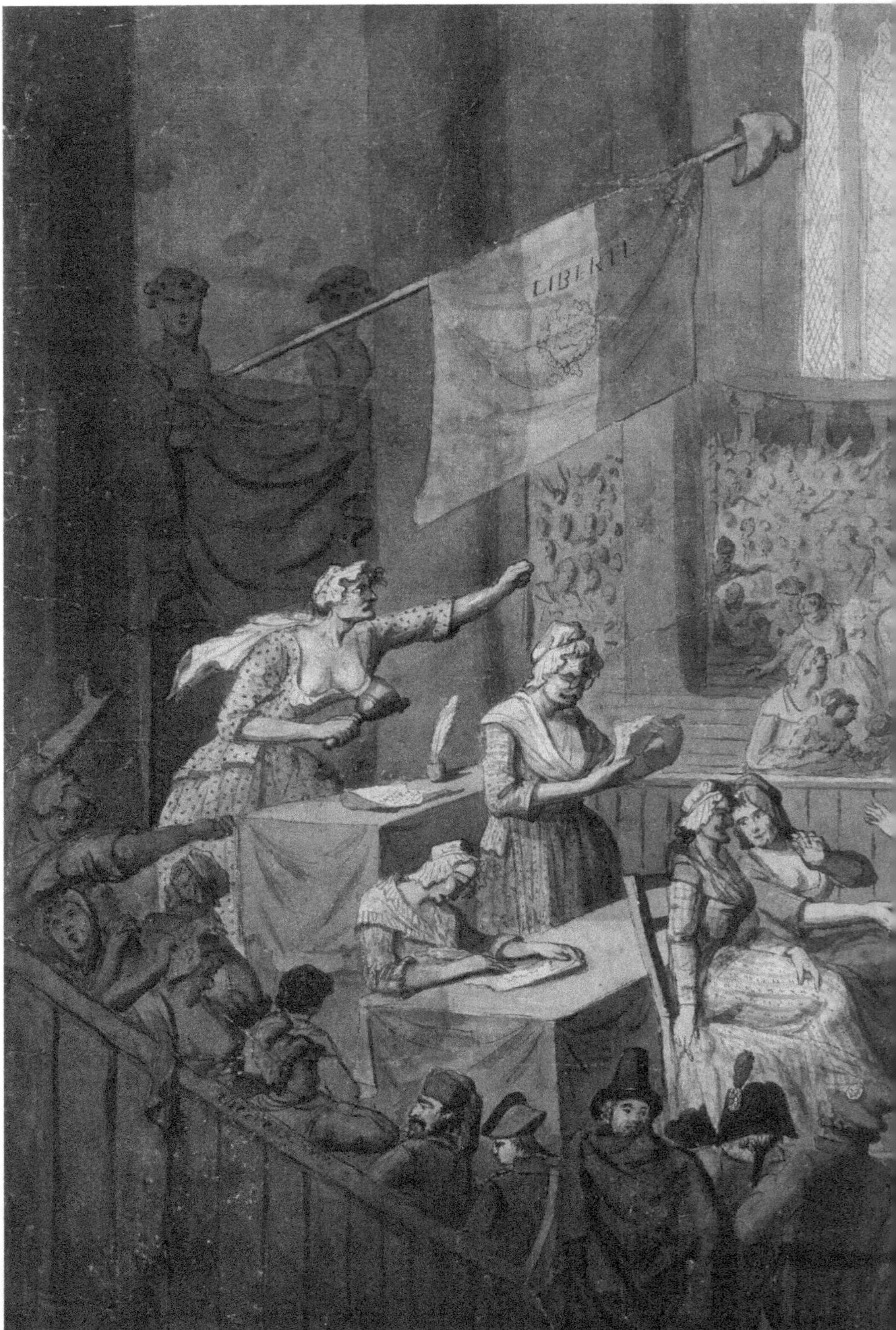
LIBERTE

FIGURA 40. *Clube de mulheres patriotas numa igreja.* Chérieux, *circa* 1793, Biblioteca Nacional da França – BnF

Figura 40. Esta assembleia de um clube político feminino poderia ser a da Sociedade das Republicanas Revolucionárias, pois elas se reuniam na Igreja de Santo Eustáquio em Paris à época de sua dissolução, em outubro de 1793. Há uma coincidência de datas e de natureza de fórum – templo religioso –, porém não existem outros elementos que permitam afirmá-lo. Não obstante, é possível que o propósito do desenho seja justificar o fechamento das sociedades políticas femininas, apontando todos os supostos defeitos das ativistas, como a "exaltação funesta aos negócios públicos" e a "incapacidade feminina para pensamentos profundos", como disse André Amar em seu relatório. O clima nesta cena é de desordem e gritaria geral entre as mulheres, e silêncio e austeridade entre os homens que assistem à reunião. Em comparação com as moças bem comportadas de Lesueur (**Figura.** 37), estas personagens são indisciplinadas, extremas e descontroladas. Mulheres lendo, escrevendo e falando na tribuna são subversivas da hierarquia sexual, pois tais atividades competem ao sexo masculino. À esquerda vemos a presidente da sessão tentando organizar os trabalhos e pedindo – em vão – silêncio com a sineta. Falta-lhe autoridade moral, pois ela mesma é exemplo de desordem, com os seios à mostra. Duas oradoras competem pela atenção dos espectadores, uma no púlpito e outra logo abaixo, falando com teatralidade. No centro e atrás do recinto principal, todas as mulheres falam e gesticulam ao mesmo tempo, e ninguém ouve ninguém. A mulher de touca, que puxa a saia da oradora exaltada à direita, parece um homem disfarçado, acrescentando mais um toque farsesco à situação. Estas mulheres são grotescas fisicamente porque "saem de seu sexo", contrariam a natureza feminina que não foi feita para o debate político e sim para o lar e os filhos. Elas são pretensiosas tentando desempenhar tarefas acima de sua capacidade. A exposição na cena pública desencaminha as mulheres, elas perdem a virtude, são megeras e prostitutas, e finalmente remetem aos estereótipos das bruxas. Seu simulacro de patriotismo é simbolizado pela bandeira da liberdade, a qual tem na ponta um barrete frígio, que é prerrogativa masculina. Elas querem agir como políticos, mas não percebem que caem no ridículo e no deboche.

Os homens observam a balbúrdia com circunspecção e um ar sombrio de reprovação. Ao contrário das mulheres, eles são austeros e silenciosos, e entre eles há um soldado ferido (ao centro), testemunhando seu devotamento à Pátria. Esses espectadores encarnam a seriedade, a moderação, e a sabedoria dos patriotas aptos a cuidar dos rumos da nação.

Esta representação de uma sessão de clube político feminino é excessiva e maldosa em todos os aspectos. Não combina com os regulamentos, os discursos e a atuação dos membros de tais associações. Mas traduz bem o pesadelo masculino da mulher na esfera pública.

A demonização das militantes

FIGURA 41. *A Democrata – Ah, o bom decreto.* Gravura de Villeneuve, Paris
© Museu Carnavalet/Roger-Viollet

Figura 41. Esta imagem de mulher está carregada de ambiguidades, e os elementos que a compõem não são o que parecem à primeira vista. Trata-se de uma mulher do povo, uma *sans-culotte* parecida com as que participaram da Marcha a Versalhes. O título *A Democrata* indica alguém que se identifica com a Revolução, engajada politicamente, com um pergaminho que evoca os direitos do homem na mão. A aparência é de uma pessoa "bem-comportada", roupa discreta, cabelos cobertos. O retrato, porém, é bastante crítico em relação à personagem.

A expressão facial revela um olhar de esperteza maliciosa, um sorriso de desdém, uma atitude de quem está tramando alguma coisa. Ela é cheia de segundas intenções. O que tem nas mãos? Um papel enrolado – de aparência fisiológica – com os dizeres "direito do homem" ("*droit de l'homme*"), que é um trocadilho em francês, pois o "direito do homem", no singular, quer também dizer pênis masculino. Numa época em que se falava todos os dias na *Declaração dos Direitos do Homem e do Cidadão*, o trocadilho é pertinente. "Ah, o bom decreto" é uma referência aos direitos contidos na *Declaração*. Dando um passo adiante, pode-se pensar que o artista queria mostrar a força temível desta mulher. Segurando na mão o símbolo da masculinidade, ela controlava os homens, fazendo deles o que quisesse. Tinha ascendência sobre o sexo oposto, não só como mulher experiente, mas como alguém que tem ambição política. Ela sabia jogar o jogo político, e tem disso perfeita consciência.

Creio que a mensagem desta representação é que não se pode confiar na Democrata que vai usar a política para usurpar o poder dos homens. O artista Villeneuve, republicano radical, deixou vários desenhos da primeira fase da Revolução, principalmente entre 1793 e 1794. Pelo tema das mulheres *sans-culottes* na política e pelo julgamento crítico, imagino que esta obra tenha sido realizada naqueles anos.

A seguir veremos dois exemplos do mito das tricoteiras, que teve origem na presença de mulheres que costuravam nas tribunas enquanto acompanhavam os debates políticos. Mais tarde essas ativistas foram chamadas de "fúrias da guilhotina".

> Les Tricoteuses Jacobines, ou de Robespierre.
> Elles étoient un grand nombre à qui l'on donnoit
> 40 sols par jour pour aller dans la tribune des Jacobins
> applaudir les motions Révolutionnaires.
> An 2.

FIGURA 42. *As tricoteiras jacobinas ou de Robespierre* — Lesueur
© Museu Carnavalet/Roger-Viollet

Figura 42. "As tricoteiras jacobinas ou de Robespierre. Elas eram numerosas, e recebiam 40 sous por dia para ir às tribunas dos jacobinos aplaudir as moções revolucionárias. Ano 2".

Este é um exemplo raro de trabalho em que Lesueur apresenta as mulheres numa luz desfavorável. A aquarela foi pintada depois do Ano II, quando começou a surgir a alcunha "tricoteiras" com sentido negativo. O texto é termidoriano (pós-Robespierre), posterior ao movimento popular e crítico a ele. A legenda explica que elas frequentavam as tribunas do clube dos jacobinos para aplaudir as moções revolucionárias e recebiam um pagamento para isso: eram venais, cobravam pelo seu apoio. As três mulheres tricotam, mas na verdade estavam muito mais interessadas nos debates do que em seu trabalho, que seria apenas um disfarce feminino de seu gosto masculino pela política. Da esquerda para a direita, à medida em que as personagens vão virando o rosto para prestar atenção aos discursos, tornam-se mais perversas e grotescas. A mulher em pé abandonou completamente o tricô e expressa sua maldade no rosto caricato e mãos na cintura.

É verdade que essas mulheres se ocupavam com trabalhos manuais enquanto ouviam os debates, não tinham tempo a perder. Nos clubes femininos ou nas tribunas, a maioria das militantes fazia uniformes para os combatentes franceses, ajudando no esforço de guerra. As parcas maléficas de Lesueur tricotavam meias de lã, seguramente para os soldados. Mas Godineau descobriu nos documentos que eram raras as que *tricotavam*. Em geral *costuravam* roupas ou faziam gaze (*charpie*) para os soldados feridos. Algumas nem tinham motivação política: uma confessou que assistia às sessões dos jacobinos para economizar lenha e velas em casa.[35] Nota-se uma associação entre a feiúra do corpo e da alma na "diabolização" das ativistas políticas. A tricoteira de pé é a mais malvada e a mais feia, porque era a menos interessada no tricô e a mais atraída pela discussão política. Referindo-se às militantes, o jornalista Gorsas disse em 29 de maio de 1793, no auge da luta dos montanheses contra os girondinos: "se pelo menos essas mulheres fossem bonitas, mas não passam de cabeças de Medusa cujo aspecto petrifica". Os retratos de Théroigne de Méricourt,

---

35 *Apud* GODINEAU, Dominique. "La 'Tricoteuse': formation d'un mythe contre-révolutionnaire". *Revolution Française.net*. Disponível em: <http://revolution-francaise.net/2008/04/01/223-tricoteuse-formation-mythe-contre-revolutiionnaire>. Acesso em 11 maio 2009, p. 5.

Olympe de Gouges e Claire Lacombe que ficaram para a posteridade desmentem aquela declaração.[36]

No seu dicionário redigido em 1795, entre a revolta de Germinal e a de Prarial, Reinhardt[37] emprega várias palavras para designar as militantes: sem saias (verbete "agitadoras"), megeras (verbete "fúrias da guilhotina"), harpias[38] fêmeas (verbete "jacobinas") e no *Suplemento* ao dicionário, acrescentado em fim de 1795 e início de 1796, surge o novo termo no vocabulário político: "tricoteiras", que eram "devotas de Robespierre – postadas nas tribunas, elas influenciavam com suas vozes roucas os legisladores reunidos". Reinhardt insiste em que as tricoteiras nas tribunas da Convenção perturbavam as sessões com seus aplausos ou gritos ferozes.

Com o tempo, as tricoteiras foram associadas ao público feminino que assistia às execuções na guilhotina.[39] No imaginário político, elas passaram da militância nas tribunas ao pé do cadafalso, onde observavam as decapitações impassíveis, tricotando. Era o que acontecia à mulher que saía da domesticidade: ficava cruel e supostamente deleitava-se com o espetáculo da violência e do sangue. Tricotar havia se transformado em tarefa macabra. A assimilação da *tricoteira* à *fúria da guilhotina* ocorreu quando o movimento popular estava em declínio e não havia mais quem defendesse as ativistas. As tricoteiras se transformaram em parcas modernas e em mito contrarrevolucionário.

---

36   CARBONNIÈRES, Philippe de. *Lesueur... op. cit.*, p. 195.

37   REINHARDT, autor do dicionário *Néologiste français ou vocabulaire portatif des mots les plus nouveaux de la langue française*, obra hostil ao movimento popular. In: GODINEAU, Dominique. "La 'Tricoteuse'...", *op. cit.*

38   As 3 Harpias eram monstros da mitologia grega: Escuridão, Tempestade e Rapidez. Tinham cara de velha, corpo de abutre, unhas curvas e mamas caídas. Na Arte, os vícios são personificados pelas Harpias.

39   *Apud* GODINEAU, Dominique. "La 'Tricoteuse'...", *op. cit.*

FIGURA 43. *O jantar do Diabo.* Anônimo, *circa* 1795 ou 1796. Coleção De Vinck 6473, Paris, Biblioteca Nacional da França – BnF

Figura 43. A datação provável deste desenho anônimo e satírico coincide com o período do enfraquecimento e derrota do movimento popular em Paris, em Prairial, ano III (20 de maio de 1795). A figura mostra o Diabo se preparando para jantar os *sans-culottes*, um dos quais já está assando no espeto, e anuncia que quer comer a *língua da tricoteira* como sobremesa. A cena reflete a importância das *palavras das mulheres* no movimento popular. Mesmo no inferno, a mulher continua falando ou "vociferando", como se dizia das militantes que incitavam os homens à revolta. De todas as partes do corpo, o Demônio escolheu comer a língua, como se aquela fosse a mais culpada pelos pecados da tricoteira. Mulheres que falavam eram temíveis: criavam a desordem, os boatos, inflamavam os ouvintes, incitavam rebeliões e traziam o caos. Tinham que ser punidas, nem que fosse pelo Diabo. *E a punição mais terrível era o silêncio.* Os outros diabinhos estão servindo o Diabo-mor, explicam suas intenções e o cardápio do dia. Da direita para a esquerda, os dizeres são:

a) O Diabo-mor pede: "Que l'on me donne pour dessert la langue de cette tricoteuse" ("que me deem de sobremesa a língua desta tricoteira");

b) O diabinho orelhudo aponta para o cardápio e diz ao Chefe: "On vous servira bientôt cinq plats en attendant d'autres" ("Nós logo vos serviremos cinco pratos enquanto esperamos outros");

c) O diabo com a faca na boca diz à mulher: "On ne vous fera point autant de mal que vous en avez fait, Citoyenne" ("Nós não vos faremos tanto mal quanto vós fizestes, Cidadã");

d) A mulher grita: "A moi, grand St. Marat": ("Ajude-me, grande São Marat").

O Diabo vai jantar cinco pratos (cinco *sans-culottes*), mas outros virão! Isso é o que espera os integrantes do movimento popular. De fato, a mesa já está posta, à espera das iguarias. Vê-se que a gravura é francesa: nem os diabos dispensam um bom vinho no jantar! Na terceira frase, o Diabo é menos terrível que a tricoteira. Ele promete que não vai lhe fazer tanto mal quanto a cidadã fez. A classificação da vítima como cidadã é significativa: o Diabo vai punir as ativistas pelo crime de participar da vida cívica nacional. Na opinião dele, assar alguém no espeto e arrancar sua língua é menos ruim que causar as desgraças que seu ativismo causou. Para dominar aquela mulher, ele está armado até os dentes, sabe que ela é poderosa. A vítima se defende, clama pelo grande "São Marat", e sacode na mão a meia de lã – a boa obra – que estava tricotando, idêntica à das tricoteiras de Lesueur. Mas a tricoteira está ficando descomposta, com o seio à mostra, como suas companheiras exaltadas da **Figura 40**. A coruja é sinal de mau agouro, mas também de sabedoria. Talvez ambos acompanhem a mulher.

Os observadores de polícia consideravam as palavras femininas perigosas. Elas eram "vetores de boatos", "línguas de comadre", "voz de peixeiras". As militantes não falavam, "vociferavam", emitiam uivos horríveis ("hurlements affreux"), guinchos ("glapissements"), gritos de furor ("cris de fureur"), latidos ("aboyements") e tinham uma veemência exagerada ("véhémence outrée"). O jornalista Prudhomme escreveu que "o gorjeio amável [das mulheres] se perdia quando atravessava a soleira da porta do lar" e se transformava em "cacarejos estéreis" ("stériles caquetages"), os quais atrapalhavam as deliberações das assembleias.⁴⁰

Mas o que exasperava as autoridades e os diabos da caricatura era o poder de persuasão da *língua das tricoteiras*. Os panfletos de Olympe de Gouges eram veementes, a eloquência de Claire Lacombe humilhava seus adversários no clube dos jacobinos, as "bota-fogos" de Prairial levantaram o povo de Paris contra a Convenção. O som das vozes femininas incomodava, principalmente quando criticava o governo revolucionário.

---

40 GODINEAU, Dominique. *Citoyennes tricoteuses: les femmes du peuple à Paris pendant la Révolution Française*. Paris: Editions Alinea, Perrin, 2004, p. 345-349.

FIGURA 44. *Grande debandada do exército anticonstitucional* – 1792. Anônimo – Coleção De Vinck 2964, Paris, Biblioteca Nacional da França – BnF

Figura 44. Em fevereiro de 1792, um jornal monarquista publicou a gravura acima, que capta o temor da falta de diferenciação entre os papéis sexuais de homens e mulheres. Os dizeres da figura: "um destacamento composto pelas mocinhas que tiveram um papel na Revolução se apresentando às tropas do Imperador da Áustria para fazê-los debandar [perder a ereção sexual], com total sucesso, o que não nos surpreende, pois vemos ali a Senhorita Théroigne mostrando sua *República*".

O exército austríaco é derrotado por mulheres proeminentes da aristocracia que apoiavam a Revolução, como "Mesdames de Staël, Condorcet e Silléry (Mme. de Genlis)". As damas politicamente moderadas aparecem ao lado da revolucionária radical de moral duvidosa Théroigne de Méricourt, que é a única que está de frente, mostrando sua *Republica*, trocadilho com *res-publica* (coisa pública). As outras se contentam em exibir seus *derrièrres* aos soldados, num insulto carnavalesco bastante comum na França. Encontrei várias outras gravuras mostrando cenas semelhantes. Li também um relato de contrarrevolucionárias católicas fazendo a mesma coisa para humilhar um representante-em-missão (enviado de Paris) que queria obrigá-las a reverenciar o Ser Supremo.[41] O gesto obsceno, entretanto, só é comum nas classes populares. É claro que o cartunista queria humilhar duplamente as aristocratas retratadas, pela crítica moral e pelo rebaixamento de nível social. A razão para isso? Independente de posição na sociedade, educação ou atividade, todas as mulheres perdem a virtude quando participam da vida política ou se expõem na esfera pública – tornam-se atrevidas, despudoradas e ameaçam os homens. Deve ser por esse motivo que estão todas juntas como "farinha do mesmo saco".

Os soldados austríacos estão em estado de choque com o espetáculo. Trata-se de um confronto da sexualidade feminina com as armas masculinas, sendo que estas foram derrotadas. Vemos um soldado com o *fez* turco na cabeça fugindo, outro deixou cair o rifle, e o comandante a cavalo está se rendendo de braços abertos. Nada pode com a sexualidade feminina usada como arma, principalmente na cena pública! Atrás das mulheres, em segundo plano, há alguns *sans-culottes* armados de piques com seus símbolos de masculinidade (salsichas e presuntos) pendurados nas

---

41 HUFTON, Olwen H. *Women and the limits of citizenship...* op. cit., p. 118.

piques. Eles estão do mesmo lado que as mulheres nessa batalha, porém também sofrem as consequências da desenvoltura sexual das compatriotas. Além disso, elas carregam rifles, e a troca de papéis ameaça os homens de castração. A visão das mulheres agressivas causa um *débandement* nos homens (trocadilho entre debandada e perda de ereção sexual) e evocam fantasmas de indiferenciação sexual e emasculação. Curioso: o desenho é classificado como contrarrevolucionário, mas poderia igualmente representar outras facções políticas, pois o pesadelo das mulheres castradoras era geral. Mulheres que saem do mundo privado perdem sua feminilidade e ameaçam a sociedade.

LA RÉPUBLIQUE.

FIGURA 45. *A República,* Anônimo © Museu Carnavalet/Roger-Viollet

Figura 45. Esta é uma gravura anônima contrarrevolucionária, que apresenta a República transformada na Medusa da mitologia grega, destruidora da civilização. A República é também a Discórdia desagregadora,[42] porque nesse regime há facções, lutas internas, traição, guerra, miséria, desgraça.

A República leva à violência feminina: o monstro está brandindo uma adaga e uma tocha de fogo, sua boca aberta vocifera como as bruxas ou militantes em jornadas populares. Seus cabelos são víboras venenosas e o olhar petrifica. Os braços se levantam para rebelar-se contra a ordem estabelecida. A República é sanguinária, destrói vidas (as caveiras e a guilhotina), a cidade (incêndio ao fundo), a religião (cruz, mitra e coroa pontifical) e a autoridade monárquica (coroa real). Ao lado da guilhotina se vê o carrasco exibindo uma cabeça ao público. O regime republicano alia o mal do mundo pagão, na figura da Medusa, ao mal do mundo cristão representado pela serpente, responsável pela expulsão do paraíso. Dessa forma, esta mulher revolucionária encarna o Mal absoluto. A República aqui é representada vitoriosa, pois está pisando sobre os antigos símbolos do poder, mas seu triunfo se celebra numa Terra arrasada. É a vitória do Mal sobre o Bem.

---

42 GUTWIRTH, Madelyn. *The twilight of the goddesses... op. cit.*, p. 337.

La Femme a de Mousquet la quenouille l'Epoux,
Et berce pour surcroix l'Enfant sur ses genoux.

l'Asne de l'Homme étoit autrefois la monture,
l'Homme porte au moulin a present la mouture.

FIGURA 46. *Loucura dos Homens ou o Mundo às Avessas* (*La Folie des Hommes ou le monde à rebours*). Anônimo, século XVIII © Outras imagens.

Os dizeres da imagem (**Figura 46**), respectivamente: a) "A mulher carrega o mosquete e o marido o fuso de fiar, e ainda por cima, ele nina o bebê nos joelhos"; b) "Antes o asno era a montaria do homem. Agora o homem é conduzido ao moinho por sua montaria".

Os antigos fantasmas masculinos da inversão dos papéis sexuais tiveram grande peso na negação dos direitos políticos das mulheres na Revolução Francesa. Preconceitos e temores ancestrais emergiram com vigor na época revolucionária, quando se procurava criar uma sociedade regenerada e virtuosa. As velhas angústias em relação ao "mundo de cabeça para baixo" ou "mundo às avessas" são ilustradas por uma variada iconografia, desde a Renascença até o século XVIII. Muitas imagens mostram a tradicional "batalha pelas calças", onde há rivalidade explícita pelo mando doméstico. Os provérbios como "o chapéu tem que governar a touca" revelam a necessidade de manter as mulheres submissas. As tensões assim criadas "refletem o medo masculino da mulher como uma força inquietante, com poder sexual e artes de feitiçaria. Daí vem o desejo de mantê-las afastadas de todas as decisões".[43] E havia o terror de grupos de mulheres reunidas comunicando-se fora de casa: "Na fonte, no moinho e na lavanderia, as mulheres contam tudo" (Provence). Para evitar esses pesadelos e construir uma sociedade moral, era essencial que cada sexo soubesse seu papel: a diferenciação entre os sexos tinha que ser mantida.

Temos aqui duas imagens do mundo às avessas: na metade superior da **Figura 46**, a mulher e o marido trocam de funções e atributos: ela usa o chapéu tricorne militar e ele a touca feminina – a troca de chapéus era considerada especialmente desastrosa. A mulher carrega o fuzil e o marido embala a criança nos joelhos. Ela usurpa os atributos masculinos e esquece a feminilidade; ele cuida do bebê com um ar infeliz, pois é obrigado a desempenhar a função feminina por excelência. Ela se ocupa dos assuntos externos, ele dos internos, ela fica com a coragem, ele com a "doçura". Ela fuma cachimbo e ele usa o fuso de fiar, símbolo feminino e da vida doméstica. Há uma quebra da hierarquia dos sexos, do bom senso e da própria Razão. A situação configura "*A loucura dos homens*", nada de útil pode advir dali. Na metade inferior da figura há outra cena de inversão os papéis. Ali vemos um asno andando feito homem, comandando com um

---

43 SEGALEN, Martine. *Mari et femme dans la société paysanne*. Catalogue exposition, Paris, Flammarion, 1980, p. 57 apud GUTWIRTH, Madelyn. *The twilight of the goddesses... op. cit.*, p. 110.

chicote um homem que virou besta de carga. O moinho também está de cabeça para baixo, não serve para nada. É um mundo em que tudo está fora do lugar.

Estas imagens fazem parte de uma série de 16 desenhos da "Loucura dos Homens". Cada cena explica e reforça a mensagem das outras, por exemplo, uma lebre assando o caçador no espeto, peixes pescando os pescadores, estrelas brilhando na terra, enquanto as árvores crescem no céu. A troca de papéis entre homens e mulheres é tão absurda e perniciosa quanto o homem que serve de burro de carga ao seu asno. Não adianta querer mudar a natureza, é preciso conservar a ordem natural do mundo para que todos sejam felizes. Não era possível inovar, achar novos caminhos para as mulheres – na política por exemplo –, pois para os homens tal coisa logo resvalava para a confusão dos sexos, para a humilhação masculina e o caos.

Achei interessante incluir aqui três exemplos de representações estrangeiras sobre a Revolução Francesa, que provocou as mais diversas reações no resto da Europa.

O olhar estrangeiro: três exemplos

FIGURA 47. *O Contraste 1792. Qual é a melhor, a Liberdade Britânica ou a Liberdade Francesa?* Caricatura atribuída a Thomas Rowlandson (1756-1827) baseada num desenho de Lord George Murray. Publicado em nome da Associação para a Preservação da Liberdade e Propriedade contra Republicanos e Niveladores (*Association for the Preservation of Liberty and Property against Republicans and Levellers, 1792*). Museu Britânico.

Figura 47. A Revolução Francesa insuflou nova vida à política radical popular na Inglaterra. Os radicais urbanos passaram a atacar os privilégios feudais que subsistiam na sociedade inglesa. O grupo da London Corresponding Society difundia as últimas notícias de Paris em grande parte do país. Em Manchester e Sheffield, os artesãos e operários faziam campanha contra o governo de Pitt. Nos levantes de Edimburgo em junho de 1792, os radicais plantaram "árvores da liberdade" em sinal de protesto, como haviam feito os camponeses na França. O entusiasmo popular pelas ideias da Revolução na Grã-Bretanha – e principalmente pelo movimento popular parisiense – foi autêntico e espontâneo.⁴⁴ Entre as classes dominantes, porém, havia temor e hostilidade à Revolução. Conscientes da influência da propaganda visual nesta guerra de ideias, os governantes ingleses incentivaram a produção de caricaturas demolidoras sobre os revolucionários franceses.

Eis aqui uma visão dos conservadores ingleses que se opuseram à Revolução. A comparação entre a Liberdade Britânica e a Liberdade Francesa é altamente desfavorável à segunda. O ano é 1792, quando a monarquia foi abolida na França, substituída pelo regime republicano. Provavelmente o desenho é posterior aos massacres de setembro nas prisões de Paris, quando houve uma explosão de violência na cidade. Vejamos o contraste entre as duas situações.

Na Liberdade Britânica há religião, moralidade, lealdade, obediência às leis, independência, segurança pessoal, justiça, herança, proteção [à] propriedade, indústria, prosperidade nacional, *felicidade*.

Na Liberdade Francesa há ateísmo, perjúrio, rebelião, traição, anarquia, assassinato, igualdade, loucura, crueldade, injustiça, traição, ingratidão, ócio, fome, ruína privada e nacional, *infelicidade*. Interessante notar que nessa comparação, a igualdade é considerada um mal em si própria.

A Liberdade Britânica é uma mulher bonita e majestosa, que segura a Magna Carta na mão direita e a balança da justiça na esquerda, simbolizando o primado das antigas leis inglesas. Na ponta de sua lança, curiosamente há um barrete frígio da liberdade, mas não vermelho, que é cor de conflito. Aos seus pés o leão, símbolo da Inglaterra, dócil e livre, protegendo a Liberdade. O grande veleiro simboliza o comércio e a prosperidade.

Já a Liberdade Francesa é uma Medusa com cabelos de víbora, segurando uma adaga na mão esquerda e um tridente com uma cabeça empalada na direita. Ela pisa sobre um cadáver decapitado, enquanto ao fundo se vê um homem bem vestido enforcado no poste. Não há leis nem justiça, nem prosperidade, nem felicidade, só morte, destruição e sangue. A Medusa reina no caos.

A caricatura é um recado aos republicanos e outros contestadores ingleses: vejam o que acontece quando um povo se deixa seduzir por ideias radicais! A imagem traduz bem as inquietações dos conservadores ingleses em relação à Revolução Francesa. Mas também é mais um capítulo na longa história de rivalidade entre franceses e ingleses.

---

44 FORREST, Alan. Verbete "La Révolution et l'Europe". In: FURET, François; OZOUF, Mona (ed.). *Dictionnaire critique... op. cit.*, p. 283-284.

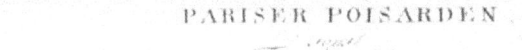

FIGURA 48. *As peixeiras parisienses.* Anônimo. Biblioteca da Universidade da Basileia, Suíça. Tradução das legendas e textos em alemão relativos à presente gravura por Andréa Fairman.

Figura 48. Temos aqui uma interpretação alemã da famosa cena das peixeiras parisienses na Marcha para Versalhes. O complemento escrito à mão sobre a imagem diz: "Ó céu, dai liberdade para cada cidadã e cidadão sem *culotte*". Há um toque de sobrenatural nesta súplica: um poder maior, que vem do céu, ajudará as mulheres e homens do povo a conquistar sua liberdade. Neste ponto, o artista alemão concorda com o líder revolucionário Hérault de Séchelles: a vitória das peixeiras seria impossível sem a ajuda da Deusa da Liberdade (ver Capítulo 5, "Repercussões da Marcha"). Nesse caso, a ajuda sobrenatural veio do Olimpo. De fato, no trio central há uma jovem de vestido branco, cabelos ao vento, numa atitude de liderança heroica. Ela é pura (roupa branca), corajosa (vai na frente da multidão), determinada (anda a passos firmes), inspira o grupo agitando o chapéu tricorne (tem uma autoridade que em geral é masculina), é generosa (dá sua mão às duas peixeiras principais para guiá-las no caminho), sua presença mesmeriza as outras mulheres (as outras não conseguem desviar o olhar de sua face). Trata-se da Deusa da Liberdade, mas poderia ser uma versão moderna de Palas Atena. Por outro lado, as três idades estão representadas ali: a juventude, a idade madura e a velhice – neste caso, todas unidas em torno de uma causa comum, que é exigir providências para o abastecimento de pão em Paris e trazer o rei para residir na capital.

As nuvens escuras que se aproximam anunciam tempestade e perigo. Aquelas mulheres estão entrando em terreno desconhecido. São mulheres que saíram de seu papel feminino e maternal para adentrar o terreno masculino da luta e do confronto. Tudo pode acontecer. Elas são ameaçadas, mas também ameaçadoras, pois estão armadas com piques, garfos, sabres e punhais. À direita, duas mulheres dançam segurando as saias, em torno de uma pique com o barrete frígio em cima. Seria uma dança popular ou uma alusão às danças frenéticas das bruxas? Elas inspiram grande desconforto nos contemporâneos, tanto faz se são franceses ou alemães. O ambiente e os rostos sombrios talvez sirvam para afastar o exemplo francês das fronteiras alemãs. De qualquer maneira, percebemos que a ação feminina naquela Marcha alcançou repercussão internacional, merecendo vários desenhos de artistas estrangeiros.

FIGURA 49. *Viva o Rei! Viva a Nação!* Gravura holandesa, *circa* 1789. Anônimo. Coleção De Vinck, 2972 Paris, Biblioteca Nacional da França – BnF

Figura 49. Esta caricatura holandesa mostra quatro mulheres do povo celebrando o rei e a nação. Pela data de 1789 e pelos gritos de "Viva o Rei! Viva a Nação" e em holandês: "Vida longa ao Rei", "Vida longa à Nação", pode-se supor que o artista tenha pintado o grupo de mulheres do mercado que foi a Versalhes, e no dia seguinte voltou a Paris satisfeito, dando vivas ao rei pelo caminho (dias 5 e 6 de outubro de 1789).

A animosidade do grupo de "peixeiras" na véspera havia se transformado em alegria no dia seguinte. Afinal, elas alcançaram o objetivo: a promessa de suprimento de pão e a concordância do rei e sua família em abandonarem Versalhes para fixar residência em Paris. De fato, houve uma ressurgência na popularidade do rei Luís XVI nos primeiros meses após sua chegada à capital. Sim, porque, se a rainha Maria Antonieta era detestada, o rei ainda era amado.

O artista holandês pintou aquelas mulheres com muita simpatia. Elas não aparecem como megeras, prostitutas nem bruxas, como nos relatos do conservador inglês Edmund Burke e outros. As personagens são francas, risonhas, espontâneas – pessoas simples que expressam seus sentimentos sem reserva, dizem o que pensam. O clima era de grande contentamento: nesse início da Revolução, ainda era possível dar vivas à nação e ao rei ao mesmo tempo.

Tudo nas mulheres denota abundância e celebração: as coroas de louro nas cabeças, as guirlandas de flores por cima dos aventais, as frutas e os galhos de árvore que significavam apoio à Revolução. Elas dançam e cantam com ritmo marcado pelos tamancos de madeira. Corpos robustos, faces coradas, feições um pouco rudes, elas exibem uma beleza natural das pessoas mais próximas da natureza. Esta representação serve de contraponto às críticas de outros artistas. O pintor holandês tinha uma visão positiva das ativistas francesas.

O legado iconográfico: dois exemplos do século XIX

FIGURA 50. "*As fúrias da guilhotina nos degraus da Igreja de Saint-Roch, 16 de outubro de 1793*". L. Massard e Henri Baron, realizada cerca de 1850. © Museu Carnavalet/Roger-Viollet

Figura 50. Esta imagem chamou-me a atenção porque é um exemplo do imaginário político do século XIX em relação às tricoteiras e à Revolução. Trata-se de um exemplo de legado iconográfico negativo. A aquarela de Lesueur (Figura 42 – "As tricoteiras jacobinas ou de Robespierre") reflete o nascimento do mito termidoriano das militantes que tricotavam enquanto ouviam os debates nas assembleias. Esta gravura de 1850 mostra a transformação das frequentadoras das reuniões em "fúrias da guilhotina". Na mitologia clássica, as fúrias eram as três divindades infernais que executavam sem compaixão as sentenças divinas nos criminosos. Em geral são representadas com as vestes brancas manchadas de sangue. Em meados do século XIX, a demonização das ativistas políticas da Revolução havia chegado ao auge.

As tricoteiras-fúrias aqui têm expressões sinistras que remetem às imagens de bruxas. Elas são as transgressoras por excelência, destruidoras da ordem social. A de vestido verde está armada com uma pique e um punhal, que o corpo da outra oculta. Parece que está se preparando para apunhalar alguém: Maria Antonieta, que passaria na carroça dos condenados? A data da legenda é a da execução da rainha. Estariam elas se dirigindo para a fatídica guilhotina? Pela posição retorcida, a mulher de verde tem as costas curvas e arrasta uma perna, características atribuídas ao corpo das bruxas. Com o semblante carregado, a tricoteira ao centro também parece esconder alguma arma com a mão direita embaixo do casaco. A dissimulação serve aos seus desígnios criminosos. Está usando o barrete da Liberdade com uma cocarda, indicação de que era republicana. No sexo feminino, o gorro só era visto nas cabeças das deusas alegóricas. O uso do barrete era prerrogativa masculina durante a Revolução, e as ativistas que o usaram no ano II causaram enorme celeuma. A bruxa exibe sua pique com a arrogância de quem sabe usá-la. A jovem é a única que tem uma fisionomia tranquila, alheia ao cortejo e à multidão na rua. Suas mãos não escondem nada, não é dissimulada como as outras. Por enquanto é inocente e não tem planos malévolos. De olhos baixos, parece ouvir uma reprimenda da bruxa de roupa verde. Mas atenção: ela é uma tricoteira em potencial, e já está aprendendo com as mais velhas. A indicação da maldade futura é o barrete da Liberdade na cabeça, símbolo apropriado pelas militantes revolucionárias para anunciar seu engajamento político. Com o tempo, as ideias republicanas hão de corromper a jovem aprendiz. A atuação política e a adesão à República transformam as mulheres em seres violentos e execráveis como as bruxas-fúrias da guilhotina desta pintura.

FIGURA 51. *A Liberdade guiando o povo* (*La Liberté guidant le peuple*).

Eugène Delacroix, 1830, Museu do Louvre, Paris.

Figura 51. No dia 26 de julho de 1830, o Rei da França Carlos X suspendeu a liberdade de imprensa, dissolveu a Câmara dos Deputados e restringiu o direito ao voto de modo a alienar as opiniões mais liberais da burguesia. No dia seguinte estourou a Revolução de Julho, conhecida como as Três Gloriosas Jornadas de 27, 28 e 29 de julho. Carlos X teve que deixar a França e Luís Felipe de Orléans foi escolhido "rei dos franceses". Eugène Delacroix, jovem artista admirado e reconhecido, pintou em apenas três meses a cena da insurreição em Paris. Produziu uma obra-prima da pintura romântica, que mais tarde passou a simbolizar a República francesa. O quadro foi acolhido no Museu do Louvre em 1874, depois da morte do pintor. Delacroix era um dândi da burguesia educada, que declarou: "se não lutei pela pátria, pelo menos pintarei por ela". O quadro é muito mais famoso e lembrado do que a Revolução de Julho que o inspirou. Aliás, ele é mais associado às lembranças de 1789 pelos símbolos do barrete frígio, da cocarda, da bandeira tricolor e das revoltas urbanas em Paris.

A composição é inovadora: em vez de uma cena de batalha panorâmica, com figuras pequenas à distância, aqui temos personagens grandes transpondo as barricadas, marchando na direção do espectador, que quase se sente engolfado pela multidão. O povo de Paris é representado por uma variedade de tipos sociais: um burguês revolucionário de redingote e cartola parecido com o próprio Delacroix, operários dos *faubourgs*, alunos da politécnica, o estudante de boina preta brandindo duas pistolas, um moleque de rua com quepe de polícia. No plano horizontal, soldados mortos, meio despidos, maltratados, grotescos. Ao fundo, as torres da Notre Dame homenageiam Paris. O realismo das figuras chocou os contemporâneos, que prefeririam cenas de guerra idealizadas, menos cruentas.

No ápice da pirâmide, a alegoria da Liberdade aureolada por um facho de luz levanta a bandeira tricolor, a qual tem o condão de inflamar o povo indignado. Carregada do simbolismo da conquista da liberdade, as cores da bandeira são repetidas em vários elementos da pintura e dão o tom *bleu-blanc-rouge* à cena. Aquele estandarte estava proscrito desde a Restauração dos Bourbons ao trono da França em 1815. Sua volta às ruas traduziu a comoção popular. Mas a grande protagonista é a Liberdade, que não é uma mulher comum, é um ser mítico, maior que a vida, por isso lidera os homens até a vitória final. Pose heroica, drapeado esvoaçante lembrando as Vitórias aladas, seios à mostra como nas divindades clássicas, barrete frígio e cabelos rebeldes, seu olhar comanda os insurgentes. Detalhe realista: a arma que ela empunha é um fuzil do ano 1816.

O mais interessante na heroína e o que a torna diferente das outras representações da Liberdade é que, além dos atributos clássicos já mencionados, ela exibe características de uma mulher do povo: vigorosa, ousada, uma *sans-culotte* com força quase masculina, desgrenhada, suada, com pelos nas axilas, enfim, uma mulher real. Os críticos consideraram tal pilosidade no corpo extremamente vulgar. No estilo neoclássico que precedeu o romantismo, a pele tinha que ser lisa, sem imperfeições. Na mitologia grega, as divindades também combatiam ao lado dos homens, mas nesta obra a deusa guerreira nas barricadas de Paris evoca as jornadas populares da Revolução Francesa. De 1789 até 1795, as mulheres lutaram junto com seus homens para defender o direito à subsistência, a soberania popular e os ideais dos direitos do homem e do cidadão para todos.

Esta Liberdade poderia ser uma peixeira de Paris ou uma Republicana Revolucionária como Claire Lacombe tomando de assalto o Palácio das Tulherias em agosto de 1792. Ao contrário das deusas plácidas das imagens anteriores, esta é uma mulher de ação, revolucionária apaixonada e engajada, líder impetuosa que vai à frente superando todos os obstáculos. Eugène Delacroix fez o que teria sido impensável em 1793, quando os clubes políticos femininos foram proibidos: sobrepôs a figura elevada da deusa à da militante *sans-culotte*. Para os jacobinos do Ano II, eram dois modelos de comportamento opostos, o primeiro, um ideal a ser imitado, o segundo, uma aberração a ser evitada. O artista fundiu numa só personagem as alegorias das Virtudes e as ativistas de carne e osso repudiadas pelos líderes revolucionários.

Na melhor expressão do Romantismo, o pintor humanizou a deusa e endeusou a militante. Este é o legado iconográfico mais elogioso e importante do movimento feminino na Revolução Francesa.

CONCLUSÃO

A PARTICIPAÇÃO POLÍTICA das mulheres das classes populares nos seis primeiros anos da Revolução foi um fenômeno que espantou os contemporâneos. As cidadãs francesas levaram o título a sério e fizeram ato de cidadania. O fato não é corriqueiro nem ponto pacífico. Em nenhum outro lugar da Europa as mulheres participaram da vida nacional de forma tão intensa e maciça na mesma época.[1] Destaquei a atuação das cidadãs na cena pública, observando o leque de iniciativas políticas de que as mulheres das classes populares lançaram mão para influir na vida cívica revolucionária.

Aquele vigoroso ativismo, em várias frentes, obrigou o Comitê de Segurança Pública a se pronunciar sobre a questão incômoda dos direitos políticos femininos. Apesar da recusa peremptória das prerrogativas da cidadania, o fato de a negação vir acompanhada de justificativas políticas e morais atesta a importância política da militância feminina. É preciso considerar que, no fim do século XVIII, era evidente para a maioria das pessoas que as mulheres não podiam tomar parte dos assuntos da cidade.[2] Em outras palavras, as mulheres não foram apenas vítimas indefesas da misoginia da Revolução, mas protagonistas conscientes de seu papel político.

---

1   APPLEWHITE, Harriet B. & LEVY Darline G. "Responses to the political activism of women of the people in revolutionary Paris, 1789-1793". In: HARRIS, Barbara J.; MCNAMARA, Jo Ann K. (ed.). *Women and the structure of society*. Selected research from the Fifth Berkshire Conference on the History of Women. Duke Press Policy Studies, 1984, p. 230-231.

2   GODINEAU, Dominique. *Citoyennes tricoteuses: les femmes du peuple à Paris pendant la Révolution Française*. Paris: Editions Alinea, Perrin, 2004, p. 112.

Por outro lado, as famílias e as mulheres se beneficiaram de uma legislação civil avançada, que secularizou o casamento e estabeleceu o divórcio por consentimento mútuo em 1792.[3] As novas leis eram de uma modernidade surpreendente para a época. Porém, a partir do governo termidoriano, e principalmente do Código Civil de 1804, as vozes contrárias conseguiram dificultar o rompimento do casamento, até a revogação do divórcio em 1816, época da Restauração. Para se ter uma ideia do retrocesso, em Lyon houve 87 divórcios por ano entre 1792 e 1804, e apenas sete entre 1805 e 1816.[4] Dentro do espírito de justiça e igualdade na família, as leis civis limitaram o poder paterno, principalmente em casos de deserdamento, decretaram o fim dos direitos da primogenitura nas heranças e possibilitaram o advento de uma nova personalidade jurídica da mulher, como sujeito civil plenamente capaz de se governar. As mulheres agora podiam recorrer aos tribunais contra partilhas injustas de herança – e fizeram uso da prerrogativa. As leis civis promoveram a autonomia feminina, de forma que algumas mulheres se sentiram capazes de dar o próximo passo: a participação na vida nacional.

A mulher era objeto da legislação, porém não sujeito. Adquiriu direitos civis mas não cívicos.[5] Toda a discussão dos direitos de cidade das mulheres está permeada pelo discurso jacobino da moralização dos costumes na nova sociedade republicana, baseada na transparência, cumprimento do dever e espírito público. Os líderes revolucionários eram herdeiros das ideias iluministas sobre a "regeneração do homem" baseada em novos valores pessoais, sociais e políticos. Em larga medida, seguiram o pensamento de Jean-Jacques Rousseau acerca dos papéis femininos e masculinos no contexto familiar e social, em tudo opostos aos costumes percebidos da aristocracia no Antigo Regime. Embora não seja tão citado nesse terreno quanto Rousseau, Denis Diderot foi igualmente um defensor intransigente da retidão moral, da fidelidade absoluta e da dedicação mútua dos cônjuges no casamento. Tais

---

3   A França teve que esperar até 1975 por uma legislação de divórcio tão liberal quanto a de 1792 (ROSA, Annette. *Citoyennes: les femmes et la Révolution Française*. Paris: Messidor, 1988, p. 126).

4   HUNT, Lynn. "Revolução Francesa e Vida Privada". In: PERROT, Michelle (org.). *História da Vida Privada*. Vol. 4: *Da Revolução à Primeira Guerra*. São Paulo: Companhia das Letras, 2006, p. 39.

5   GUIBERT-SLEDZIEWSKI, Elizabeth. "La femme, objet de la Révolution". Síntese de duas comunicações feitas na Assembleia da Société des Études Robespierristes, em junho 1984, e no Collège International de Philosophie, seminário *Formes du féminisme historique*, G. Fraisse, em abril de 1986.

preceitos eram a condição da respeitabilidade e felicidade pessoais, como fica claro na carta que o autor escreveu à filha recém-casada, discutida no Capítulo 3.

Grande número de homens e mulheres, de várias vertentes políticas, concordava em linhas gerais com esse código de conduta. Os líderes da Revolução, majoritariamente provenientes da classe média educada, fizeram dos valores familiares defendidos por Diderot a bandeira da regeneração moral republicana. O quadro se completa com a exaltação rousseauniana da maternidade e do aleitamento maternos, que antes pertenciam à vida privada, mas na nova ordem revolucionária adquiriram uma dimensão cívica.

Entretanto, tal modelo de comportamento só era viável entre as mulheres das classes mais favorecidas, que podiam abraçar o ideal da domesticidade por não precisarem trabalhar. Já as *sans-culottes* tinham que ganhar o seu sustento: eram vendedoras ambulantes, lavadeiras, operárias em moda, tinham barraca no mercado, entre outras profissões. Algumas podiam trabalhar em casa, como as costureiras, mas não era a regra. Além disso, essas mulheres eram gregárias, seu espaço de sociabilidade era a rua. Era melhor sair para encontrar as vizinhas do bairro do que ficar em seus apartamentos não raro frios e exíguos. Dessa forma, a ideia de ficar em casa para proteger a reputação das intrigas não se aplicava a elas. Desse ponto de vista, as mulheres do povo tinham mais liberdade e autonomia que as jovens senhoras da burguesia. Isto não quer dizer que estas não tenham se engajado na Revolução. Muitas o fizeram, como Madame Roland, ajudando o marido nas reuniões políticas em sua casa. As razões expostas são exemplo dos obstáculos à participação política das mulheres. Às tradições sociais e políticas acrescentava-se ainda o impedimento legal: durante a Revolução, as mulheres não acederam formalmente à cidadania e por conseguinte não podiam exercer direitos políticos como o voto e o porte de armas.

Como cidadãs sem cidadania verdadeira puderam participar de tantas manifestações públicas e debates nas assembleias e clubes populares, de 1789 a 1795? Em primeiro lugar, elas se inflamaram com os ideais revolucionários e se revestiram de dignidade patriótica, além do sentimento de inclusão na nação, solenemente garantido pela *Declaração de Direitos do Homem e do Cidadão*. Para muitas, a principal motivação foi a questão de subsistência, enquanto outras tiveram uma participação efetiva na vida política nacional. Achavam que a neutralidade diante das circunstâncias era vergonhosa e, assim sendo, tinham o direito e o dever de intervir. Nos primeiros meses da Revolução, principalmente à época da Marcha para Versalhes, as ativistas começaram a partilhar da noção incipiente de que as classes populares eram depositárias da verdade revolucionária.[6]

Em segundo lugar, as antigas tradições de sociabilidade feminina nos bairros populares, a experiência das procissões religiosas organizadas, a efervescência política da época dos Estados Gerais e a liberdade de imprensa ajudam a explicar a conscientização política das mulheres do povo desde o início da Revolução. Mas elas souberam aliar tradições, tais como as rebeliões contra a escassez alimentar, às modernas marchas de reivindicações ao direito às petições. Nas circunstâncias fluidas da Revolução, as ativistas ocuparam espaços e aproveitaram as oportunidades de participação que surgiam. Apropriavam-se de práticas masculinas como o juramento à Constituição de 1793, arvoravam-se em fiscais do povo nas "taxações forçadas" contra supostos açambarcadores e controlavam os representantes eleitos com sua presença nas tribunas das assembleias. Agiam como se suas ações fossem direitos adquiridos por pertencerem ao povo soberano. Poucas reclamaram igualdade de direitos políticos, mas se suas práticas fossem questionadas, justificavam-nas com os princípios revolucionários da Liberdade e Igualdade que, em tese, facultavam a todos os cidadãos e cidadãs a oportunidade de concorrer à felicidade da nação.

Fundaram clubes políticos exclusivamente femininos porque julgaram que dessa maneira teriam mais força para se fazerem ouvir junto às autoridades e para construir redes de apoio com as Seções e sociedades populares. De fato, os clubes femininos favoreceram a autonomia das militantes e lhes deram visibilidade política. Organizadas, trabalhando junto com outros clubes populares, podiam pressionar o governo com maior eficácia. A ideia inovadora se propagou pela França: impressiona o número de associações femininas – 60 – espalhadas pelo mapa da França (ver "Clubes Femininos nas Províncias" na Parte I). O principal clube político feminino foi o de Paris – a Sociedade das Republicanas Revolucionárias –, que funcionou oficialmente de 10 de maio a 30 de outubro de 1793. Suas fundadoras, Claire Lacombe e Pauline Leon, se alternaram na presidência da organização. Politicamente eram radicais e aliaram-se aos *Enragés*, que favoreciam a economia dirigida e as medidas terroristas adotadas pelos jacobinos a partir de setembro de 1793.

---

6   HUFTON, Olwen H. *Women and the limits of citizenship in the French Revolution*. Toronto/Buffalo/Londres: University of Toronto Press, 1992, p. 19.

Sem negar a importância da maternidade e da família, essas militantes não tinham filhos pequenos: preferiam construir uma pátria melhor para acolhê-los no futuro. Dedicavam-se às atividades políticas no seio do movimento popular, à participação nas jornadas revolucionárias, aos debates nos clubes políticos e Assembleias. Houve vozes favoráveis ao ativismo político feminino e até elogios de líderes jacobinos às Republicanas Revolucionárias: "seu lugar é embaixo da bandeira tricolor" (ver "A Sociedade das Cidadãs Republicanas Revolucionárias" na Parte I). Não obstante, a maioria dos homens – de qualquer tendência política – sentia desconforto com a figura da mulher revolucionária. As militantes tinham trocado a doçura pela coragem e pelo orgulho, qualidades consideradas masculinas. Suas vestimentas não eram questão de moda, mas sim de política. O barrete vermelho na cabeça e a cocarda no peito proclamavam adesão à Revolução.

Mas afinal, além da vida doméstica, quais eram as escolhas de vida possíveis para as mulheres das classes populares? A autora da "*Petição das mulheres do Terceiro-Estado ao Rei*", de 1º de janeiro de 1789,[7] lamenta a situação das moças do Terceiro Estado. Quase todas sem fortuna, "sua educação deixa a desejar", e suas opções de vida eram: "vegetar num casamento com algum artesão infeliz"; "se são bonitas mas não têm princípios nem cultura, acabam na vida libertina; quando são virtuosas e o desejo de se instruir as devora", entram para o convento. A autora da carta pede ao rei escolas gratuitas para que as mulheres possam educar-se, conseguir emprego e ganhar seu sustento. A independência era a melhor solução.

Entre a domesticidade exclusiva, a libertinagem e o convento, as militantes imaginaram um novo papel feminino: o da mulher livre, com discernimento próprio e espírito público para trabalhar pelo bem de todos. Estas preferiam a "liberdade às trivialidades do amor" (ver "As cidadãs virtuosas", Parte I). A possibilidade de participação na vida nacional e a defesa da pátria e da Revolução atraiu muitas seguidoras entusiasmadas. As circunstâncias revolucionárias e a energia das ativistas criaram a mulher cívica.[8] Claire Lacombe, quando ameaçada por espectadoras no Clube dos Jacobinos em 16 de setembro de 1793, respondeu: " Se alguém tiver a ousadia de me atacar, vou lhes

---

7   Carta já mencionada no Capitulo 1: "As mulheres escrevem ao rei". Ver *Cahiers de doléances des femmes en 1789 et autres textes*. Préfacé par Paule-Marie Duhet. Paris: C. des Femmes, 1981, p. 25.

8   GODINEAU, Dominique. *Citoyennes tricoteuses... op. cit.*, p. 353.

mostrar o que uma mulher livre pode fazer!".⁹ No Caderno de Imagens da Parte II, há uma figura eloquente de mulher livre, armada com uma pique, que talvez seja o retrato de Claire Lacombe (ver **Figura 31**). Esta militante, que foi presidente da Sociedade das Republicanas Revolucionárias, sempre se assinava com altivez: "*Lacombe, mulher livre*". As ativistas tinham uma tarefa cívica a cumprir: ajudar na reconstrução nacional. Exerceram suas atividades até a supressão dos clubes femininos em outubro de 1793 – algumas continuaram participando de protestos de subsistência e debates políticos até 1795, quando foram derrotadas e silenciadas na esteira da revolta de Prairial.

O relator do Comitê de Segurança Pública – André Amar – descreveu o tipo de mulher patriota de que a nação precisava: a esposa doce, submissa, restrita ao lar. Para a maioria dos líderes revolucionários, a imagem das mulheres discutindo com os homens nas tribunas era uma aberração e um prenúncio de caos social. Os líderes revolucionários não conseguiam conceber a igualdade de direitos políticos entre os dois sexos. Logo aparecia o fantasma ancestral da inversão dos papéis e a humilhação masculina perante uma mulher autoritária. Não se tratava tanto de antifeminismo, mas de manter a diferenciação sexual e papéis bem demarcados.[10] O civismo resultava na subversão dos sexos. Amar ligou esta questão à moral, porque "sem moral não há República".

As mulheres que "saíam de seu sexo" foram punidas com as armas da repulsa, do ridículo e da guilhotina, como Olympe de Gouges, Madame Roland e Charlotte Corday. Além da pena de morte, as vítimas sofreram um linchamento moral. Sobre Corday, se disse que: "ela era uma virago [...] rejeitou seu sexo [...] o amor não consegue se aproximar do coração de uma mulher com pretensões ao conhecimento, vivacidade de espírito e força de caráter". Sobre Olympe de Gouges: "nascida com uma imaginação exaltada, confundiu seu delírio com inspiração natural. Queria ser estadista [...] a lei puniu essa conspiradora por ter se esquecido das virtudes apropriadas para seu sexo".[11] Olympe foi condenada por colar cartazes contra Robespierre nos

---

9   LEVY, Darline G.; APPLEWHITE, Harriet B.; JOHNSON, Mary D. *Women in Revolutionary Paris – 1789-1795*. Selected documents translated with notes and commentary by the authors. Urbana e Chicago: University of Illinois Press, 1980, p. 192.

10 HUNT, Lynn. "Male virtue and republican motherhood". In: BAKER, Michael K. (ed.). *The French Revolution and the creation of modern political culture*. Vol. 4: "The Terror". Nova York: Elsevier Science/Pergamon, 1994, p. 197.

11 Citações sobre Corday e Gouges em GUTWIRTH, Madelyn. *The twilight of the goddesses: women and representation in the French revolutionary era*. New Jersey: Rutgers University Press, 1992, p. 329.

muros de Paris. No caso dessas mulheres, o crime político pesou tanto quanto o delito de pretender rivalizar com os homens.

Outro exemplo de comportamento independente feminino que se desenvolveu durante a guerra foi o das mulheres-soldados, que arriscaram a vida defendendo o país nas frentes de batalha, às vezes junto com os maridos e amantes. É curioso notar que enquanto as militantes eram rejeitadas, as mulheres-soldados, que exerciam um ofício essencialmente masculino, foram em geral aceitas e recompensadas. Se traçarmos um paralelo entre elas perceberemos melhor as razões da acolhida tão diferente.

As soldadas eram poucas, alistavam-se individualmente e não tinham ambições políticas, estavam nas fronteiras, longe do centro de poder. Já as militantes eram mais numerosas, organizavam-se em associações políticas e pressionavam o governo na capital. As soldadas arriscavam a vida pela pátria e sua coragem provocava admiração; as militantes queriam se armar "para provocar tumultos na fila do pão", na opinião dos observadores de polícia. As soldadas tinham moral ilibada, e as ativistas eram acusadas de pouca virtude. As soldadas não ameaçavam a supremacia masculina nem questionavam as autoridades, ao contrário das revolucionárias. As ativistas consideravam-se membros do povo soberano em igualdade de condições com os homens, e a partir do outono de 1793 fizeram oposição ao governo jacobino. As mulheres-soldados faziam petições individuais ou escreviam cartas à Assembleia para reivindicar pensões. As militantes estavam ligadas aos grupos organizados do movimento popular e exasperavam os líderes revolucionários com a ação política direta.

Por outro lado, a maternidade cívica – o modelo positivo de comportamento feminino – foi muito bem aceita pela maioria das mulheres, que apreciaram o novo prestígio de uma função que antes não era valorizada. Entretanto, elas não perceberam que a maternidade e a domesticidade seriam, em larga medida, a única vocação aceitável para a mulher na sociedade que adotou os preceitos de Rousseau e Diderot. Em termos de desenvolvimento pessoal e cultural, sobrou apenas uma via de autorrealização feminina: "Excluídas da educação superior e das profissões na esteira da Revolução, era só no terreno da literatura que as mulheres podiam adquirir autoridade cultural e construir um espaço para sua constituição de pessoa pública".[12] Mulheres de todas as classes se encheram de orgulho em desempenhar a função

---

12 HESSE, Carla. *The other Enlightenment: how french women became modern*. New Jersey: Princeton University Press, 2001, p. 155.

materna, agora acrescentada de uma dimensão republicana. É importante lembrar que a exaltação da maternidade trouxe alguns benefícios concretos para as mães. Houve uma difusão de atitudes modernas, como a proteção da esposa e da mãe; o aumento da natalidade perdeu ênfase para a preservação da vida das parturientes e seus bebês. As crianças eram futuros cidadãos e, como tais, mereciam os cuidados da mãe-pátria. Com esse fim, e na esteira dos esforços de Turgot, estabeleceram-se novos cursos de obstetrícia no país, especialmente depois de 1792.[13]

Por outro lado, foi no século XVIII que se estabeleceu com mais nitidez o conceito de que a maternidade definia o destino da mulher. O prestígio da Medicina cresceu, e tratados médico-sócio-morais fizeram enorme sucesso, como a obra do Dr. Pierre Roussel, [*Sistema físico e moral da mulher ou quadro filosófico da constituição do estado orgânico, do temperamento, dos costumes e funções próprias ao sexo feminino*] (*Système Physique et moral de la femme ou Tableau philosophique de la constitution de l'état organique, du tempérament, des moeurs et des fonctions propres au sexe*), publicada em 1775. O Dr. Roussel, que acreditava na missão social da ciência médica, alertou para os excessos que a civilização provocava na mulher, causando uma ruptura na normalidade de suas funções naturais. As estudiosas ficavam estéreis, por isso convinha que deixassem as atividades intelectuais para os homens.[14] Ele descobriu uma mobilidade singular nos órgãos da mulher, o que causaria "uma sucessão rápida de idéias e de movimentos".[15] Portalis, um dos redatores do Código Civil de 1804, viu as mulheres sujeitas a "uma multidão de pequenos e incessantes caprichos". Seu discípulo Jacques-Louis Moreau de la Sarthe achava que as mulheres eram mais propensas que os homens a acreditar em aparições e fantasmas.[16] Tal ideia corroborava a noção de que elas podiam facilmente ser induzidas a erro, como já havia dito André Amar. Napoleão, por sua vez, qualifica as mulheres em geral de "sexo da inconstância" e evoca em seu prejuízo "a fraqueza do cérebro das mulheres". Vem daí a

---

13   ROSA, Annette. *Citoyennes...* op. cit., p. 135-136.

14   DUBY, Georges; PERROT, Michelle (direção da coleção) e FRAISSE, Geneviève; PERROT, Michelle (direção do volume 4). *História das Mulheres no Ocidente*. Vol. 4: *Do Renascimento à Idade Moderna* (trad.). Porto: Afrontamento, 1994, p. 454.

15   ROUSSEL, Pierre. *Système physique et moral de la femme...* [1775]. 6ª ed. Paris, 1813, p. 15 e 16.

16   HUNT, Lynn. *The Family Romance of the French Revolution*. Los Angeles: University of California Press, 1992, p. 158.

subalternidade orgânica do gênio feminino, que condena a mulher a uma espécie de menoridade vitalícia.

Eis o fundamento científico da subordinação da mulher ao homem no Código Civil de 1804. Essa legislação definiu claramente as atribuições dos dois sexos: "o marido deve proteger sua mulher; a mulher deve obedecer seu marido" – o homem era livre "porque era o mais forte". Além disso, reafirmou o princípio da autoridade paternal, reinstituiu a supremacia marital e alterou drasticamente a lei do divórcio: o marido podia pedir o divórcio em caso de adultério da esposa, mas ela só podia pedi-lo no caso do marido trazer a amante para morar no lar do casal.[17] O tratamento também era desigual nas consequências do delito: a mulher adúltera podia ser condenada a dois anos de prisão, o marido não sofria punição.

No Antigo Regime, as mulheres da aristocracia e as religiosas tinham direito de administrar suas propriedades e autonomia para resolver questões jurídicas relacionadas às suas famílias e seus bens. O Código Civil, ao tratar igualmente todas as mulheres, eliminou aquelas prerrogativas das mulheres das classes favorecidas.[18] A teoria da domesticidade e da debilidade física e mental do sexo "frágil", apoiada pela ciência médica, custou às mulheres a relativa liberdade de que desfrutaram nos primeiros anos da Revolução e sepultou por um século os sonhos políticos das mulheres livres do Ano II.

A crise revolucionária deu às mulheres uma visibilidade desconhecida até então, a qual se reflete nas variadas representações de sua participação nos acontecimentos da Revolução. Mas tanto as imagens elogiosas quanto as depreciativas são bastante idealizadas. Considerando o *status* ambíguo das cidadãs francesas, o que se vê nas representações iconográficas é que elas exerceram seu civismo embelezando as festas nacionais com uma espécie de "cidadania cerimonial"; doando as joias à Assembleia ou coletando dinheiro para os necessitados na forma da "cidadania filantrópica"; em cenas de "cidadania heroica", salvando pessoas da morte, ou aleitando e educando crianças na modalidade "cidadania maternal". Mas as representações dos episódios de cidadania-sem-adjetivos são caricaturais e têm o objetivo de satirizar as mulheres na cena pública. Pode-se

---

17   CENSER, Jack; HUNT, Lynn. *Liberty, Equality, Fraternity: exploring the French Revolution*. The Pensylvania State University Press, 2001, p. 166.

18   LEVY, Darline G.; APPLEWHITE, Harriet B.; JOHNSON, Mary D. *Women in Revolutionary Paris... op. cit.*, p. 310.

perceber pelo humor dessa iconografia como os franceses reagiram mal à intervenção política feminina na vida nacional no tempo da Revolução.

A transgressão feminina às normas sociais vigentes adquiriu cores mais dramáticas com o tempo. No século XIX, Gustav LeBon invocou forças sombrias para explicar o Terror: " Quando a autoridade se esgarça e se rompe, quando se permite que as multidões atuem politicamente, as massas serão femininas, histéricas, dentadas e assassinas".[19] Talvez ele estivesse pensando na última jornada revolucionária popular em maio de 1795. Pelo visto, o autor acreditava que a repressão feroz era o melhor meio de acabar com os protestos "histéricos" das esfomeadas de Prairial.

A repressão se deveu a uma conjunção de fatores políticos e de mentalidade social. As militantes faziam oposição ao governo da Convenção, exigindo democracia direta ao gosto dos *sans-culottes*. Os deputados não tinham nenhuma intenção de ceder nesse ponto. A supressão dos clubes femininos em 1793 e a repressão das ativistas em Prairial de 1795 se deveu ao papel político que as revolucionárias exerceram. Por outro lado, elas foram reprimidas dentro de um contexto autoritário de refreamento das classes populares, não apenas por serem mulheres, mas por integrarem o movimento popular que ameaçava a estabilidade do poder.

Temos que pensar também que a não aceitação das ativistas tinha um componente de classe social. As autoridades revolucionárias jamais concordariam em compartilhar o governo com mulheres ou homens da *sans-culotterie*, pois havia um perigo real de esfacelamento do poder se prevalecesse a democracia direta que eles defendiam. Tratava-se de manter o poder concentrado na classe burguesa, como de fato aconteceu. À época de sua repressão, as ativistas eram adversárias políticas que queriam ser patriotas, e julgavam que os princípios da Liberdade, Igualdade e Fraternidade se aplicavam a todos. Elas se engajaram porque queriam trabalhar pelo bem comum e ter voz nas decisões políticas que estavam construindo a nação.

Foi o caminho que escolheram para integrar-se ao corpo político dos cidadãos. Por vezes foram injustas e até violentas, mas também sofreram injustiças e violências. Aquelas mulheres livres agiram como cidadãs, empregando toda sua energia e paixão no projeto revolucionário porque acreditaram num mundo melhor e lutaram por ele. Vale a pena redescobrir a sua trajetória.

---

19 Le Bon, *French Revolution and the Psychology of Revolution*, p. 110 apud HIGONNET, Patrice. "The 'young Marx' explanation of Jacobin Politics". *Past and Present*, n° 191, maio 2006, p. 160.

DIÁLOGO COM A HISTORIOGRAFIA

AS PRIMEIRAS OBRAS QUE LI SOBRE AS MULHERES na Revolução Francesa foram *Visualizing the Nation: gender representation and revolution in eighteenth-century France*[1] (*Visualizando a Nação: representação de gênero e revolução na França do século XVIII*) e *Women and the public sphere in the age of the French Revolution*[2] (*As mulheres e a esfera pública na era da Revolução Francesa*), ambas da historiadora norte-americana Joan Landes. A primeira despertou meu interesse pelo tema dos usos das imagens femininas na construção da sociedade republicana e da redefinição dos papéis dos gêneros tal como ocorreu na Revolução. Concordo com a autora em que as imagens valorizavam ou repudiavam comportamentos individuais tendo como referência os ideais coletivos. Noto, porém, que esses ideais eram "interpretados" pelos líderes jacobinos, no caso das gravuras encomendadas pelo governo revolucionário. Por exemplo, o ideal republicano da boa mãe, que se sacrifica em nome de seus filhos e da nação, tem que ser constantemente reforçado, pois achava-se que a natureza feminina podia arrastar a mulher para uma independência perigosa. As ativistas políticas ficariam nesta segunda categoria. Essa é uma das explicações para a abundância de imagens de maternidade republicana durante a Revolução. Os revolucionários estavam dispostos inclusive a adotar as táticas de seus adversários católicos, pois estas tinham eficácia comprovada. Padres e

---

1   LANDES, Joan B. *Visualizing the Nation: gender representation and revolution in eighteenth-century France.* Ithaca: Cornell University Press, 2001.
2   Idem. *Women and the public sphere in the age of the French Revolution.* Ithaca/Londres: Cornell University Press, 1988.

revolucionários de todas as vertentes pregavam a domesticidade, a discrição, a dedicação ao próximo, a submissão ao marido. Landes desenvolveu uma argumentação instigante para mostrar que o desejo sexual masculino pelas imagens da vulnerabilidade, beleza e maternidade da mulher serviram para fortalecer os vínculos entre os cidadãos e a nação moderna representada por corpos femininos.[3] Tais explicações me parecem plausíveis, se considerarmos que Marianne, símbolo da República francesa, tem sido representada ao longo da história por protagonistas de grande beleza, como Brigitte Bardot e Catherine Deneuve.

Já a obra *Women and the public sphere in the age of the French Revolution* (1988) analisa a traumática exclusão feminina da esfera pública burguesa e masculina durante a Revolução. Para Landes, a queda das mulheres politicamente influentes no Antigo Regime, as quais se destacaram no mundo aristocrático dos salões literários, está na raiz do feminismo moderno, que nada mais é do que a luta das mulheres para reingressar na esfera pública.[4] As *salonnières* ficaram associadas à frivolidade, ao luxo desmesurado, à dissimulação e aos vícios da aristocracia. O discurso burguês em relação ao sexo feminino, ao contrário, influenciado principalmente pelas ideias de Rousseau e Diderot, pregava a transparência, a devoção à família, o classicismo, a volta das imaginadas virtudes das romanas antigas, como Cornélia e Pórcia. Para a regeneração dos costumes, a conduta das mulheres teria que ser a mais discreta possível, e suas vidas dedicadas à maternidade republicana. Consequentemente, a ausência das mulheres da esfera política não ocorreu por acaso. Landes pensa que, do ponto de vista feminino, o Iluminismo foi um anti-Iluminismo, e a Revolução, uma contrarrevolução, e haveria razões para supor que os políticos revolucionários se uniram conscientemente para alijar as mulheres de seu meio.[5] A conclusão da autora é pessimista: "[nesta obra] procuro estabelecer que a República foi construída *contra* as mulheres, não apenas *sem* elas".[6] Comecei minha pesquisa com o tema da repressão das mulheres e a pergunta que orientou grande parte do meu estudo foi o porquê da exclusão. Entretanto, considero a conclusão recém-citada radical demais. Para que os homens construíssem um regime *contra* as mulheres, era necessário que elas

---

3   LANDES, Joan B. *Visualizing the Nation...* op. cit., p. 1, 99, 170, 173.

4   Idem. *Women and the public sphere...* op. cit., p. 1, 46-49.

5   *Ibidem*, p. 204.

6   *Ibidem*, p. 12. Grifo meu.

estivessem no centro de suas preocupações. Não estavam. Em 1789, a Assembleia Nacional se ocupava com a reforma política, a nova Constituição, os problemas de abastecimento, os múltiplos interesses das ordens sociais. E a partir da primavera de 1792, os deputados girondinos, que até então manifestavam simpatia pelos direitos civis das mulheres, enfrentavam questões mais urgentes: uma monarquia traiçoeira, a séria escassez de trigo, uma guerra externa desastrosa, a revolta colonial, a Igreja recalcitrante e a instabilidade da moeda.[7] Decididamente, a questão dos direitos femininos não era prioritária. Além disso, a suposição de que houve um plano deliberado para excluir as mulheres não se sustenta: em diversas crises políticas, até 1793, as mulheres foram aliadas úteis e valorizadas; por exemplo, ajudaram os Montanheses na expulsão dos girondinos da Convenção, em maio-junho de 1792. Em geral, contaram com o apoio masculino nas práticas de cidadania, nas jornadas revolucionárias, nos clubes políticos mistos, nas questões de direito de família. Penso que a exclusão ocorreu quando as ativistas se tornaram adversárias políticas dos jacobinos no poder, no outono de 1793, ou turbulentas demais no contexto do movimento de massa popular, em 1795. O importante é perceber que a ruptura revolucionária abalou a ordem estabelecida e criou espaços inéditos para mudanças radicais, inclusive a atuação e a expressão femininas. Nada estava decidido de antemão, tudo era teoricamente possível. Em seu livro sobre o espírito revolucionário dos jacobinos, Patrice Higonnet entende que "os jacobinos começavam a compreender mais precisamente [...] que a soberania se situava numa nação-estado unida, fraternal, e recém-moralizada, cujo objetivo era dar poder a cada cidadão individual e *talvez a cada cidadã também*".[8] Geneviève Fraisse também discorda de Joan Landes quanto à ideia de uma exclusão planejada:

> A democracia [da Revolução] é exclusiva, e não excludente, porque não enuncia as regras da exclusão. Ela produz a exclusão por uma série de impedimentos reais e imaginários, jurídicos e médicos. Teria sido

---

[7] KATES, Gary. "'The powers of husband and wife must be equal and separate': the cercle social and the rights of women, 1790-1791". In: APPLEWHITE, Harriet B.; LEVY Darline G. (ed.). *Women & politics in the age of the democratic revolution*. Ann Arbor: The University of Michigan Press, 1993.

[8] HIGONNET, Patrice. *Goodness beyond Virtue*. Cambridge (Massachusetts)/Londres: Harvard University Press, 1998, p. 20. Grifo meu.

necessário que houvesse uma intenção deliberada, um sistema explícito. Ora, isso não existiu [...]

Foi graças a essa incerteza de enunciado que a inclusão se tornou possível e as mulheres se integraram à República.[9] De fato, na *Declaração dos Direitos do Homem* há uma suposição de inclusão de todos os indivíduos, e na legislação revolucionária, exceto no breve período em que houve sufrágio masculino universal, as mulheres foram excluídas do direito de voto junto com os homens que não alcançavam a renda exigida pelo sistema censitário. Nas instâncias políticas cotidianas, sempre que não havia proibição explícita, as mulheres iam ocupando os interstícios da indefinição, frequentando as galerias das assembleias ao lado dos homens, fiscalizando o cumprimento das leis nos mercados, armando-se quando acharam necessário.

Continuando a discussão da ideia de Joan Landes, de que a "República foi construída *contra* as mulheres, e não apenas *sem* elas", devo mencionar as considerações de Lynn Hunt.[10] Esta historiadora considera *Women and the public sphere in the age of the French Revolution* a obra mais importante sobre a problemática das mulheres na esfera pública e privada, abrindo um caminho que dominou os estudos ingleses e norte-americanos sobre mulheres e Revolução durante toda a década de 1990. Mesmo aqueles que questionaram as teses de Joan Landes, como ela própria, Lynn Hunt, a seguiram na temática escolhida, ou seja, as razões da recusa dos direitos cívicos às mulheres. A historiadora argumenta, entretanto, que essa linha de raciocínio desemboca sempre na desqualificação dos jacobinos e da Revolução Francesa, devido à negação daqueles direitos. E como os líderes revolucionários se inspiraram, quanto à questão do lugar da mulher na sociedade, no pensamento antifeminista dos filósofos iluministas, principalmente Rousseau, tanto a Revolução como o Iluminismo foram parar "na mesma lixeira da História". Outras autoras endossaram essa visão: Dorinda Outram, numa linha furetiana, concluiu que a Revolução, apagando a distinção entre o Estado e sociedade civil, estabeleceu a condição prévia para os regimes fascistas do

---

9   FRAISSE, Geneviève. *Les deux gouvernements: la famille et la Cité*. Paris: Gallimard, 2000, p. 62-63.
10 HUNT, Lynn. "L'histoire des femmes: accomplissements et ouvertures". In: LAPIED, Martine; PEYRARD Christine (dir.). *La Révolution Française au Carrefour des Recherches*. Prefácio de Michel Vovelle. Aix-en Provence: Publications de l'Université de Provence, 2003, citações de Hunt em todo o artigo e principalmente p. 285-286.

século XX. Madelyn Gutwirth e Margareth George, assim como a francesa Catherine Marand-Fouquet, consideram a Revolução uma derrota histórica para as mulheres. Lynn Hunt, alarmada com os ataques concertados de foucaultianos e feministas ao Iluminismo e à Revolução, pelo menos nos países anglófonos, brada sua recusa ao que ela chamou de *"discurso do fechamento"*, em favor do *"discurso da abertura"*: "sou pela Revolução e pelas Luzes [...] o ataque dirigido [contra a Revolução e as Luzes] exige uma resposta".[11] E aponta vários estudos que veem a Revolução não como o fim das esperanças femininas, mas sim como uma época de experimentações criativas, mudanças audaciosas que deixaram legado positivo para as gerações seguintes. Nessa linha, Hunt destaca a obra de Dominique Godineau, *Citoyennes tricoteuses: les femmes du peuple à Paris pendant la Révolution Française* [Cidadãs tricoteiras: as mulheres do povo em Paris durante a Revolução Francesa], segundo ela o trabalho mais importante sobre as mulheres na Revolução. A abordagem de Godineau consiste no estudo das práticas políticas das mulheres do povo, seu engajamento, e na Revolução, e análise das relações masculino-femininas dentro do movimento revolucionário. Sem negar o fato inescapável da exclusão do sexo feminino dos direitos de cidadania, a autora mostra como as cidadãs afirmam seu pertencimento ao Povo Soberano através da ação, criando um espaço próprio que se contrapõe, rejeita ou completa o espaço doméstico. Para ela, o espaço político estava em plena construção e o fato de ser ou não cidadão não dependia inteiramente das definições estipuladas na Assembleia.[12] O discurso de Godineau é portanto o de abertura, e não o do declínio ou fechamento, segundo o conceito de Lynn Hunt.

Este estudo se desenvolveu sob a égide do discurso de abertura para analisar as práticas femininas, a tensão ou sobreposição entre maternidade e militância e os sistemas culturais de representação, além de refletir sobre a visão e o discurso dos revolucionários em relação a essas questões. Sigo a abordagem de Godineau, que não vitimiza as mulheres, ao contrário, apresenta-as como protagonistas conscientes de seu papel político. Entretanto, não acho possível abandonar a pergunta clássica sobre as razões

---

11 *Ibidem*, p. 286.
12 GODINEAU, Dominique. "Histoire sociale, histoire culturelle, histoire politique: la question du droit de cité des femmes". In: LAPIED, Martine; PEYRARD Christine (dir.). *La Révolution Française... op. cit.*, p. 296-297 e *Idem. Citoyennes tricoteuses: les femmes du peuple à Paris pendant la Révolution Française*. Paris: Editions Alinea, Perrin, 2004, p. 13-15.

da repressão ao direito de cidade das mulheres. Penso que na França revolucionária, as ações femininas sempre geraram reações masculinas e vice-versa, pois homens e mulheres lutaram juntos no movimento popular até 1795. A esse respeito, há um artigo relevante de Godineau, "Masculine and feminine political practice during the French Revolution, 1793 – Year III"[13] (Práticas políticas masculinas e femininas durante a Revolução Francesa, 1793 – ano III). Por conseguinte, a pergunta se impõe: o que fizeram aquelas militantes para motivar seu alijamento da esfera política? É preciso compreender o contexto social, político e cultural que levou à negação da cidadania feminina, unindo a história de gênero à história da Revolução.

Os artigos de Elisabeth Guibert-Sledziewski também seguem a linha da abertura, denunciando os "fantasmas de esquerda" – as mulheres não ganharam nada com a Revolução – e "fantasmas de direita" – tudo teria sido melhor sem a Revolução. A autora salienta:

> Pela primeira vez em nossa história, mulheres defenderam causas de mulheres, e homens colocaram a emancipação feminina na ordem do dia [...] a Revolução instalou no terreno da prática política – na rua, nos clubes, nas assembléias – um debate que até então tinha sido teórico e reservado aos salões.[14]

A autora repudia o julgamento da Revolução com "espírito de 1815" no seu bicentenário em 1989: "é no capítulo relativo às mulheres que a Revolução é acusada com mais má fé, por ter destruído a família (aprovou o divórcio) e por ter sido machista (excluiu as mulheres dos direitos políticos)".[15] Dessa forma, contrabalança a exclusão cívica das mulheres com a conquista de direitos civis, ou seja, com o advento civil de uma mulher livre em seus sentimentos e escolhas, dona de uma

---

13   Idem. "Masculine and feminine political practice during the French Revolution, 1793 – Year III". In: APPLEWHITE, Harriet B. & LEVY Darline G. (ed.). *Women & politics... op. cit.*, p. 61-80.

14   GUIBERT-SLEDZIEWSKI, Elizabeth. "Une idée neuve de la femme" (posfácio). In: ROSA, Annette. *Citoyennes: les femmes et la Révolution Française*. Paris: Messidor, 1988, p. 239.

15   Idem. "La femme, objet de la Révolution". Síntese de duas comunicações feitas na Assembleia da Société des Études Robespierristes, em junho 1984, e no Collège International de Philosophie, seminário *Formes du féminisme historique*, G. Fraisse, em abril de 1986, p. 4 e citação, p. 5.

personalidade civil moderna.[16] A autora faz uma reflexão sobre o estatuto jurídico da mulher: ela é sujeito para realizar os direitos reconhecidos a todo indivíduo membro da sociedade, mas não para participar da elaboração das leis que regem esses direitos. Nesse sentido, ela é objeto, e não sujeito da legislação – mesmo assim, "o direito privado da Revolução é parcial mas intensamente liberador, promotor de uma nova forma de individualidade civil, testada primeiro pela mulher".

Acho a argumentação pertinente e bem fundamentada, além de colocar em evidência outros foros onde a mulher pode exercer a defesa de seus direitos, no caso, os tribunais civis. Suzanne Desan também se debruçou sobre direito de família, em artigos como "War between brothers and sisters: Inheritance law and gender politics in revolutionary France"[17] (Guerra entre irmãos e irmãs: lei de heranças e política de gênero na França revolucionária), onde assinala que o ambiente politizado da Revolução impulsionou a luta pelos direitos da mulher dentro da família, criando espaços para mudanças legais e ativismo político.

Olwen H. Hufton fez um estudo instigante das práticas políticas femininas, não só das militantes revolucionárias, como também das contrarrevolucionárias e religiosas obrigadas a sair de seus conventos, em *Women and the limits of citizenship in the French Revolution* (1992). Para essa autora, a principal razão para o fechamento dos clubes políticos de mulheres em outubro de 1793 não foi o antifeminismo dos jacobinos e sim um modo de reduzir as ameaças à ordem pública geradas pelos distúrbios entre grupos de mulheres no mercado.[18] Outrossim, Hufton salienta que, no entender dos políticos, haveria ligação entre os *Enragés* e as militantes de Paris – tal argumento foi utilizado por Margaret George em seu artigo sobre a derrota das Cidadãs Republicanas Revolucionárias.[19] Penso que a ligação entre essas ativistas e os *Enragés* não foi decisiva na proibição dos clubes, apesar dos laços pessoais entre Leclerc e Pauline Léon e Claire Lacombe, fundadoras e sucessivamente presidentes da Sociedade das Republicanas Revolucionárias. Essa visão

---

16   Idem. "Une idée neuve de la femme", *op. cit.*, p. 246.

17   DESAN, Suzanne. "War between brothers and sisters: inheritance law and gender politics in revolutionary France". *French Historical Studies*, vol. 20, outono 1997, p. 634.

18   HUFTON, Olwen H. *Women and the limits of citizenship in the French Revolution*. Toronto/Buffalo/Londres: University of Toronto Press, 1992, p. 36-38.

19   GEORGE, Margareth. "'The World Historical Defeat' of the Républicaines – Révolutionnaires". *Science & Society*, n. 40.4, inverno 1976-1977, p. 410-437.

diminui a independência e a importância do grupo, relegando-o quase à condição de braço feminino dos *Enragés*. Já o estudo de Hufton sobre as contrarrevolucionárias me pareceu muito importante por revelar um ativismo feminino que de forma alguma se limitava a ocultar clérigos refratários e organizar missas clandestinas. Ao contrário, o boicote ativo e o desafio à autoridade dos representantes em missão, juntamente com a resistência passiva à descristianização no seio da família, deram origem ao temor republicano do triunfo do clericalismo através das mulheres. Nesse sentido, as contrarrevolucionárias tiveram mais influência que as ativistas republicanas na recusa duradoura de direitos políticos a todas as francesas no século XIX, como proposto por Michelet. Embora esse grupo não faça parte do meu estudo, foi útil perceber os mecanismos que geraram o fantasma da aliança entre a mulher e a Igreja como responsável pelo fracasso do primeiro republicanismo.[20]

Women & politics in the age of the democratic revolution é uma obra coletiva que reúne, entre outros, trabalhos sobre o papel das mulheres nas revoluções democráticas da Holanda, Bélgica, Estados Unidos da América e França. Embora todas elas houvessem inspirado seus homens à ação e defendido os interesses de suas comunidades locais, só as francesas ultrapassaram os limites de seus bairros para interagir com líderes de instituições políticas nacionais e reivindicaram uma identidade política como cidadãs e membros da nação soberana.[21] No capítulo escrito pelas editoras do livro, Harriet B. Applewhite e Darline G. Levy, há uma análise sobre as jornadas de 9 de abril e 20 de junho de 1792. Nessas duas ocasiões, soldados, Guardas Nacionais, mulheres, crianças, cidadãos, todos armados, se fizeram representar como uma nova força simbólica, política e militar, como uma família nacional em armas que não poderia ser vencida. A imagem da família republicana unida é poderosa e ajuda a compreender como, naquele meio e circunstância, começou a se forjar o conceito de cidadania feminina. Os capítulos acima mencionados provocam uma reflexão sobre as razões da singularidade política das francesas, as quais se integraram plenamente no movimento revolucionário, ao contrário de contemporâneas em outros países que tiveram atuação mais modesta e limitada.

---

20 HUFTON, Olwen H. *Women and the limits of citizenship...* op. cit., p. 138-145.

21 APPLEWHITE, Harriet B. & LEVY Darline G. (ed.). *Women & politics... op. cit.*, p. 14 e capítulo de Godineau na mesma obra, p. 78.

La femme au temps de la Révolution (*A mulher no tempo da Revolução*), de Catherine Marand-Fouquet, é um livro abrangente, que relata os principais acontecimentos revolucionários (1789-1799) do ponto de vista feminino. Apresenta uma galeria de mulheres de todas as condições sociais e profissões assinalando como participaram ou foram afetadas, em geral negativamente, pela Revolução. A autora se refere aos crimes hediondos e à barbárie que as mulheres sofreram no período revolucionário na guerra da Vendeia, mas também nas prisões, guilhotinadas depois dos maridos, como Lucille Desmoulins e Françoise Hébert.

A conclusão é sombria: para as mulheres, a Revolução foi uma oportunidade perdida. A burguesia triunfante conseguiu impor seus modelos de comportamento aos gêneros, preparando o caminho para o Código Civil de 1804, que colocou a mulher em estado de subordinação permanente. Marand-Fouquet não acredita que as ações femininas ou feministas tenham deixado as sementes de uma emancipação futura: "entre elas e as feministas contemporâneas, nenhuma continuidade. Se alguma coisa germinou, nesse meio tempo, foi a condição infeliz, social e política da francesa, consagrada no código civil alguns anos mais tarde".[22] Outros países europeus teriam sido mais generosos com as mulheres, em parte porque tiveram grandes rainhas, como Elizabeth da Inglaterra, Cristina da Suécia e Maria Teresa da Áustria, que predispuseram seus cidadãos a aceitarem um governo de mulheres. A autora não acredita que a Revolução Francesa pudesse ter realizado a emancipação feminina.

Outra obra panorâmica e fartamente ilustrada é *Citoyennes* (*Cidadãs*), de Annette Rosa, que oferece uma visão geral da questão feminina durante a Revolução, numa linha de "discurso de abertura". Embora não tenha formato acadêmico – faltam as notas de rodapé –, o texto é de uma especialista na matéria e endossado por E. Guibert-Sledziewski e Claude Mazauric. No capítulo "Pérfido Rousseau?", em vez de enfatizar os aspectos negativos do pensamento rousseauísta em relação à mulher, a autora procura compreender a espantosa popularidade do filósofo entre as mulheres do fim do século XVIII. Como era a vida conjugal das mulheres naquela época? Na sociedade aristocrática do Antigo Regime, as mulheres não podiam esperar nenhuma felicidade em seus casamentos arranjados. O cinismo tinha chegado ao seu ápice, o carinho entre esposos era o último dos ridículos, o amor conjugal uma

---

22   MARAND-FOUQUET, Catherine. *La femme au temps de La Révolution*. Paris: Éditions Stock/Laurence Pernoud, 1989, p. 376. Para esta conclusão, ver capítulo "Le rendez-vous manqué', ou o encontro perdido.

infelicidade da plebe, um sentimento que comprometia a reputação de um homem ou mulher "do mundo". Diderot preconizou outro padrão moral para o casamento, baseado no respeito mútuo e fidelidade, como explicou em carta de 1772 à sua filha recém-casada.[23] Rousseau condenou a infidelidade de ambos os cônjuges, e declarou que o marido que traía era injusto e bárbaro. E foi além: defendeu o direito da mulher ao casamento por amor, em nome da "ordem dos sentimentos naturais", e ordenou aos jovens que se amassem, autorizando a coincidência entre o prazer e a virtude. Exaltou a maternidade: "que as mães amamentem suas crianças, e os costumes se reformarão sozinhos [...] os homens voltarão a ser pais e maridos. O Estado se repovoará".[24] A mãe estava no centro da família, tinha o amor do marido e dos filhos, era valorizada e respeitada pela sociedade – essa ideia era nova e encontrou enorme aceitação entre as mulheres. Lynn Hunt pensa o mesmo que Annete Rosa em relação ao antifeminismo dos filósofos do XVIII, dizendo que eles foram homens de sua época e compartilharam dos preconceitos dos seus contemporâneos europeus sobre judeus, africanos e mulheres. Hunt contextualiza aquelas ideias, que de outra forma nos parecem chocantes, e enfatiza a novidade da exaltação da mulher na maternidade.[25] Penso que, se o culto à maternidade foi em certa medida uma compensação à mulher pelo seu afastamento da vida pública, por outro lado ofereceu um caminho para a integração feminina à nova ordem social republicana.

Os trabalhos de Lynn Hunt foram subsídios essenciais para o desenvolvimento do tema deste livro. A obra *The family romance of the French Revolution*[26] (*O romance da família na Revolução Francesa*) oferece uma abordagem psicanalítica de origem freudiana para a ruptura revolucionária. Nesta reflexão, os franceses teriam tido o desejo de se livrar de seus pais políticos a quem menosprezavam – o rei e a rainha – e substituí-los por uma família sem pais, na qual os filhos, principalmente os irmãos, agissem com autonomia. Essa fraternidade não saberia bem o que fazer com as irmãs, as quais foram afastadas da esfera política essencialmente masculina. Sinto

---

23   DIDEROT, Denis. *Lettre à Madame Caroillon – 13 de setembro de 1772*. Corespondance, vol. 5. In: LUCAS, Colin (ed. chefe). *The French Revolution Research Collection*. Chicago: University of Chicago, 1992 [The New York Public Library].

24   ROSA, Annette. *Citoyennes... op. cit.*, p. 52-55.

25   HUNT, Lynn. "L'histoire des femmes...", *op. cit.*, p. 286.

26   *Idem. The family romance of the French Revolution*. Los Angeles: University of California Press, 1992, prefácio.

certo desconforto com a psicanálise aplicada aos estudos históricos: parece-me que os conflitos de situações individuais são dificilmente transpostos para toda uma sociedade, e às vezes as analogias ficam um tanto "forçadas". Feita esta ressalva, a obra contém interpretações esclarecedoras sobre a iconografia revolucionária, e é valiosa para explicar a questão da militância e da maternidade cívica, das reações masculinas às ativistas e, finalmente, da evolução do direito de família. Outro livro da autora, *Política, cultura e classe na Revolução Francesa*,[27] é especialmente importante devido à abordagem de temas como a interação entre política, cultura e simbologia da prática política. Nessa mesma linhagem interpretativa, saliento a importância de mais dois artigos de Lynn Hunt: "Engraving the Republic: prints and propaganda in the French Revolution"[28] (Registrando (ou gravando) a República – gravuras impressas e propaganda na Revolução Francesa) e "Hercules and the radical image in the French Revolution" (Hércules e a Imagem Radical na Revolução Francesa). Nesses trabalhos, Hunt analisa a criação dos símbolos republicanos, a crise de representação da soberania que emergiu com a morte do rei e as relações complexas do jogo de poder entre os deputados e o povo. Essas tensões se refletem na escolha das figuras femininas, masculinas ou abstratas, nas diferentes fases da Revolução.

---

27   Idem. *Política, cultura e classe na Revolução Francesa* (trad.). São Paulo: Companhia das Letras, 2007.
28   Idem. "Engraving the Republic: prints and propaganda in the French Revolution". *History Today*, n° 30, out. 1980. Idem. "Hercules and the radical image in the French Revolution". *Representations*, n° 2, primavera 1983, p. 95-117.

FONTES

Fontes manuscritas — Archives Nationales, Paris
Relatórios de observadores de polícia, assinados ou anônimos.

F/11 201 a – 20 frimaire-9 germinal – Relatórios de Grivel e Siret sobre subsistência.

DXLII n° 11 – 25 out. 1793 – Relatório Prévost sobre o barrete vermelho.

Fontes impressas

Cahiers de doléances des femmes et autres textes - 1789 [Cadernos de queixas das mulheres]. Prefácio por Paule-Marie Duhet. Paris: Ed. des Femmes, 1981 [Biblioteca Central da USP – ref: 944.04 C132].

CENSER, Jack R.; HUNT, Lynn. *Liberty, Equality, Fraternity: exploring the French Revolution* [Liberdade, Igualdade, Fraternidade: explorando a Revolução Francesa]. Pennsylvania: The Pennsylvania State University Press, 2001.

CONDORCET. "Essai sur l'admission des femmes au droit de cité". *Journal de la Société de 1789*, nº V, 3 jul. 1790 ["Ensaio sobre a admissão das mulheres ao direito de cidade"]. In: LUCAS, Colin (ed. chefe). *The French Revolution Research Collection*. Chicago: University of Chicago, 1992 [The New York Public Library, microficha 9.4/207].

DIDEROT, Denis. "Carta a Madame de Caroillon, 13 de setembro de 1772", *Correspondência*, vol. 5.

GOUGES, Olympe de. *Oeuvres* [Obras]. Mercure de France, 1986.

Lei de 30 de abril de 1793: exclusão das mulheres inúteis do Exército [Convention Nationale]. Archives Parlementaires, 30 avril 1793. Archives nationales: Carton CII 251, chemise 427, pièce n° 11.

Les Tracts féministes au XVIIIe siècle [Panfletos feministas no século XVIII]. Publiés avec une introduction par Colette Michael. Genebra/Paris: Editions Slatkine, 1986 [Biblioteca da Sorbonne].

LEVY, D.; APPLEWHITE, H.; JOHNSON, M. *Women in Revolutionary Paris – 1789-1795* [Mulheres na Paris revolucionária]. Selected documents translated with notes and commentary by the authors. Urbana e Chicago: University of Illinois Press, 1980.

LUCAS, Colin (ed. chefe). *The French Revolution Research Collection*. Chicago: University of Chicago, 1992. Coleção de documentos microfilmados ou em microfichas sobre a Revolução – The New York Public Library e Biblioteca da Sorbonne.

Paris pendant la Terreur – Rapports des Agents Secrets du Ministre de L'Intérieur [Paris durante o Terror – Relatórios dos agentes secretos do Ministro do Interior], publicados por Pierre Caron (autor da Introdução). Tomo I, 27 ago. 1793 – 25 dez. 1793. Paris: Librairie Alphonse Picard et fils, 1910.

Procès-verbaux de la Convention [Minutas da Convenção Nacional] 1.21, p. 298. [Convention Nationale] Archives Parlementaires – 28 set. 1793, Bibliothèque Nationale, n° 473.

Recueil des actions héroiques et civiques des républicains français [Coletânea de ações heroicas e cívicas dos republicanos franceses]. Presenté à la Convention Nationale au nom de son Comité d'Instruction publique, par Léonard Bourdon, an II, Paris, Imprimerie Nationale. Microfilme da Bibliothèque Nationale François Mitterrand, Paris.

ROBESPIERRE, Maximilien. "Sur les principes de morale politique" ["Sobre os princípios da moral política"]. 5 février 1794/17 Pluviôse an II, publicado por ZIZEK, Slavoj. *Robespierre: entre vertu et terreur*. Paris: Editions Stock, 2008 (tradução francesa).

ROUSSEAU, Jean-Jacques. *Lettre à D'Alembert* [Carta à D'Alembert]. Paris: Flammarion, 1967.

ROUSSEL, Pierre. *Système physique et moral de la femme* [Sistema físico e moral da mulher], 1775.

TOCQUEVILLE, Alexis de. *L'ancien régime et la Révolution* [O Antigo Regime e a Revolução]. Paris: Gallimard, 1967.

WOLLSTONECRAFT, Mary. *A vindication of the rights of men and a vindication of the rights of woman* [Em defesa dos direitos dos homens e em defesa dos direitos da mulher]. Köln: Köneman, 1998.

Fontes iconográficas

Aquarelas, desenhos e pinturas a óleo do Museu Carnavalet, Paris.

Coleções do Departamento de Estampes et Photographie da Biblioteca Nacional da França, Paris.

CARBONNIÈRES, Philippe de. *Lesueur: Gouaches Révolutionnaires – Collections du Musée Carnavalet* [Lesueur: Aquarelas revolucionárias – Coleções do Museu Carnavalet]. Paris: Paris-Musées, 2005

CARBONNIÈRES, Philippe *et al.* *Au Temps des Merveilleuses* [No tempo das Maravilhosas]. Paris: Musée Carnavalet, 2005.

VOVELLE, Michel. *La Révolution Française: Images et Récit* [A Revolução Francesa: imagens e relatos]. 5 vols. Paris: CNRS, 1988.

BIBLIOGRAFIA

Mulheres, Família, Militância

APPLEWHITE, Harriet B. & LEVY Darline G. "Responses to the political activism of women of the people in revolutionary Paris, 1789-1793" ["Respostas ao ativismo político das mulheres do povo na Paris revolucionária"]. In: HARRIS, Barbara J.; MCNAMARA, JoAnn K. (ed.). *Women and the structure of society* [As mulheres e a estrutura da sociedade]. Selected research from the Fifth Berkshire Conference on the History of Women. Duke Press Policy Studies, 1984.

_____ (ed.). *Women & politics in the age of the democratic revolution* [Mulheres & política na era da revolução democrática]. Ann Arbor: The University of Michigan Press, 1993.

_____. "Women, radicalization, and the fall of the French Monarchy" ["Mulheres, radicalização e a queda da monarquia francesa"]. In: APPLEWHITE, Harriet B. & LEVY Darline G. (ed.). *Women & politics in the age of the democratic revolution* [Mulheres & política na era da revolução democrática]. Ann Arbor: The University of Michigan Press, 1993.

BERTAUD, Jean-Paul. *La vie quotidienne des soldats de la Révolution* [A vida cotidiana dos soldados da Revolução]. Paris: Hachette, 1985.

_____. "Les femmes et les armées de la République" [As mulheres e os exércitos da República]. In: *La vie quotidienne des soldats de la Révolution* [A vida cotidiana dos soldados da Revolução]. Paris: Hachette, 1985.

BLUM, Carol. *Rousseau and the Republic of Virtue: the language of politics in the French Revolution* [Rousseau e a República da Virtude: a linguagem da política na Revolução Francesa]. Ithaca/Londres: Cornell University Press, 1986.

CARBONNIER, Annelise; TOULET, Michel; LECAT, Jean-Michel. *La longue marche des femmes – 1789-1920 – des citoyennes aux suffragistes* [A longa marcha das mulheres – das cidadãs às sufragistas]. Paris: Phébus, 2008.

DESAN, Suzanne. "Constitutional Amazons: Jacobin Women's Clubs in the French Revolution" [Amazonas constitucionais: clubes das mulheres jacobinas na Revolução Francesa]. In: RAGAN JR., Bryant T.; WILLIAMS, Elizabeth A. (ed.). *Recreating authority in revolutionary France* [Recriando a autoridade na França revolucionária]. New Brunswick/New Jersey: Rutgers University Press, 1992.

DHAUSSY, Catherine; VERJUS, Anne. "De l'action féminine en période de révolte(s) et de révolution(s)" [Da ação feminina em período de revolta e de Revolução]. *AHRF*, n° 312, 1988. Disponível em: <http://dhaussy.verjus.free.fr/html/action.femmes.html>.

DUHET, Paule-Marie. *Les femmes et la Révolution* [As mulheres e a Revolução] (Collection "Archives" dirigée par Pierre Nora et Jacques Revel). Paris: Gallimard/Julliard, 1971.

FRAISSE, Geneviève. *Les deux gouvernements: la famille et la Cité* [Os dois governos: a família e a cidade]. Paris: Gallimard, 2000.

GARRIOCH, David. "The everyday lives of parisian women and the october days of 1789" [A vida cotidiana das mulheres parisienses e as jornadas de outubro de 1789]. *Social History*, vol. 24, n° 3, out. 1999, p. 231-249.

GODINEAU, Dominique. *Citoyennes tricoteuses: les femmes du peuple à Paris pendant la Révolution Française* [Cidadãs tricoteiras: as mulheres do povo de Paris durante a Revolução Francesa]. Paris: Editions Alinea, Perrin, 2004.

_____. "Autour du mot citoyenne". *Mots. Les langages du politique* [As linguagens do político], vol. 16, n° 1, 1988, p. 91-110. Disponível em: <http://www.persee.fr>.

_____. "Fonction maternelle et engagement révolutionnaire". In: *L'Enfant, la Famille et la Revolution Française* ["Função maternal e engajamento revolucionário". In: A criança, a família e a revolução]. Paris: Olivier Orban, 1990, p. 85-95.

_____. "Filhas da liberdade e cidadãs revolucionárias" In: DUBY, Georges; PERROT, Michelle (direção da coleção) e FRAISSE, Geneviève; PERROT, Michelle (direção do volume 4). *História das Mulheres no Ocidente*. Vol. 4: *Do Renascimento à Idade Moderna* (trad.). Porto: Afrontamento, 1994.

_____. "De la guerrière à la citoyenne. Porter les armes pendant l'ancien Régime et la Révolution Française" [Da guerreira à cidadã. Portar armas durante o Antigo Regime e na Revolução Francesa]. *Clio – Histoire, femmes et sociétés*, n° 20, 2004, p. 43-69. Disponível em: <http://clio.revues.org/index1418.html>. Acesso em: 21 out. 2008.

_____. "De la rosière à la tricoteuse: les représentations de la femme du peuple à la fin de l'ancien Régime et pendant la Révolution" [Da roseira à tricoteira: as representações da mulher do povo no fim do Antigo Regime e durante a Revolução]. *Revolution Française.net*. Disponível em: <http://revolution-francaise.net/2008/05/01/229-rosiere-a-tricoteuse-representation-femme-peuple>. Acesso em: 11 maio 2009.

_____. "'La Tricoteuse': formation d'un mythe contre-révolutionnaire". *Mots, Révolution Française.net* ["A tricoteira": formação de um mito contrarrevolucionário]. Disponível em: <http://revolution-française.net/2008/04/01/223-tricoteuse-formation-mythe-contre-revolutionnaire>. Acesso em 11 maio 2009.

GUIBERT-SLEDZIEWSKI, Elizabeth. "La femme, objet de la Révolution" [A mulher, objeto da Revolução]. Síntese de duas comunicações feitas na Assembleia da Société des Études Robespierristes, em junho 1984, e no Collège International de Philosophie, seminário *Formes du féminisme historique*, G. Fraisse, em abril de 1986.

_____. "Revolução Francesa. A viragem". In: DUBY, Georges; PERROT, Michelle (direção da coleção) e FRAISSE, Geneviève; PERROT, Michelle (direção do volume 4); *História das Mulheres no Ocidente*. Vol. 4: *Do Renascimento à Idade Moderna* (trad.). Porto: Afrontamento, 1994.

_____. "Une idée neuve de la femme" – Posfácio [Uma ideia nova sobre a mulher] In: ROSA, Annette. *Citoyennes: les femmes et la Révolution Française* [Cidadãs: as mulheres e a Revolução Francesa]. Paris: Messidor, 1988.

HIGONNET, Patrice. *Goodness beyond Virtue* [O Bem além da virtude]. Cambridge (Massachusetts)/Londres: Harvard University Press, 1998.

HUFTON, Olwen H. *Women and the limits of citizenship in the French Revolution* [As mulheres e os limites da cidadania na Revolução Francesa]. Toronto/Buffalo/Londres: University of Toronto Press, 1992.

HUNT, Lynn. *The family romance of the French Revolution* [O romance da família na Revolução Francesa]. Los Angeles: University of California Press, 1992.

_____. "Revolução Francesa e Vida Privada". In: PERROT, Michelle (org.). *História da Vida Privada*. Vol. 4: *Da Revolução à Primeira Guerra*. São Paulo: Companhia das Letras, 2006.

KELLY, Linda. *Women of the French Revolution* [As mulheres da Revolução Francesa]. Londres: Hamish Hamilton, 1987.

KNIBIEHLER, Yvonne. *Histoire des mères et de la maternité en Occident* [História das mães e da maternidade no Ocidente]. Paris: Presses Universitaires de France, 2004.

LANDES, Joan. *Women and the public sphere in the age of the French Revolution* [As mulheres e a esfera pública na época da Revolução Francesa]. Ithaca/Londres: Cornell University Press, 1988.

LEVY, Darline G.; APPLEWHITE, Harriet B.; JOHNSON, Mary D. *Women in Revolutionary Paris – 1789-1795* [As mulheres na Paris revolucionária – 1789-1795]. Selected documents translated with notes and commentary by the authors. Urbana e Chicago: University of Illinois Press, 1980.

MARAND-FOUQUET, Catherine. *La femme au temps de La Révolution* [A mulher no tempo da Revolução]. Paris: Éditions Stock/Laurence Pernoud, 1989.

MELZER, Sara E.; RABINE, Leslie W. (ed.). *Rebel daughters: women and the French Revolution* [Filhas rebeldes: mulheres e a Revolução Francesa]. Nova York/Oxford: Oxford University Press, 1992.

MOUSSET, Sophie. *Olympe de Gouges et les droits de la femme* [Olympe de Gouges e os direitos da mulher]. Paris: Editions du Félin, 2007.

OZOUF, Mona. *L'Homme Régénéré: essais sur la Révolution Française* [O homem regenerado: ensaios sobre a Revolução Francesa]. Paris: Gallimard, 1989.

PROCTOR, Candice E. *Women, equality and the French Revolution* [Mulheres, igualdade e a Revolução Francesa]. Contribution in *Women's Studies*, vol. 115. Greeenwood Press, 1990.

ROSA, Annette. *Citoyennes: les femmes et la Révolution Française* [Cidadãs: as mulheres e a Revolução Francesa]. Paris: Messidor, 1988.

ROUDINESCO, Elisabeth. *Théroigne de Méricourt: une femme mélancolique sous la Révolution* [Théroigne de Méricourt: uma mulher melancólica sob a Revolução]. Paris: Seuil, 1989.

Arte e interpretação de imagens

AGULHON, Maurice. *Marianne into Battle: Republican imagery and symbolism in France, 1789-1880* [Marianne em combate: imagens republicanas e simbolismo na França, 1789-1880] (tradução de *Marianne au Combat*). Cambridge University Press, 1981.

_____. *Marianne: les visages de la Republique* [Marianne, os rostos da República]. Paris: Gallimard, 1992.

CARBONNIÈRES, Philippe de. *Lesueur: Gouaches Révolutionnaires – Collections du Musée Carnavalet*. Paris: Paris-Musées, 2005.

DE BAECQUE, Antoin. "The allegorical image of France, 1750-1800: a political crisis of representation" [A imagem alegórica da França, 1750-1800: uma crise de representação política]. *Representation*, n° 47, edição especial, verão 1994, p. 111-143.

DUPRAT, Annie. "Iconographie historique: une approche nouvelle?" [Iconografia histórica: uma nova abordagem?]. In: *La Révolution à l'oeuvre: perspectives actuelles dans l'histoire de la Révolution française* [Escrutínio da Revolução: perspectivas atuais na história da Revolução Francesa]. Actes du colloque de Paris, jan. 2004. Rennes: Presses Universitaires de Rennes, 2005.

GUTWIRTH, Madelyn. *The twilight of the goddesses: women and representation in the French Revolutionary era* [O crepúsculo das deusas: mulheres e representação na era da Revolução Francesa]. New Jersey: Rutgers University Press, 1992.

HUNT, Lynn. "Hercules and the radical image in the French Revolution" [Hercules e a imagem radical na Revolução Francesa]. *Representations*, n° 2, primavera 1983, p. 95-117.

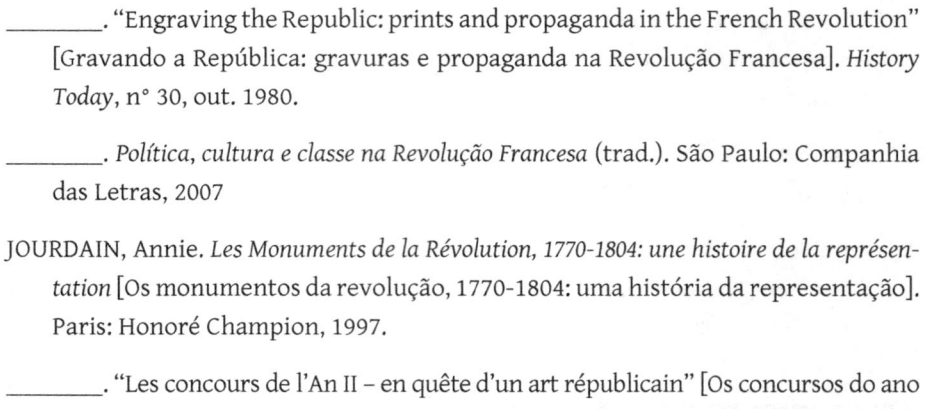

_____. "Engraving the Republic: prints and propaganda in the French Revolution" [Gravando a República: gravuras e propaganda na Revolução Francesa]. *History Today*, n° 30, out. 1980.

_____. *Política, cultura e classe na Revolução Francesa* (trad.). São Paulo: Companhia das Letras, 2007

JOURDAIN, Annie. *Les Monuments de la Révolution, 1770-1804: une histoire de la représentation* [Os monumentos da revolução, 1770-1804: uma história da representação]. Paris: Honoré Champion, 1997.

_____. "Les concours de l'An II – en quête d'un art républicain" [Os concursos do ano II – em busca de uma arte republicana]. In: LAPIED, Martine; PEYRARD, Christine (dir.). *La Révolution à l'oeuvre: perspectives actuelles dans l'histoire de la Révolution Française* [Escrutínio da Revolução: perspectivas atuais na história da Revolução Francesa]. Rennes: Presses Universitaires de Rennes, 2005.

LANDES, Joan B. *Visualizing the Nation: gender, representation and revolution in eighteenth-century France* [Visualizando a nação: gênero, representação e revolução na França do século XVIII]. Ithaca: Cornell University Press, 2001.

_____. *Imaging the French Revolution – discussion, images, essays.* [Imagens da Revolução Francesa – discussão, imagens, ensaios]. Disponível em: <http://chnm.gmu.edu/revolution/imaging/essays/landes2.html>.

LANGLOIS, Claude. *La caricature contre-révolutionnaire* [A caricatura contrarrevolucionária]. Paris: Centre National des Lettres/Presses du CNRS, 1988.

VOVELLE, Michel. *La Révolution Française: Images et Récit* [A Revolução Francesa: imagens e relatos]. 5 vols. Paris: CNRS, 1988.

Metodologia e abordagens historiográficas

CHARTIER, Roger. *Les origines culturelles de la Révolution française* [As origens culturais da Revolução Francesa]. Paris: Seuil, 2000.

_____. *Lectures et Lecteurs dans la France D'Ancien Régime* [Leituras e leitores na França do Antigo Regime]. Paris: Seuil, 1987.

GODINEAU, Dominique. "Histoire sociale, histoire culturelle, histoire politique: la question du droit de cité des femmes" [História social, história cultural, história política: a questão dos direitos políticos das mulheres]. In: LAPIED, Martine; PEYRARD Christine (dirs.). *La Révolution Française au Carrefour des Recherches* [A Revolução Francesa na encruzilhada das pesquisas]. Prefácio de Michel Vovelle. Aix-en Provence: Publications de l'Université de Provence, 2003.

HUNT, Lynn. "L'histoire des femmes: accomplissements et ouvertures" [A história das mulheres: realizações e novos caminhos]. In: LAPIED, Martine; PEYRARD Christine (dirs.). *La Révolution Française au Carrefour des Recherches*. Prefácio de Michel Vovelle. Aix-en Provence: Publications de l'Université de Provence, 2003.

_____. "Relire l'histoire du politique" [Relendo a história do político]. In: LAPIED, Martine; PEYRARD, Christine (dir.). *La Révolution Française au Carrefour des Recherches*. Prefácio de Michel Vovelle. Aix-en Provence: Publications de l'Université de Provence, 2003.

_____. "Male virtue and republican motherhood" [Virtude masculina e maternidade republicana]. In: BAKER, Keith Michael (ed.). *The French Revolution and the creation of modern political culture* [A Revolução Francesa e a criação da cultura política moderna]. Vol. 4: "The Terror". Nova York: Pergamon, Stanford University, 2004.

LAPIED, Martine. "La visibilité des femmes dans la Révolution française" [A visibilidade das mulheres na Revolução Francesa]. In: LAPIED, Martine; PEYRARD, Christine (dir.). *La Révolution Française au Carrefour des Recherches*. Prefácio de Michel Vovelle. Aix-en Provence: Publications de l'Université de Provence, 2003.

_____. "Histoire du Genre en Révolution" [História do gênero na Revolução]. In: *La Révolution à l'oeuvre: perspectives actuelles dans l'histoire de la Révolution Française*. Rennes: Presses Universitaires de Rennes, 2005.

Obras de referência

FURET, François; OZOUF, Mona (ed.). *Dictionnaire critique de la Révolution Française: Institutions et Créations, Événements, Idées, Acteurs* [Dicionário crítico da Revolução Francesa: Instituições e Criações, Acontecimentos, Ideias, Atores]. Champs: Flammarion, 1992.

LEFEBVRE, George. *La Révolution Française*. Paris: Presses Universitaires de France, 1989.

MICHELET, Jules. *Les Femmes de la Révolution* [As mulheres e a Revolução]. Carrère, 1988.

_____. *Histoire de la Révolution Française* [História da Revolução Francesa]. Paris: Ed. Robert Laffont, 1979.

TULARD, J.; FAYARD, J. F.; FIERRO, A. *Histoire et dictionnaire de la Révolution Française – 1789-1799* [História e dicionário da Revolução Francesa]. Paris: Ed. Robert Laffont, 1988.

Obras gerais sobre o século XVIII e o período revolucionário

BERTAUD, Jean-Paul. "O soldado". In: VOVELLE, Michel (dir.). *O Homem do Iluminismo*. Lisboa: Editorial Presença, 1997.

DARMON, Pierre. *Mythologie de la femme dans l'Ancienne France* [Mitologia da mulher na França antiga]. Paris: Seuil, 1983.

FORREST, Alan. "L'Armée de L'An II: La Levée en masse et la Création d'un Mythe Républicain" [O recrutamento em massa e a criação de um mito republicano]. *Annales Historiques de la Révolution Française*, n° 1, 2004, p. 111-130.

HUNT, Lynn. "A Pornografia e a Revolução Francesa". In: *A invenção da pornografia: obscenidade e as origens da modernidade, 1500-1800*. São Paulo: Hedra, 1999.

OZOUF, Mona. "L'Homme Régénéré" [O homem regenerado]. In: *Essais sur la Révolution Française* [Ensaios sobre a Revolução Francesa]. Paris: Gallimard, 1989.

VOVELLE, Michel. *La mentalité révolutionnaire* [A mentalidade revolucionária]. Paris: Messidor/Éditions Sociales, 1985.

ANEXO
A Declaração dos Direitos do Homem e do Cidadão

Paris, 26 de agosto de 1789

Os Representantes do Povo Francês, constituídos em Assembléia Nacional, considerando que a ignorância, o esquecimento ou o desprezo dos direitos do homem são as únicas causas da infelicidade pública e da corrupção dos governos, resolveram apresentar numa Declaração solene os direitos naturais, inalienáveis e sagrados do homem, para que esta Declaração, constantemente ao alcance de todos os membros do corpo social, os lembre seus direitos e seus deveres; para que os atos do poder legislativo e do poder executivo sejam a cada instante comparados com o objetivo de toda instituição política, e assim, sejam respeitados; para que as reclamações dos cidadãos, fundadas doravante sobre princípios simples e incontestáveis, levem à preservação da Constituição, e à felicidade de todos. Por conseguinte, a Assembléia Nacional reconhece e declara, na presença e sob os auspícios do Ser Supremo, os seguintes direitos do homem e do cidadão.

Art.1.º Os homens nascem e permanecem livres e iguais em direitos. As diferenças sociais só podem fundamentar-se na utilidade comum.

Art. 2.º A finalidade de toda associação política é a conservação dos direitos naturais e imprescritíveis do homem. Esses direitos são a liberdade, a propriedade, a segurança e a resistência à opressão.

Art. 3.º O princípio de toda a Soberania reside, essencialmente, na nação. Nenhum corpo, nenhum indivíduo pode exercer autoridade que dela não emane expressamente.

Art. 4.º A liberdade consiste em poder fazer tudo que não prejudique o próximo: assim, o exercício dos direitos naturais de cada homem não tem por limites senão aqueles que asseguram aos outros membros da sociedade o gozo dos mesmos direitos. Estes limites apenas podem ser determinados pela lei.

Art. 5.º A lei só pode proíbir as ações nocivas à sociedade. Tudo que não é proibido pela lei não pode ser impedido e ninguém pode ser constrangido a fazer o que ela não ordene.

Art. 6.º A lei é a expressão da vontade geral. Todos os cidadãos têm o direito de concorrer, pessoalmente ou através de mandatários, para a sua formação. Ela deve ser a mesma para todos, seja para proteger, seja para punir. Todos os cidadãos são iguais aos seus olhos e igualmente admissíveis a todas as dignidades, lugares e empregos públicos, segundo a sua capacidade e sem outra distinção que não seja a das suas virtudes e dos seus talentos.

Art. 7.º Ninguém pode ser acusado, preso ou detido senão nos casos determinados pela lei e de acordo com as formas por esta prescritas. Os que solicitam, expedem, executam ou mandam executar ordens arbitrárias devem ser punidos; mas qualquer cidadão convocado ou detido em virtude da lei deve obedecer imediatamente, caso contrário torna-se culpado de resistência.

Art. 8.º A lei somente deve estabelecer penas estrita e evidentemente necessárias e ninguém pode ser punido senão por força de uma lei estabelecida e promulgada antes do delito e legalmente aplicada.

Art. 9.º Todo acusado é considerado inocente até ser declarado culpado e, se se julgar indispensável prendê-lo, todo o rigor desnecessário à guarda da sua pessoa deverá ser severamente reprimido pela lei.

Art. 10.º Ninguém pode ser maltratado por suas opiniões, incluindo opiniões religiosas, desde que sua manifestação não perturbe a ordem pública estabelecida pela lei.

Art. 11.º A livre comunicação das ideias e das opiniões é um dos mais preciosos direitos do homem; todo cidadão pode, portanto, falar, escrever, imprimir livremente, respondendo, todavia, pelos abusos desta liberdade nos termos previstos na lei.

Art. 12.º A garantia dos direitos do homem e do cidadão necessita de uma força pública; esta força é, pois, instituída para fruição por todos, e não para utilidade particular daqueles a quem é confiada.

Art. 13.º Para a manutenção da força pública e para as despesas de administração é indispensável uma contribuição comum que deve ser dividida entre os cidadãos de acordo com suas possibilidades.

Art. 14.º Todos os cidadãos têm direito de verificar, por si ou pelos seus representantes, da necessidade da contribuição pública, de consenti-la livremente, de observar o seu emprego e de lhe fixar a repartição, a colecta, a cobrança e a duração.

Art. 15.º A sociedade tem o direito de pedir contas a todo agente público pela sua administração.

Art. 16.º A sociedade em que não esteja assegurada a garantia dos direitos nem estabelecida a separação dos poderes não tem Constituição.

Art. 17.º A propriedade é um direito inviolável e sagrado, e ninguém dela pode ser privado, a não ser quando a necessidade pública legalmente comprovada o exigir e sob condição de justa e prévia indenização.

AGRADECIMENTOS

FOI UM PRIVILÉGIO SER ALUNA E ORIENTANDA da professora Laura de Mello e Souza. Durante as longas horas de conversas que ela generosamente me reservou, usufruí de seu saber admirável, aprendi com seus valiosos comentários críticos e me beneficiei de sua experiência em todos os aspectos do trabalho. Com amizade e delicadeza, ela me ajudou a superar as hesitações do caminho. Suas interpretações iluminadas de documentos que eu trazia de viagem me inspiraram na descoberta dos papéis femininos na Revolução Francesa.

Sou também grata aos professores Modesto Florenzano, Lucia Maria Bastos Pereira das Neves e Leila Mezan Algranti pelas sugestões oportunas que me levaram a refinar as explicações do texto. Carlos Alberto Zerón me auxiliou com indicações metodológicas de leitura de imagens. Philippe de Carbonnières, diretor do Museu Carnavalet em Paris, me acolheu com franca simpatia nos arquivos de gravuras da instituição. Não posso deixar de mencionar a colaboração tão necessária dos bibliotecários da Bibliothèque Nationale de France, da Fondation Napoléon e da New York Public Library. Silvia Davy prestou a ajuda técnica essencial à organização digital das imagens e Silvia Sayús, curadora de arte em Buenos Aires, me esclareceu sobre conceitos de representação e categorização iconográfica.

Uma palavra especial à Stephanie, minha filha, cujo trabalho sobre Olympe de Gouges despertou meu interesse pelo tema das revolucionárias francesas, aos meus pais, Olga e Vinicius, que me ensinaram o gosto pela História, e ao Patrick, meu marido, que me incentivou em todas as etapas do projeto com solidariedade e bom humor. Finalmente, tive o carinho dos amigos que foram ouvindo aos poucos todas as histórias deste livro – alguns, várias vezes.

Esta obra foi impressa em São Paulo na primavera de 2013. No texto foi utilizada a fonte Gentium Basic em corpo 10 e entrelinha de 16 pontos.